国家级职业教育规划教材
全国高等职业院校会计专业教材

财经法规与会计职业道德

朱建忠　主编

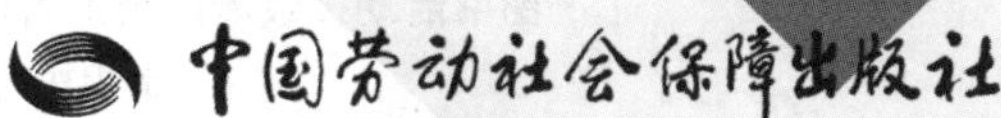

简　介

本书为全国高等职业院校会计专业教材，由人力资源社会保障部教材办公室组织编写，是国家级职业教育规划教材。

本书紧扣职业教育的特点和要求，结合高等职业院校会计专业的教学实际编写。针对会计人员的岗位要求，从会计工作的准绳、经济交易的媒介、国家的财政之源、劳动者的坚强后盾等角度出发，介绍了会计法律制度、支付结算法律制度、税收法律制度、劳动合同与社会保险法律制度等，并着重介绍了会计职业道德，强化会计精神的培育与传承。本书还配有电子课件，可登录技工教育网（jg. class. com. cn）下载。

本书由朱建忠任主编，张宗锋、孙宇辰任副主编，蒋佳嘉、施瑶、张彬琰、王雨轩参加编写，刘海涛主审。

图书在版编目（CIP）数据

财经法规与会计职业道德/朱建忠主编. --北京：中国劳动社会保障出版社，2022
全国高等职业院校会计专业教材
ISBN 978－7－5167－5442－9

Ⅰ. ①财…　Ⅱ. ①朱…　Ⅲ. ①财政法－中国－高等学校－技术学校－教材②经济法－中国－高等学校－技术学校－教材③会计人员－职业道德－高等学校－技术学校－教材　Ⅳ. ①D922. 2②F233

中国版本图书馆 CIP 数据核字（2022）第 196328 号

中国劳动社会保障出版社出版发行
（北京市惠新东街 1 号　邮政编码：100029）
*
北京市白帆印务有限公司印刷装订　　新华书店经销
787 毫米×1092 毫米　16 开本　13.75 印张　257 千字
2022 年 12 月第 1 版　　2025 年 5 月第 2 次印刷
定价：35.00 元

营销中心电话：400-606-6496
出版社网址：http://www.class.com.cn
http://jg.class.com.cn

前言

近年来，随着我国经济和社会发展，会计准则及相关法规发生了一定的调整和变化，社会对会计人员的知识水平和职业能力水平提出了更高的要求。为适应这些变化，培养更加符合市场需求的会计人才，我们组织了一批教学经验丰富、实践能力强的一线教师和行业、企业专家，基于会计、出纳、审计等工作岗位的要求，在充分调研的基础上，编写了这套全国高等职业院校会计专业教材。

本套教材主要有以下几个特点：

第一，理实结合，先进实用。教材本着学以致用的原则，紧贴会计专业最新的培养目标和教学实际，并参考会计、审计等相关职业资格的要求安排教材的结构和内容，将理论知识与操作技能有机融合，突出对学生实际操作能力的培养，使教材具有较强的实用性、针对性和先进性。部分教材采取了任务驱动的编写思路，按照以能力培养为主线、相关知识为支撑的模式安排教学内容，做到“理论学习有载体，技能训练有实体”。

第二，表现力丰富。本套教材设置了“案例解析”“知识窗”等栏目，增加教材的趣味性和可读性，激发学生的学习兴趣。同时，尽可能多地以图表代替冗长的文字叙述，使教材更加生动直观，易于学习。在版式设计上，本套教材采用双色排版，使教材中的单据、凭证与会计工作实务保持一致，便于开展教学。

第三，配套资源完善。本套教材同步开发了配套的电子课件及习题册，电子课件及习题册答案可登录技工教育网（jg. class. com. cn）搜索下载。部分教材针对教学重点和难点制作了演示视频等多媒体素材，学生扫描二维码即可在线观看或收听相应内容。

本套教材的编写得到了有关省市人力资源社会保障部门及一批高等职业院校的大力支持，教材的编审人员做了大量的工作，在此，我们表示衷心的感谢！同时，恳切希望广大读者对教材提出宝贵的意见和建议。

人力资源社会保障部教材办公室

目录

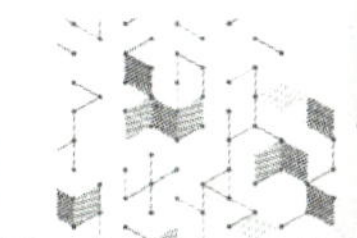

第一章
会计法律制度

学习目标

知识目标

1. 了解会计法律制度的构成。
2. 熟悉会计工作管理体制。
3. 熟悉会计岗位的设置和会计人员的一般要求。
4. 掌握会计核算的要求。
5. 掌握会计工作交接的要求。
6. 掌握违法会计行为的法律责任。

能力目标

1. 能根据会计核算的要求进行基本的会计核算。
2. 能按照会计工作交接的要求进行相关岗位的工作交接。
3. 能根据单位内部会计监督的要求进行基本的会计监督。

思维导图

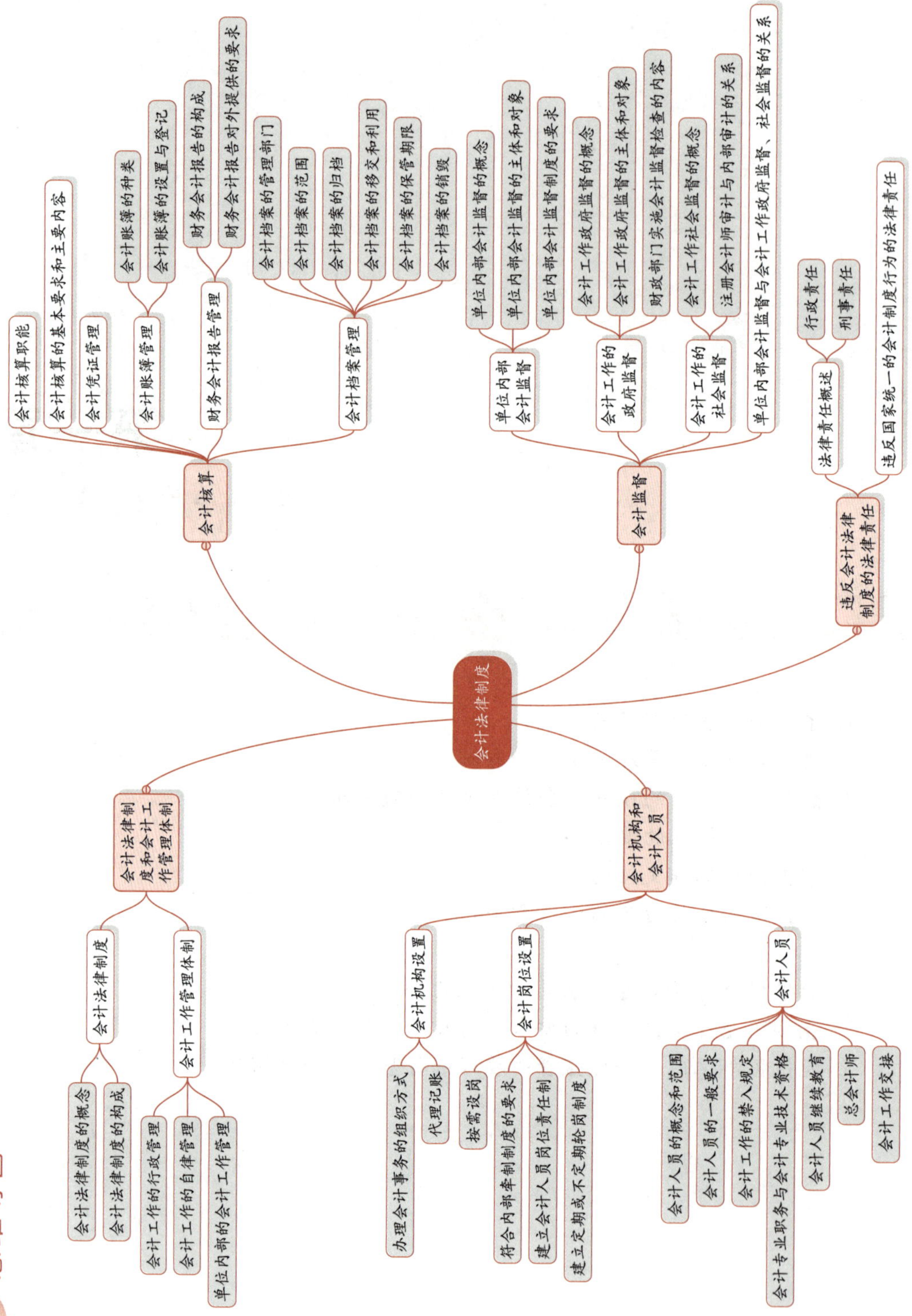

- 会计法律制度
  - 会计法律制度和会计工作管理体制
    - 会计法律制度
      - 会计法律制度的概念
      - 会计法律制度的构成
    - 会计工作管理体制
      - 会计工作的行政管理
      - 会计工作的自律管理
      - 单位内部的会计工作管理
  - 会计机构和会计人员
    - 会计机构设置
      - 办理会计事务的组织方式
      - 代理记账
    - 会计岗位设置
      - 按需设岗
      - 符合内部牵制制度的要求
      - 建立会计人员岗位责任制
      - 建立定期或不定期轮岗制度
    - 会计人员
      - 会计人员的概念和范围
      - 会计人员的一般要求
      - 会计工作的禁入规定
      - 会计专业职务与会计专业技术资格
      - 会计人员继续教育
      - 总会计师
      - 会计工作交接
  - 会计核算
    - 会计核算职能
    - 会计核算的基本要求和主要内容
    - 会计凭证管理
    - 会计账簿管理
      - 会计账簿的种类
      - 会计账簿的设置与登记
    - 财务会计报告管理
      - 财务会计报告的构成
      - 财务会计报告对外提供的要求
    - 会计档案管理
      - 会计档案的管理部门
      - 会计档案的范围
      - 会计档案的归档
      - 会计档案的移交和利用
      - 会计档案的保管期限
      - 会计档案的销毁
  - 会计监督
    - 单位内部会计监督
      - 单位内部会计监督的概念
      - 单位内部会计监督的主体和对象
      - 单位内部会计监督制度的要求
    - 会计工作的政府监督
      - 会计工作政府监督的概念
      - 会计工作政府监督的主体和对象
      - 财政部门实施会计监督检查的内容
    - 会计工作的社会监督
      - 会计工作社会监督的概念
      - 注册会计师审计与内部审计的关系
    - 单位内部会计监督与会计工作政府监督、社会监督的关系
  - 违反会计法律制度的法律责任
    - 法律责任概述
      - 行政责任
      - 刑事责任
    - 违反国家统一的会计制度行为的法律责任

会计法律制度是指国家权力机关和行政机关制定的各种关于会计工作的法律规范的总称。会计工作管理体制是指国家管理会计工作的组织形式和基本制度，包括管理机构的设置、职责范围的确定和管理职权的划分；它是国家会计法律、法规、规章、制度和方针、政策得以贯彻落实的组织保障和制度保障。在本章，我们将对会计法律制度、会计工作管理体制、会计机构和会计人员、会计核算、会计监督、违反会计法律制度的法律责任等知识展开学习。

第一节　会计法律制度和会计工作管理体制

一、会计法律制度

1. 会计法律制度的概念

会计法律制度是指国家权力机关和行政机关制定的关于会计工作的法律、法规、规章和规范性文件的总称，会计法律制度是调整会计关系的法律规范。

会计关系是指会计机构和会计人员在办理会计事务过程中，以及国家在管理会计工作过程中发生的经济关系，比如供销关系、债权债务关系、分配关系、税款征纳关系、管理与被管理关系等。处理上述各种经济关系，就需要用会计法律制度来规范。

2. 会计法律制度的构成

（1）会计法律

会计法律是指由全国人民代表大会及其常务委员会经过一定立法程序制定的有关会计工作的法律。我国的会计法律主要有《中华人民共和国会计法》和《中华人民共和国注册会计师法》（以下分别简称为《会计法》《注册会计师法》）等。

小提示

注册会计师并不是我们常说的会计，它属于监督会计工作的独立第三方，起到鉴定的作用。注册会计师从事的主要不是会计工作，而是社会审计工作。《注册会计师法》是我国中介行业的第一部法律。

（2）会计行政法规

会计行政法规是指由国务院制定并发布，或者由国务院有关部门拟定并经国务院批准发布的，调整经济生活中某些方面会计关系的法律规范。比如《企业财务会计报告条例》《总会计师条例》等。

（3）会计部门规章

会计部门规章是指国家主管会计工作的行政部门即财政部以及其他相关部门根据法律和国务院的行政法规、决定、命令，在本部门的权限范围内制定的，调整会计工作中某些方面内容的，国家统一的会计准则制度和规范性文件。比如《会计基础工作规范》等。

（4）地方性会计法规

地方性会计法规是指由省、自治区、直辖市人民代表大会及其常务委员会在同宪法、会计法律、行政法规和国家统一的会计准则制度不相抵触的前提下，根据本地区情况制定发布的关于会计核算、会计监督、会计机构和会计人员以及会计工作管理的规范性文件。

从法律效力上看，《会计法》是会计法律制度中效力最高的法律规范，是制定其他会计法规的依据，也是指导会计工作的最高准则。

二、会计工作管理体制

会计工作管理体制是划分会计工作管理职责权限关系的制度，包括会计工作管理组织形式、管理权限、管理机构设置等内容。

我国会计工作管理体制主要包括会计工作的行政管理、会计工作的自律管理和单位内部的会计工作管理等内容。

1. 会计工作的行政管理

（1）会计工作行政管理的含义与原则

会计工作行政管理是指国家政府部门对会计工作进行的管理工作。会计工作行政管理的总原则是：统一领导，分级管理。国务院财政部门主管全国的会计工作，县级以上地方各级人民政府财政部门管理本行政区域内的会计工作。

（2）会计工作行政管理的内容

1）制定国家统一的会计准则制度。国家统一的会计制度由国务院财政部门根据《会计法》制定并公布。对会计核算和会计监督有特殊要求的行业，国务院有关部门实施国家统一的会计制度的具体办法或者补充规定，报国务院财政部门审核批准；中共中央军事委员会后勤保障部（原中国人民解放军总后勤部）可以依照《会计法》和国家统一的会计制度制定军队实施国家统一的会计制度的具体办法，报国务院财政部门备案。

小提示

我国现行国家统一的会计制度主要包括：国家统一的会计核算制度、国家统一的会计监督制度、国家统一的会计机构和会计人员管理制度、国家统一的会计工作管理制度。

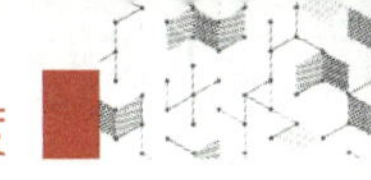

2）会计市场管理。会计工作的性质决定了政府对会计市场必须进行管理，同时，加强会计市场的管理也是社会主义市场经济的必然要求。我国会计市场管理包括：会计市场准入管理、运行管理和退出管理。

小提示

对会计出版市场、会计培训市场、境外会计“洋资格”的管理等也属于会计市场管理的范畴。

会计市场的准入管理包括会计人员资格、会计师事务所的设立、代理记账机构的设立等。

会计市场的运行管理是指财政部门对获准进入会计市场的机构和人员是否遵守各项法律、法规，以及依据相关准则、制度和规范执行业务的过程及结果所进行的监督和检查。

会计市场的退出管理是指财政部门对在执业过程中有违反《会计法》《注册会计师法》行为的机构和个人进行处罚，情节严重的，吊销其执业资格，强制其退出会计市场。

小提示

财政部门是会计工作和注册会计师行业的主管部门，履行对会计市场的相应管理职责。

3）会计专业人才评价。目前我国基本形成了阶梯式的会计专业人才评价机制，包括初级、中级、高级会计人才评价体制和会计行业领军人才的培养评价等，对先进会计工作者的表彰奖励也属于会计人才评价的范畴。

4）会计监督检查。主要包括会计信息质量检查和会计师事务所执业质量检查。

根据《会计法》，财政部组织实施对全国的会计信息质量检查，并依法对违法行为实施行政处罚；县级以上财政部门组织实施本行政区域内的会计信息质量检查，并依法对本行政区域内单位或人员的会计违法行为实施行政处罚。

根据《注册会计师法》，财政部组织实施全国会计师事务所的执业质量检查，并对违反《注册会计师法》的行为实施行政处罚；各省、自治区、直辖市人民政府财政部门组织实施本行政区域内的会计师事务所的执业质量检查，并依法对本行政区域内会计师事务所或注册会计师违反《注册会计师法》的行为实施行政处罚。

财政部门对会计市场的监督，还包括依法加强对会计行业自律组织的监督和指导。

2. 会计工作的自律管理

会计工作的自律管理即会计行业的自律管理，是会计行业组织对整个会计职业的会计行为进行自我约束、自我控制的过程，是对会计工作行政管理的有益补充，对督促会计人员依法开展会计工作，树立良好的行业风气，促进行业的发展具有重要意义。目前，我国会计行业自律组织主要有中国注册会计师协会、中国会计学会和中国总会计师协会，见表 1-1。

表 1-1　我国会计行业自律组织

自律组织		基本情况
中国注册会计师协会		是中国注册会计师的行业组织，属于社会团体法人，成立于 1988 年 11 月 宗旨是：服务、监督、管理、协调
中国会计学会		是财政部管辖的社会组织，创建于 1980 年 特点是：学术性、专业性、非营利性
中国总会计师协会		是总会计师的全国性自律组织、非营利性国家一级社团组织 特点是：跨区域、跨部门、跨行业、跨所有制

知识链接

《会计人员管理办法》规定：依法成立的会计人员自律组织，应当依据有关法律法规和其章程规定，指导督促会员依法从事会计工作，对违反有关法律法规、会计职业道德和其章程的会员进行惩戒。

3. 单位内部的会计工作管理

（1）单位负责人的会计管理职责

《会计法》规定，单位负责人对本单位的会计工作和会计资料的真实性、完整性负

责；应当保证财务会计报告真实、完整；应当保证会机计构、会计人员依法履行职责，不得授意、指使、强令会计机构和会计人员违法办理会计事项。

单位负责人主要包括以下两类人员：

1）单位的法定代表人（也称法人代表），是指依法代表法人单位行使职权的负责人，如国有工业企业的厂长（经理）、公司制企业的董事长、国有机关的最高行政官员等。

2）按照法律、行政法规的规定代表单位行使职权的负责人，如代表合伙企业执行合伙企业事务的合伙人、个人独资企业的投资人等。

（2）会计机构的设置

会计机构是各单位办理会计事务的职能机构。根据《会计法》规定，各单位应当根据会计业务的需要设置会计机构；不具备单独设置会计机构条件的，应当在有关机构中配备专职会计人员；没有设置会计机构和配备会计人员的单位，应当委托经批准设立的从事会计代理记账业务的中介机构代理记账。

（3）会计人员的选拔任用

财政部对从事会计工作人员的相关资格条件进行统一规定。例如，从事会计工作的人员应当具备从事会计工作所需要的专业能力，遵守职业道德；会计机构负责人应当具备会计师以上专业技术职务资格或者具有从事会计工作3年以上的经历；总会计师应当在取得会计师任职资格后，主管一个单位或者单位内部一个重要方面的财务会计工作不少于3年等。会计人员取得相关资格或符合有关条件后，能否具体从事相关工作，由所在单位自行决定。

（4）会计人员回避制度

《会计基础工作规范》规定，国家机关、国有企业、事业单位任用会计人员应当实行回避制度。单位领导人的直系亲属不得担任本单位的会计机构负责人、会计主管人员。会计机构负责人、会计主管人员的直系亲属不得在本单位会计机构中担任出纳工作。

需要回避的直系亲属包括夫妻关系、直系血亲关系（父母和子女，祖父母、外祖父母和孙子女、外孙子女）、三代以内旁系血亲（兄弟姐妹、叔侄等）以及近姻亲关系（岳父岳母和女婿、公婆和儿媳等）。

小提示

目前，我国会计人员任职回避制度主要适用于国家机关、国有企业和事业单位，而大量的非国有企业在会计人员的任职上则没有这种限制。

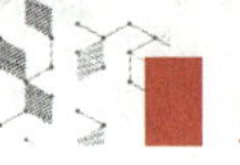

第二节 会计机构和会计人员

一、会计机构设置

1. 办理会计事务的组织方式

会计机构，是指各单位内部设置的办理会计事务和组织领导会计工作的职能部门。根据《会计法》的规定，各单位应当根据会计业务的需要，设置会计机构，或者在有关机构中设置会计人员并指定会计主管人员；不具备设置条件的，应当委托经批准从事会计代理记账业务的中介机构代理记账。

各单位办理会计事务的组织方式有以下三种。

（1）单独设置会计机构

单独设置会计机构是指单位依法设置独立负责会计事务的内部机构，负责会计核算工作，实行会计监督，拟定本单位办理会计事务的具体办法，参与拟订经济计划、业务计划，考核、分析预算、财务计划的执行情况，办理其他会计事务等。会计机构内部应当建立稽核制度。

一个单位是否需要单独设置会计机构，需要考虑的因素主要有以下三点：

1）单位规模的大小。一个单位的规模，往往决定了这个单位内部职能部门的设置，也决定了是否需要设置会计机构。一般来说，大中型企业、具有一定规模的行政事业单位，以及社会团体和其他经济组织，都应单独设置会计机构，实行有效的会计监督。

2）经济业务和财务收支的繁简。经济业务多、财务收支数额大的单位，有必要单独设置会计机构，以保证会计工作的效率和会计信息的质量。

3）经营管理的需要。有效的经营管理是以信息的及时准确和全面系统为前提的。一个单位在经营管理上的要求越高，对会计信息系统的要求也越高，从而决定了该单位越有必要设置会计机构。

动动脑

小张了解到，我国《会计法》规定："单位负责人对本单位的会计工作和会计资料的真实性、完整性负责。"所以他个人认为，一个单位是否需要单独设置会计机构应该由单位负责人说了算。小张的想法正确吗？

（2）有关机构中配置专职会计人员

不具备单独设置会计机构条件的单位，主要是指财务收支数额不大、会计业务比较

简单的企业、机关、团体、事业单位和个体工商户等。这些单位虽然不设置会计机构，而只配备专职会计人员，但也必须具有健全的财务会计制度和严格的财务手续，其专职会计人员的专业职能不能被其他职能所替代。

小提示

区分会计机构负责人和会计主管人员：

设置会计机构——配备会计机构负责人；

不设置会计机构（在有关机构中配备专职会计人员）——指定会计主管人员（即负责组织管理会计事务、行使会计机构负责人职权的会计工作负责人）。

（3）实行代理记账

《会计基础工作规范》第八条规定，没有设置会计机构和配备会计人员的单位，应当根据《代理记账管理办法》的规定，委托会计师事务所或者持有代理记账许可证书的代理记账机构进行代理记账。此项规定适用于不具备设置会计机构条件和不配备会计人员的小型经济组织。

2. 代理记账

代理记账，是指代理记账机构接受委托办理会计业务。代理记账机构是指依法取得代理记账资格，从事代理记账业务的机构。

（1）代理记账机构的审批

除会计师事务所以外的机构从事代理记账业务，应当经县级以上人民政府财政部门（以下简称审批机关）批准，领取由财政部统一规定样式的代理记账许可证书。具体审批机关由省、自治区、直辖市、计划单列市人民政府财政部门确定。会计师事务所及其分所可以依法从事代理记账业务。

（2）代理记账的业务范围

代理记账机构可以接受委托办理下列业务：

1）根据委托人提供的原始凭证和其他相关资料，按照国家统一的会计制度的规定进行会计核算，包括审核原始凭证、填制记账凭证、登记会计账簿、编制财务会计报告等；

2）对外提供财务会计报告；

3）向税务机关提供税务资料；

4）委托人委托的其他会计业务。

（3）委托人、代理记账机构及其从业人员各自的义务

1）委托人委托代理记账机构代理记账，应当在相互协商的基础上，订立书面委托合

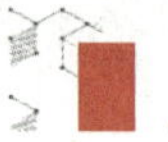

同。委托合同除应具备法律规定的基本条款外，还应当明确下列内容：

①双方对会计资料真实性、完整性各自应当承担的责任；

②会计资料传递程序和签收手续；

③编制和提供财务会计报告的要求；

④会计档案的保管要求及相应的责任；

⑤终止委托合同应当办理的会计业务交接事宜。

2）委托人应当履行下列义务：

①对本单位发生的经济业务事项，应当填制或者取得符合国家统一的会计制度规定的原始凭证；

②应当配备专人负责日常货币收支和保管；

③及时向代理记账机构提供真实、完整的原始凭证和其他相关资料；

④对于代理记账机构退回的，要求按照国家统一的会计制度规定进行更正、补充的原始凭证，应当及时予以更正、补充。

3）代理记账机构及其从业人员应当履行下列义务：

①遵守有关法律、法规和国家统一的会计制度的规定，按照委托合同办理代理记账业务；

②对在执行业务中知悉的商业秘密予以保密；

③对委托人要求其做出不当的会计处理，提供不实的会计资料，以及其他不符合法律、法规和国家统一的会计制度行为的，予以拒绝；

④对委托人提出的有关会计处理相关问题予以解释。

代理记账机构为委托人编制的财务会计报告，经代理记账机构负责人和委托人负责人签名并盖章后，按照有关法律、法规和国家统一的会计制度的规定对外提供。

二、会计岗位设置

会计工作岗位，是指一个单位会计机构内部根据业务分工而设置的职能岗位。根据《会计基础工作规范》的要求，各单位应当根据会计业务需要设置会计工作岗位。

1. 按需设岗

按需设岗就是根据本单位会计业务的需要设置会计工作岗位，各单位的业务活动规模、特点和管理要求不同，其会计机构的规模、会计人员的数量和会计工作岗位的分工也不同。通常，对于业务活动规模大、业务过程复杂、经济业务量大和管理严格的单位，其会计机构的规模相应较大，会计人员相应较多，会计工作岗位的分工也相应较细；相反，对于业务活动规模小、业务过程简单、经济业务量少和管理要求不高的单位，其会计机构的规模相应较小，会计人员相应较少，会计工作岗位的分工也相应较粗。会计工作岗位，可以一人一岗、一人多岗或者一岗多人。

2. 符合内部牵制制度的要求

内部牵制制度是指对于款项和财物的收付、结算及登记工作，必须由两个或两个以上的人或部门分工办理，以相互制约的一种工作制度。内部牵制制度的基本目标包括：规范会计行为，保证会计资料的真实与完整；及时发现、纠正和防止错弊，保护资产的安全与完整；确保法律、法规、规章制度的贯彻执行。

在设置会计工作岗位时，各单位必须遵守不相容职务相分离原则。不相容职务是指不能同时由一个人兼任的职务，具体包括：

（1）授权进行某项经济业务的职务与执行该项经济业务的职务要分离；

（2）执行某项经济业务的职务与批准该项经济业务的职务要分离；

（3）执行某项经济业务的职务与记录该项经济业务的职务要分离；

（4）保管某项财产的职务与记录该项财产的职务要分离；

（5）保管与记录某项资产的职务与账实核对的职务要分离等。

小提示

出纳人员不得兼任（兼管）稽核、会计档案保管和收入、支出、费用、债权债务账目的登记工作。会计人员的工作岗位应当有计划地进行轮换。档案管理部门的人员管理会计档案，不属于会计岗位。

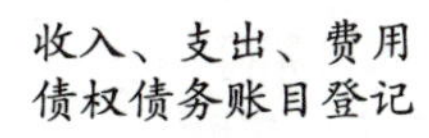

3. 建立会计人员岗位责任制

会计人员岗位责任制是指在会计机构内部按照会计工作的内容和会计人员的配备情况，将会计机构的工作划分为若干个岗位，并按岗位规定职责进行考核的责任制度。建立会计人员岗位责任制是为了分清每一位会计人员的职责，做到事事有人管、人人有专

责，从而提高会计工作效率，保证会计信息质量。

4. 建立定期或不定期轮岗制度

会计人员轮岗，不仅是会计工作本身的需要，也是加强会计人员队伍建设的需要。定期、不定期地轮换会计人员的工作岗位，有利于增强会计人员之间的团结合作意识，促进会计人员全面熟悉业务和不断提高业务素质，进一步完善单位内部控制制度。

三、会计人员

1. 会计人员的概念和范围

会计人员是指根据《会计法》的规定，在国家机关、社会团体、公司、企业、事业单位和其他组织（以下统称单位）中从事会计核算、实行会计监督等会计工作的人员。

会计人员包括从事下列具体会计工作的人员：（1）出纳；（2）稽核；（3）资产、负债和所有者权益（净资产）的核算；（4）收入、费用（支出）的核算；（5）财务成果（政府预算执行结果）的核算；（6）财务会计报告（决算报告）编制；（7）会计监督；（8）会计机构内会计档案管理；（9）其他会计工作。担任单位会计机构负责人（会计主管人员）、总会计师的人员，属于会计人员。

2. 会计人员的一般要求

会计人员从事会计工作，应当符合下列要求：遵守《会计法》和国家统一的会计制度等法律法规；具备良好的职业道德；按照国家有关规定参加继续教育；具备从事会计工作所需要的专业能力。

小提示

会计人员必须具有会计类专业知识，掌握会计基础知识和业务技能，能够独立处理基本会计业务。只有这样才能表明其具备从事会计工作所需要的专业能力。

3. 会计工作的禁入规定

（1）因有提供虚假财务会计报告，做假账，隐匿或者故意销毁会计凭证、会计账簿、财务会计报告，贪污，挪用公款，职务侵占等与会计职务有关的违法行为被依法追究刑事责任的人员，不得再从事会计工作。

（2）因伪造、变造会计凭证、会计账簿，编制虚假财务会计报告，隐匿或者故意销毁依法应当保存的会计凭证、会计账簿、财务会计报告，尚不构成犯罪的，5 年内不得从事会计工作。

（3）会计人员具有违反国家统一的会计制度的一般违法行为，情节严重的，5 年内不

得从事会计工作。

4. 会计专业职务与会计专业技术资格

会计工作的专业性要求会计人员具备一定的专业知识和专业技能。会计专业职务和会计专业技术资格（见表1-2）都是我国用于考核和评价会计人员的专业知识和业务技能的制度，目的是通过考核合理评价会计人员的技术等级，促进会计人员不断提高职业道德和专业素质。

表1-2　会计专业职务和会计专业技术资格的对应关系

会计专业职务	会计专业技术资格
助理会计师或会计员	初级资格
会计师	中级资格
高级会计师	高级资格
正高级会计师	正高级资格

会计专业职务是一种技术职称，取得会计专业技术资格后须通过单位聘任或任命才能担任会计专业职务。会计专业技术资格与会计专业职务的取得见表1-3。

表1-3　会计专业技术资格与会计专业职务的取得

<table>
<tr><th>项目</th><th colspan="2">内容</th></tr>
<tr><td rowspan="3">会计专业技术资格考试</td><td>考试级别</td><td>（1）初级、中级实行全国统一考试制度
（2）高级实行考试和评审相结合制度
（3）正高级实行评审制度</td></tr>
<tr><td>报名条件</td><td>初级：高中以上学历
中级：取得大学专科学历，从事会计工作满5年；
或取得大学本科学历，从事会计工作满4年；
或取得双学士学位或研究生班毕业，从事会计工作满2年；
或取得硕士学位，从事会计工作满1年；
或取得博士学位</td></tr>
<tr><td>证书管理</td><td>（1）会计专业技术资格考试合格者，由省级人事部门颁发证书，该证书全国有效
（2）对于伪造学历、资历证明，或者在考试期间有违纪行为的，由会计考试管理机构吊销其会计专业技术资格，由发证机关收回其会计专业技术资格证书，2年内不得再参加会计专业技术资格考试</td></tr>
<tr><td>会计专业职务的评聘</td><td colspan="2">（1）中级会计资格——符合条件的可聘任会计师职务
（2）初级会计资格——符合条件的可聘任助理会计师或会计员职务
注意：有资格不一定有职务</td></tr>
</table>

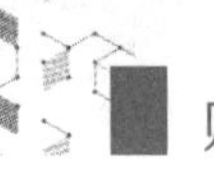

5. 会计人员继续教育

根据《会计专业技术人员继续教育规定》，国家机关、企业、事业单位以及社会团体等组织（以下称单位）具有会计专业技术资格的人员，或不具有会计专业技术资格但从事会计工作的人员（以下简称会计专业技术人员）享有参加继续教育的权利和接受继续教育的义务。用人单位应当保障本单位会计专业技术人员参加继续教育的权利。

具有会计专业技术资格的人员应当自取得会计专业技术资格的次年开始参加继续教育，并在规定时间内取得规定学分。不具有会计专业技术资格但从事会计工作的人员应当自从事会计工作的次年开始参加继续教育，并在规定时间内取得规定学分。

继续教育内容包括公需科目和专业科目。公需科目包括专业技术人员应当普遍掌握的法律法规、政策理论、职业道德、技术信息等基础知识。专业科目包括会计专业技术人员从事会计工作应当掌握的财务会计、管理会计、财务管理、内部控制与风险管理、会计信息化、会计职业道德、财税金融、会计法律法规等相关专业知识。

会计专业技术人员参加继续教育实行学分制管理，每年参加继续教育取得的学分不少于90学分，其中，专业科目一般不少于总学分的三分之二。会计专业技术人员参加继续教育取得的学分，在全国范围内当年度有效，不得结转以后年度。对会计专业技术人员参加继续教育情况实行登记管理。

用人单位应当建立本单位会计专业技术人员继续教育与使用、晋升相衔接的激励机制，将参加继续教育情况作为会计专业技术人员考核评价、岗位聘用的重要依据。会计专业技术人员参加继续教育情况，应当作为聘任会计专业技术职务或者申报评定上一级资格的重要条件。

6. 总会计师

总会计师是主管本单位会计工作的行政领导，是单位行政领导成员，协助单位主要行政领导人工作，直接对单位主要行政领导人负责。凡设置总会计师的单位，在单位行政领导成员中，不设与总会计师职权重叠的副职。总会计师组织领导本单位的财务管理、成本管理、预算管理、会计核算和会计监督等方面的工作，参与本单位重要经济问题的分析和决策。

《会计法》规定，国有的和国有资产占控股地位或者主导地位的大、中型企业必须设置总会计师。《会计基础工作规范》要求，大、中型企业及事业单位、业务主管部门应当根据法律和国家有关规定设置总会计师。总会计师由具有会计师以上专业技术资格的人员担任。《总会计师条例》规定，全民所有制大、中型企业设置总会计师；事业单位和业务主管部门根据需要，经批准可以设置总会计师。其他属性的单位可以根据业务工作需要，自行决定是否设置总会计师一职。

7. 会计工作交接

会计人员工作交接是会计工作中的一项重要内容。由于会计工作的特殊性，会计人员调动工作或者离职时，需要与接替人员办清交接手续，这是会计人员应尽的职责，也是做好会计工作的要求。

（1）需要办理会计工作交接的情况

1）临时离职或因病不能工作、需要接替或代理的，会计机构负责人（会计主管人员）或单位负责人必须指定专人接替或者代理，并办理会计工作交接手续。

2）临时离职或因病不能工作的会计人员恢复工作时，应当与接替或者代理人员办理交接手续。

3）移交人员因病或其他特殊原因不能亲自办理移交手续的，经单位负责人批准，可由移交人委托他人代办交接，但委托人应当对所移交的会计凭证、会计账簿、财务会计报告和其他有关资料的真实性、完整性承担法律责任。

（2）会计工作移交前的准备工作

会计人员办理移交手续前，必须及时做好以下工作：

1）已经受理的经济业务尚未填制会计凭证的，应当填制完毕。

2）尚未登记的账目，应当登记完毕，并在最后一笔余额后加盖经办人员印章。

3）整理应该移交的各项资料，对未了事项写出书面材料。

4）编制移交清册，列明应当移交的会计凭证、会计账簿、会计报表、印章、现金、有价证券、支票簿、发票、文件、其他会计资料和物品等内容；实行会计电算化的单位，从事该项工作的移交人员还应当在移交清册中列明会计软件及密码、会计软件数据磁盘（磁带等）及有关资料、实物等内容。

（3）会计工作交接的监交与会计工作交接要求

1）会计工作交接的监交

①会计人员办理交接手续，必须有监交人负责监交。一般会计人员办理交接手续，由会计机构负责人（会计主管人员）监交。

②会计机构负责人（会计主管人员）办理交接手续，由单位负责人监交，必要时主管单位可以派人会同监交。

2）会计工作交接要求

①移交人员在办理移交时，要按移交清册逐项移交；接替人员要逐项核对点收。

②交接完毕后，交接双方和监交人要在移交清册上签名或者盖章，并应在移交清册上注明：单位名称，交接日期，交接双方和监交人的职务、姓名，移交清册页数以及需要说明的问题和意见等。

③移交清册一般应当填制一式三份，交接双方各执一份，存档一份。

④接替人员应当继续使用移交的会计账簿，不得自行另立新账，以保持会计记录的连续性。

（4）会计工作交接人员的责任

会计工作交接中，合理、公正地区分移交人员和接替人员的责任是非常必要的。交接工作完成后，移交人员所移交的会计凭证、会计账簿、财务会计报告和其他会计资料是在其经办会计工作期间发生的，移交人员应当对这些会计资料的真实性、完整性负责，即便接替人员在交接时因疏忽没有发现所接收会计资料在真实性、完整性方面的问题，如事后发现仍由原移交人员负责，原移交人员不应以会计资料已移交为由推脱责任。

第三节 会计核算

一、会计核算职能

会计核算是会计工作的重要组成部分，也是会计的基本职能之一。《会计法》第九条规定，各单位必须根据实际发生的经济业务事项进行会计核算，填制会计凭证，登记会计账簿，编制财务会计报告。任何单位不得以虚假的经济业务事项或者资料进行会计核算。

二、会计核算的基本要求和主要内容

1. 会计核算的基本要求

会计核算的基本要求见表 1-4。

表 1-4 会计核算的基本要求

<table>
<tr><th>要点</th><th colspan="2">基本要求</th></tr>
<tr><td>会计信息质量要求</td><td colspan="2">可靠性、相关性、明晰性、可比性、实质重于形式、重要性、谨慎性、及时性</td></tr>
<tr><td>会计核算的依据</td><td colspan="2">1. 以实际发生的经济业务事项为依据进行会计核算，是会计核算客观性原则的要求，是保证会计信息真实可靠的重要前提
2. 以虚假的经济业务事项为核算对象，会导致所生成的会计资料与实际发生的经济业务事项不符，造成会计资料失真，侵害财务相关人的经济利益，扰乱社会经济秩序</td></tr>
<tr><td rowspan="2">会计资料的基本要求</td><td>1. 会计资料的生成和提供必须符合国家统一的会计制度的规定</td><td>会计资料包括会计凭证、会计账簿、财务会计报告和其他会计资料</td></tr>
<tr><td>2. 提供虚假的会计资料是违法行为</td><td>伪造会计凭证、会计账簿及其他会计资料，是指以虚假的经济业务事项为前提编造不真实的会计凭证、会计账簿及其他会计资料的行为</td></tr>
</table>

续表

<table>
<tr><th>要点</th><th colspan="2">基本要求</th></tr>
<tr><td rowspan="2">会计资料的基本要求</td><td rowspan="2">2. 提供虚假的会计资料是违法行为</td><td>变造会计凭证、会计账簿及其他会计资料，是指用涂改、挖补等手段来改变会计凭证、会计账簿等的真实内容，歪曲事实真相的行为，即篡改事实</td></tr>
<tr><td>提供虚假的财务会计报告，是指通过编造虚假的会计凭证、会计账簿及其他会计资料或直接篡改财务会计报告上的数据，使财务会计报告不真实，借以误导、欺骗会计资料使用者的行为</td></tr>
<tr><td>会计电算化的基本要求</td><td colspan="2">1. 使用的会计软件必须符合国家统一的会计制度的规定
2. 用电子计算机软件生成的会计凭证、会计账簿、财务会计报表等会计资料必须符合国家统一的会计制度的要求</td></tr>
</table>

2. 会计核算的主要内容

会计核算的内容，是指应当进行会计核算的经济业务事项。根据《会计法》的规定，下列经济业务事项，应当办理会计手续，进行会计核算，如图 1-1 所示。

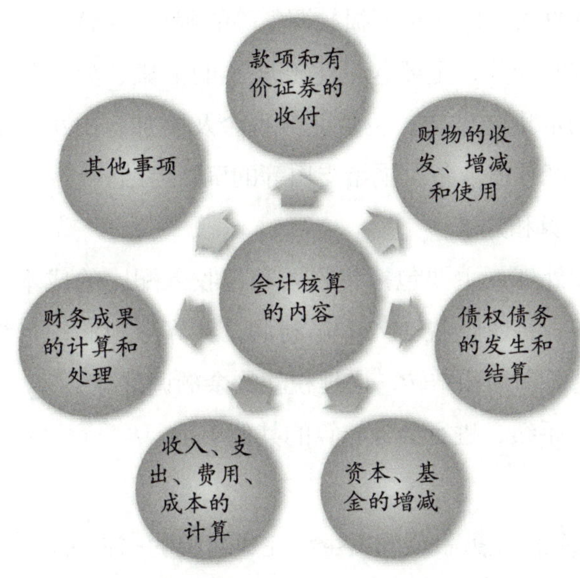

图 1-1 会计核算的内容

（1）款项和有价证券的收付

款项的收付，主要包括货币资金的收入、转存、付出、结存等。有价证券的收付，主要包括有价证券的购入、无偿取得、债务重组取得，有价证券的有偿转让、抵债、对外投资、捐赠，有价证券的利息和股利、溢价与折价的摊销，有价证券的期末结存、减值等。

（2）财物的收发、增减和使用

财物的收发、增减和使用，包括存货、固定资产、投资、无形资产等的购入、自行建造、无偿取得、债务重组取得、融资租入、接受捐赠、出售、转让、抵债、无偿调出、捐赠、减值等。

（3）债权债务的发生和结算

债权的发生和结算，主要包括债权的收回及孳息、债务重组、债权减值等。

债务的发生和结算，主要包括债权人变更、债务的偿还及孳息、债务重组及免偿等。

（4）资本、基金的增减

资本、基金的增减，主要包括实收资本（股本）、资本公积、盈余公积、基金等的增减变动。如实收资本（股本）的取得和企业增资、减资；资本公积的形成、转增资本；基金的提取、转入、使用和给付等。

（5）收入、支出、费用、成本的计算

收入的计算，主要包括商品销售收入、提供劳务收入、让渡资产使用权收入等主营业务收入；材料销售收入，代购、代销、代加工、代管、代修收入和出租收入等其他业务收入；投资收益、补贴收入、固定资产盘盈、处置固定资产净收益、出售无形资产收益、罚款收益等营业外收入；以前年度损益调整等的确认与结转。

支出、费用、成本的计算，主要包括生产成本的汇集、分配与结转；销售费用、管理费用和财务费用等的汇集与结转；主营业务税金及附加、出售无形资产损失、债务重组损失、计提的固定资产减值准备、捐赠支出等的确认与结转。

（6）财务成果的计算和处理

财务成果的计算和处理，主要包括将收入和与收入配比的成本、费用、支出转入本年利润，计算利润总额；将所得税转入本年利润，计算净利润；年终结转本年利润；所得税的计提、缴纳、返还和余额结转，递延税款的余额调整等。

（7）需要办理会计手续、进行会计核算的其他事项

三、会计凭证管理

会计凭证是指记录经济业务事项的发生和完成情况的书面证明，是登记账簿的依据。每个企业都必须按照一定的程序填制和审核会计凭证，并根据审核无误的会计凭证进行账簿登记，如实反映企业的经济业务。会计凭证一般分为原始凭证和记账凭证，两者的区别见表 1–5。

表 1–5　区分原始凭证和记账凭证

项目	原始凭证	记账凭证
填制人员	本单位或外单位经办人员	本单位会计人员

续表

项目	原始凭证	记账凭证
填制依据	已经发生或完成的经济业务	经审核后的原始凭证和有关资料
填制内容	反映经济业务的内容	反映经济业务的会计科目
作用	填制记账凭证的依据	登记会计账簿的依据
审核	真实性、合法性、准确性、完整性	内容是否真实，项目是否完整 科目、金额、书写是否正确

同时，《会计法》《会计基础工作规范》对会计凭证的种类、取得、审核、更正、保管等内容进行了规定，见表1-6。

表1-6　会计凭证相关规定

<table>
<tr><th colspan="3">项目</th><th colspan="2">相关规定</th></tr>
<tr><td rowspan="10">会计凭证的分类</td><td rowspan="10">原始凭证</td><td>来源分类</td><td colspan="2">1. 自制原始凭证：由本单位内部经办业务的部门或个人，在执行或完成某项经济业务时自行填制的、仅供本单位内部使用的原始凭证，如入库单、差旅费报销单等
2. 外来原始凭证：在经济业务发生或完成时，从其他单位或个人处直接取得的原始凭证，如购货取得的增值税专用发票、车票等</td></tr>
<tr><td>主要内容</td><td colspan="2">原始凭证的名称、填制原始凭证的日期、原始凭证的编号、原始凭证填制单位名称或填制人姓名、接受凭证单位名称、经济业务的内容、经办人员签章</td></tr>
<tr><td>填制要求</td><td colspan="2">1. 从外单位取得的原始凭证，必须盖有填制单位的公章；从个人处取得的原始凭证，必须有填制人员的签名或者盖章
2. 自制原始凭证必须有经办单位领导人或者其指定人员的签名或者盖章；对外开出的原始凭证，必须加盖本单位公章</td></tr>
<tr><td>审核规定</td><td colspan="2">1. 对不真实、不合法的原始凭证有权不予接受，并向单位负责人报告
2. 对记载不准确、不完整的原始凭证予以退回，并要求经办人员进行更正、补充
3. 购买实物的原始凭证，必须有验收证明；支付款项的原始凭证，必须有收款证明
4. 一式几联的原始凭证，应当注明各联用途
5. 发生销货退回的，要取得退货验收证明，然后填制退货发票；退款时，不得以退货发票代替收款收据
6. 职工公出借款凭据，必须附在记账凭证之后，不得退还原借款借据</td></tr>
<tr><td rowspan="6">更正要求</td><td>更正方法</td><td>注意问题</td></tr>
<tr><td>各项内容均不得涂改</td><td>不得“涂改”，但是可以“更正”</td></tr>
<tr><td>记载内容有误，应当由开具单位重开或更正，更正工作须由原始凭证出具单位进行，并在更正处加盖出具单位印章</td><td>由“开具单位”重开或更正，而不是审核原始凭证的会计机构、会计人员开具</td></tr>
<tr><td>金额错误不得更正，只能由原出具单位重开</td><td>是“金额”，不是“价格”</td></tr>
<tr><td>开具单位应依法开具准确无误的原始凭证；对填制有误的原始凭证，负有更正和重新开具的法律义务，不得拒绝</td><td>是原始凭证开具单位的义务</td></tr>
</table>

续表

<table>
<tr><th colspan="2">项目</th><th colspan="2">相关规定</th></tr>
<tr><td rowspan="3">会计凭证的分类</td><td rowspan="3">记账凭证</td><td colspan="2">记账凭证以审核无误的原始凭证为依据编制，是登记会计账簿的直接依据</td></tr>
<tr><td>填制要求</td><td>1. 连续编号
2. 可以根据每一张原始凭证填制，或根据若干张同类原始凭证汇总填制，也可以根据原始凭证汇总表填制。但不得将不同内容和类别的原始凭证汇总在一张记账凭证上
3. 除结账、更正错误的记账凭证可以不附原始凭证外，其他记账凭证必须附有原始凭证
4. 一张原始凭证所列之处需要几个单位共同负担的，对其他单位负担部分，应当开给对方原始凭证分割单进行结算
5. 填制时发生错误，应当重新填制；如果已登记入账，按照规定方法进行更正</td></tr>
<tr><td>审核要求</td><td>记录真实，内容完整，填制及时，书写清楚</td></tr>
<tr><td colspan="2">会计凭证的保管</td><td colspan="2">1. 各种会计凭证应及时传递，不得积压，登记完毕后，按照分类的编号顺序保管，不得散乱、丢失
2. 对于各种记账凭证，应连同所附的原始凭证汇总表，按照编号顺序，折叠整齐，按期装订成册，并加具封面，注明单位名称、年度、月份、起讫日期、凭证种类、起讫号码，由装订人在装订线封签处签名或盖章</td></tr>
</table>

动动脑

对于实行会计电算化的单位，记账凭证应如何审核？

四、会计账簿管理

会计账簿是指全面记录和反映一个单位经济业务事项，把大量分散的数据或者资料进行归类整理，逐步加工成有用会计信息的簿籍，它是编制财务会计报告的重要依据。会计账簿包括总账、明细账、日记账和其他辅助性账簿。

1. 会计账簿的种类

（1）总账

总账也称总分类账，是根据总账科目开设的账簿，用于分类登记单位的全部经济业务事项，提供资产、负债、所有者权益、费用、成本、收入等总括核算的资料。总账必须采用订本账。

（2）明细账

明细账也称明细分类账，是根据总账科目所属的明细科目设置的，用于分类登记某

一类经济业务事项，提供有关明细核算资料。明细账通常使用活页账。

（3）日记账

日记账是一种特殊的序时明细账，它是按照经济业务事项发生的时间先后顺序，逐日逐笔地进行登记的账簿，包括现金日记账和银行存款日记账。现金日记账和银行存款日记账必须采用订本式账簿。不得用银行对账单或者其他方法代替日记账。

（4）其他辅助账簿

其他辅助账簿也称备查账簿，是为备忘备查而设置的。在会计实务中，主要包括各种租借设备、物资的辅助登记或有关应收、应付款项的备查簿，担保、抵押备查簿等。

知识链接

账簿分类一览表

属性	类型
按用途分类	序时账簿：普通日记账、特种日记账
	分类账簿：总分类账簿、明细分类账簿
	备查账簿
按账页格式分类	两栏式账簿
	三栏式账簿
	多栏式账簿
	数量金额式账簿
	横线登记式账簿
按外形特征分类	订本式账簿
	活页式账簿
	卡片式账簿

2. 会计账簿的设置与登记

会计账簿的设置与登记方法和要求见表1–7。

表1–7 会计账簿的设置与登记方法和要求

项目	方法和要求
设置账簿	（1）国家机关、社会团体、企事业单位和其他经济组织，要按照要求设置会计账簿，进行会计核算；不具备建账条件的，应实行代理记账 （2）各单位应当依法设置的账簿包括总账、明细账、日记账和其他辅助账簿（或备查账） （3）各单位发生的经济业务应当统一核算，不得违反规定私设会计账簿进行登记、核算

续表

项目	方法和要求
登记账簿	(1) 依据经过审核无误的会计凭证登记会计账簿。这是登记会计账簿最基本的会计记账规则，是保证会计账簿记录质量的重要一环 (2) 按照记账规则登记会计账簿 1) 登记会计账簿时，应当将会计凭证日期、编号、业务内容摘要、金额和其他有关资料逐项记入账内 2) 各种会计账簿应按页次顺序连续登记，不得跳行、隔页 3) 需要结出余额的账户，必须定期结出余额 4) 会计账簿记录发生错误时，应当按照国家统一的会计制度规定的方法更正。更正方法有划线更正法、补充登记法、红字更正法三种 5) 及时对账，保证账证相符、账账相符、账表相符、账实相符 6) 定期结账。结账是在将本期内所发生的经济业务全部登记入账的基础上，按照规定的方法对该期内的账簿记录进行小结，结算出本期发生额合计和期末余额，并将余额结转下期或者转入新账。按照不同的会计期间，结账可分为月结、季结和年结等 (3) 禁止设账外账。各单位发生的各项经济业务事项应当在依法设置的会计账簿上统一登记、核算，不得违反《会计法》和国家统一的会计制度的规定私设会计账簿，进行账外登记

五、财务会计报告管理

财务会计报告是指企业对外提供的，反映企业某一特定日期财务状况和某一会计期间经营成果、现金流量等会计信息的文件。编制财务会计报告，是对单位会计核算工作的全面总结，也是及时提供真实、完整会计资料的重要环节。因此，必须严格财务会计报告的编制程序和质量要求。

1. 财务会计报告的构成

财务会计报告由会计报表、会计报表附注和财务情况说明书组成。企业财务会计报告按编制时间分为年度、半年度、季度和月度财务会计报告。年度、半年度财务会计报告应当包括：会计报表、会计报表附注、财务情况说明书；其会计报表应当包括资产负债表、利润表、现金流量表及相关附表。季度、月度财务会计报告通常仅指会计报表，会计报表至少应当包括资产负债表和利润表。国家统一的会计制度规定季度、月度财务会计报告需要编制会计报表附注的，从其规定。

2. 财务会计报告对外提供的要求

企业应当依照法律、行政法规和国家统一的会计制度关于财务会计报告的编制要求、提供对象和提供期限的规定，及时对外提供财务会计报告。向不同的会计资料使用者提供的财务会计报告，其编制依据应当一致。有关法律、行政法规规定会计报表、会计报表附注和财务情况说明书须经注册会计师审计的，注册会计师及其所在的会计师事务所出具的审计报告应当随同财务会计报告一并提供。

对外报送的财务会计报告，应当依次编写页码，加具封面，装订成册，加盖公章。封面上应当注明：单位名称，单位地址，财务报告所属年度、季度或月度，送出日期，并由单位领导人及总会计师、会计机构负责人或会计主管人员签名或者盖章。单位领导人对财务会计报告的合法性、真实性负法律责任。

接受企业财务会计报告的组织或者个人，在企业财务会计报告未正式对外披露前，应当对其内容保密。

六、会计档案管理

会计档案是指单位在进行会计核算等过程中接收或形成的，记录和反映单位经济业务事项的，具有保存价值的文字、图表等各种形式的会计资料，包括通过计算机等电子设备形成、传输和存储的电子会计档案。

1. 会计档案的管理部门

财政部和国家档案局主管全国会计档案工作，共同制定全国统一的会计档案工作制度，对全国会计档案工作实行监督和指导。

县级以上地方人民政府财政部门和档案行政管理部门管理本行政区域内的会计档案工作，并对本行政区域内会计档案工作实行监督和指导。

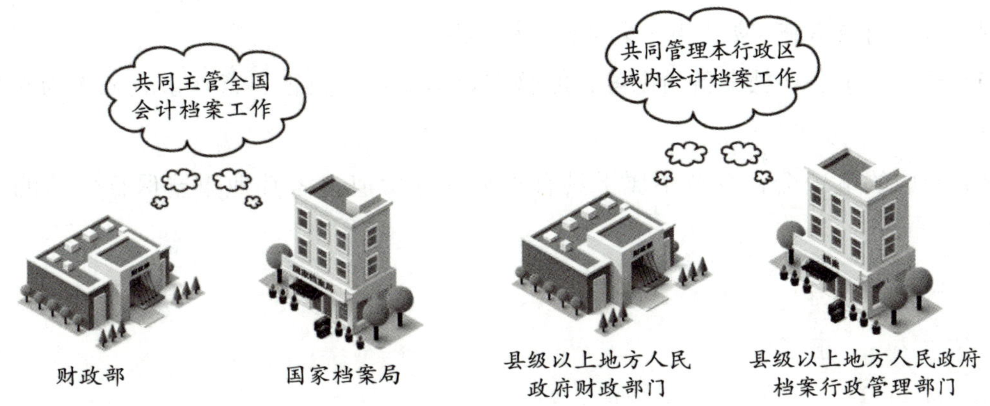

单位应当加强会计档案管理工作，建立和完善会计档案的收集、整理、保管、利用和鉴定、销毁等管理制度，采取可靠的安全防护技术和措施，保证会计档案的真实、完整、可用、安全。

2. 会计档案的范围

（1）会计凭证，包括原始凭证、记账凭证。

（2）会计账簿，包括总账、明细账、日记账、固定资产卡片及其他辅助账簿。

（3）财务会计报告，包括月度、季度、半年度、年度财务会计报告。

（4）其他会计资料，包括银行存款余额调节表、银行对账单、纳税申报表、会计档案移交清册、会计档案保管清册、会计档案销毁清册、会计档案鉴定意见书及其他具有保存价值的会计资料。

小提示

各单位的预算、计划、制度等文件资料属于文书档案，不属于会计档案。

（5）电子会计资料。单位可以利用计算机、网络通信等信息技术手段管理会计档案。同时满足下列条件的，单位内部形成的属于归档范围的电子会计资料可仅以电子形式保存，形成电子会计档案。

1）形成的电子会计资料来源真实有效，由计算机等电子设备形成和传输；

2）使用的会计核算系统能够准确、完整、有效地接收和读取电子会计资料，能够输出符合国家标准归档格式的会计凭证、会计账簿、财务会计报表等会计资料，设定了经办、审核、审批等必要的审签程序；

3）使用的电子档案管理系统能够有效接收、管理、利用电子会计档案，符合电子档案的长期保管要求，并建立了电子会计档案与相关联的其他纸质会计档案的检索关系；

4）采取有效措施，防止电子会计档案被篡改；

5）建立电子会计档案备份制度，能够有效防范自然灾害、意外事故和人为破坏的影响；

6）形成的电子会计资料不属于具有永久保存价值或者其他重要保存价值的会计档案。

小提示

满足前述规定条件，单位从外部接收的电子会计资料附有符合《中华人民共和国电子签名法》规定的电子签名的，可仅以电子形式归档保存，形成电子会计档案。

3. 会计档案的归档

单位的会计机构或会计人员所属机构（以下统称单位会计管理机构）按照归档范围和归档要求，负责定期将应当归档的会计资料整理立卷，编制会计档案保管清册。

单位会计管理机构临时保管会计档案最长不超过3年。临时保管期间，会计档案的保管应当符合国家档案管理的有关规定。

小提示

出纳人员不得兼管会计档案。单位合并后原各单位解散或者一方存续其他方解散的，原各单位的会计档案应当由合并后的单位统一保管。单位合并后原各单位仍存续的，其会计档案仍应当由原各单位保管。

4. 会计档案的移交和利用

（1）会计档案的移交

单位会计管理机构在办理会计档案移交时，应当编制会计档案移交清册，并按照国家档案管理的有关规定办理移交手续。

纸质会计档案移交时应当保持原卷的封装。电子会计档案移交时应当将电子会计档案及其元数据一并移交，且文件格式应当符合国家档案管理的有关规定。特殊格式的电子会计档案应当与其读取平台一并移交。

单位档案管理机构接收电子会计档案时，应当对电子会计档案的准确性、完整性、可用性、安全性进行检测，符合要求的才能接收。

（2）会计档案的利用

单位应当严格按照相关制度利用会计档案，在进行会计档案查阅、复制、借出时履行登记手续，严禁篡改和损坏。

单位保存的会计档案一般不得对外借出。确因工作需要且根据国家有关规定必须借出的，应当严格按照规定办理相关手续。会计档案借用单位应当妥善保管和利用借入的会计档案，确保借入会计档案的安全完整，并在规定时间内归还。

5. 会计档案的保管期限

根据《会计档案管理办法》的规定，会计档案的保管期限分为定期和永久两类。定期是指会计档案的保存应达到法定的时间，一般分为10年和30年。永久是指会计档案必须永久保存。会计档案的保管期限，从会计年度终了后的第一天算起。各类会计档案保管期限见表1-8。

表1-8 各类会计档案保管期限

保管期限	会计档案类型
5年	固定资产卡片于固定资产报废清理后保管5年
10年	月度、季度、半年度财务会计报告；银行存款余额调节表；银行对账单；纳税申报表

续表

保管期限	会计档案类型
30 年	现金日记账和银行存款日记账； 会计凭证：原始凭证和记账凭证； 账簿类：总账、明细账、日记账和其他辅助账簿； 会计档案移交清册
永久	年度财务会计报告、会计档案保管清册、会计档案销毁清册、会计档案鉴定意见书
备注：税务机关的税务经费会计档案保管期限，按行政单位会计档案保管期限规定办理	

6. 会计档案的销毁

单位对保管期满，确定无保存价值的会计档案，可以销毁。经鉴定可以销毁的会计档案，应当按照以下程序销毁：

（1）单位档案管理机构编制会计档案销毁清册，列明拟销毁会计档案的名称、卷号、册数、起止年度、档案编号、应保管期限、已保管期限和销毁时间等内容。

（2）单位负责人、档案管理机构负责人、会计管理机构负责人、档案管理机构经办人、会计管理机构经办人在会计销毁清册上签署意见。

（3）单位档案管理机构负责组织会计档案销毁工作，并与会计管理机构共同派员监销，监销人在会计档案销毁前，应当按照会计档案销毁清册所列内容进行清点核对；在会计档案销毁后，应当在会计档案销毁清册上签名或盖章。

电子会计档案的销毁还应当符合国家有关电子档案的规定，并由单位档案管理机构、会计管理机构和信息系统管理机构共同派员监销。

小提示

不得销毁的会计档案：（1）保管期满但未结清的债权债务会计凭证和涉及其他未了事项的会计凭证不得销毁，纸质会计档案应当单独抽出立卷，电子会计档案单独转存，保管到未了事项完结时为止。（2）正处于项目建设期间的建设单位，其保管期满的会计档案不得销毁，等项目办理竣工结算后，再按规定的交接手续移交给接受单位进行保管。

知识链接

会计核算中的“三严三实”

核算依据要求严，实际发生需诚实（实际发生为依据，不得伪造、编造和虚报）。

核算载体审核严，凭证账表要踏实（会计凭证审核无误，不得私设账簿、报表签名并盖章）。

核算成果保管严，移阅管毁实打实（归档、移交、查阅、保管、销毁严格管理）。

第四节　会计监督

会计监督是指依照国家有关法律、法规、规章对会计工作进行控制，并利用正确的会计信息对经济活动进行全面、综合的协调、监督和督促，以达到提高会计信息质量和经济效益的目的。会计监督有狭义和广义之分。狭义的会计监督是会计的基本职能之一，指的是单位内部会计监督，是会计人员根据国家的财经政策、会计法规，利用会计核算所提供的信息，对会计主体的经济活动进行全面的监督和控制，使其实现预期目标。广义的会计监督还包括对单位内部会计监督的再监督，即外部监督，主要有政府监督和社会监督。目前，我国已形成了三位一体的会计监督体系，包括单位的内部监督、以政府财政部门为主体的政府监督和以注册会计师为主体的社会监督，如图 1-2 所示。

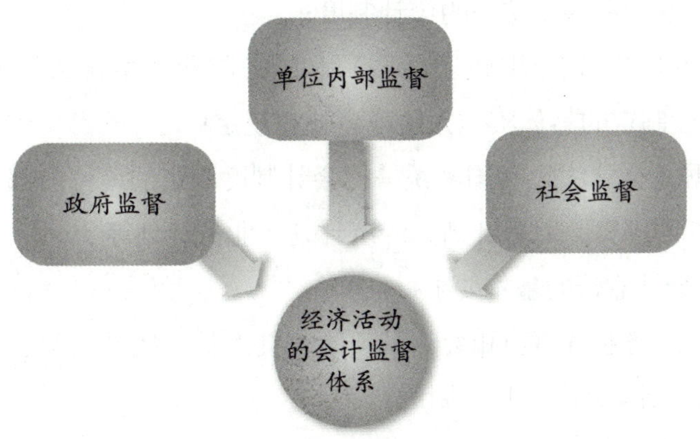

图 1-2　三位一体的会计监督体系

一、单位内部会计监督

1. 单位内部会计监督的概念

单位内部会计监督是指会计机构、会计人员依照法律规定，通过会计手段对经济活动的合法性、合理性和有效性进行的监督。

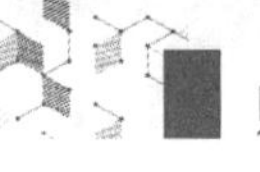

会计机构、会计人员发现会计账簿与实物、款项及有关资料不相符的，按照国家统一的会计制度的规定有权自行处理的，应当及时处理；无权自行处理的，应当立即向单位负责人报告，请求查明原因，做出处理。

2. 单位内部会计监督的主体和对象

任何有权对会计活动施加影响的机构和人员都属于会计监督主体的范畴。《会计法》规定，各单位的会计机构、会计人员进行会计监督的对象是本单位的经济活动，具体包括：

（1）本单位的会计凭证、会计账簿和会计报表等会计资料；

（2）各种财产物资；

（3）各种收支事项；

（4）成本费用控制情况；

（5）利润实现与分配情况等。

3. 单位内部会计监督制度的要求

《会计法》及《会计基础工作规范》等规定，单位负责人负责单位内部会计监督制度的组织实施，对本单位内部会计监督制度的建立及有效实施承担最终责任。

（1）单位内部会计监督的依据

《会计基础工作规范》第七十三条规定，会计机构、会计人员进行会计监督的依据是：

1）财经法律、法规、规章；

2）会计法律、法规和国家统一的会计制度；

3）各省、自治区、直辖市财政厅（局）和国务院业务主管部门根据《会计法》和国家统一的会计制度制定的具体实施办法或者补充规定；

4）各单位根据《会计法》和国家统一的会计制度制定的单位内部会计管理制度；

5）各单位内部的预算、财务计划、经济计划、业务计划等。

（2）单位内部会计监督的基本要求

1）记账人员与经济业务事项和会计事项的审批人员、经办人员、财物保管人员的职责权限应当明确，并相互分离、相互制约；

2）重大对外投资、资产处置、资金调度和其他重要经济业务事项的决策和执行的相互监督、相互制约程序应当明确；

3）财产清查的范围、期限和组织程序应当明确；

4）对会计资料定期进行内部审计的办法和程序应当明确。

4. 单位内部会计监督的内容

单位内部会计监督的内容见表1-9。

表 1-9　单位内部会计监督的内容

要点	内容
对原始凭证进行审核和监督	会计机构、会计人员应当对原始凭证进行审核和监督，对不真实、不合法的原始凭证，不予受理；对弄虚作假、严重违法的原始凭证，在不予受理的同时，应当予以扣留，并及时向单位领导人报告，请求查明原因，追究当事人的责任；对记载不明确、不完整的原始凭证，予以退回，要求经办人员更正、补充
对会计账簿和财务报表的监督	会计机构、会计人员对伪造、变造、故意销毁会计账簿或者账外设账的行为，应当制止和纠正；制止和纠正无效的，应当向上级主管单位报告，请求做出处理。会计机构、会计人员对指使、强令编造、篡改财务报告的行为，应当制止和纠正；制止和纠正无效的，应当向上级主管单位报告，请求处理
对财产物资的监督	会计机构、会计人员应当对实物、款项进行监督，督促建立并严格执行财产清查制度；发现账簿记录与实物、款项不符时，应当按照国家有关规定进行处理；超出会计机构、会计人员职权范围的，应当立即向本单位领导人报告，请求查明原因，做出处理
对单位会计活动及财务收支的监督	会计机构、会计人员应当对财务收支进行监督；对审批手续不全的财务收支，应当退回，要求补充、更正；对违反规定不纳入单位统一会计核算的财务收支，应当制止和纠正；对违反国家统一的财政、财务、会计制度规定的财务收支，不予办理

二、会计工作的政府监督

1. 会计工作政府监督的概念

会计工作的政府监督是指财政部门代表国家对单位和单位中相关人员的会计行为实施的监督检查，以及对发现的违法会计行为实施的行政处罚。

2. 会计工作政府监督的主体和对象

财政部门是《会计法》的执法主体，是对会计工作实施政府监督的主体之一。会计工作政府监督的主体如图 1-3 所示。

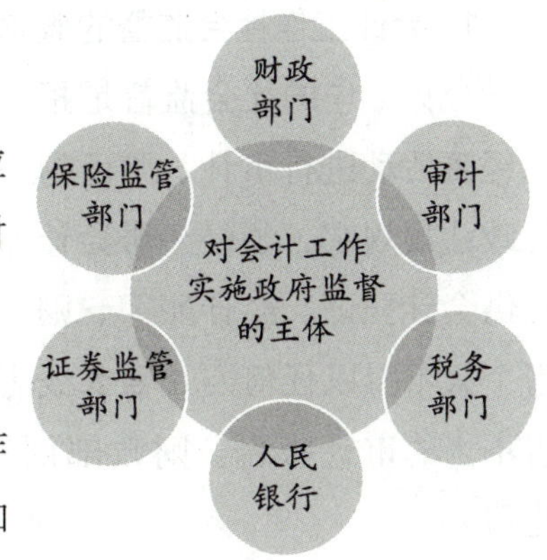

图 1-3　对会计工作实施政府监督的主体

小提示

财政部门和审计、税务、人民银行、证券监管、保险监管等各部门实施会计监督的职责和权限是不同的。财政部门有权进行普遍监督，而其他有关部门则依照有关法律、行政法规规定的职责和权限，分别对有关单位的会计资料实施监督检查。

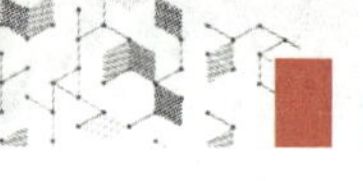

根据《财政部门实施会计监督办法》的规定，财政部门实施会计监督检查的对象是会计行为，并对发现的有违法行为的单位和个人实施行政处罚。违法会计行为是指公民、法人和其他组织违反《会计法》和其他有关法律、行政法规、国家统一的会计制度的行为。

3. 财政部门实施会计监督检查的内容

财政部门依法对各单位的下列情况实施会计监督：

（1）是否依法设置会计账簿；

（2）会计凭证、会计账簿、财务会计报告和其他会计资料是否真实、完整；

（3）会计核算是否符合《会计法》和国家统一的会计制度的规定；

（4）从事会计工作的人员是否具备专业能力、遵守职业道德。

在对各单位会计凭证、会计账簿、财务会计报告和其他会计资料的真实性、完整性实施监督，发现重大违法嫌疑时，国务院财政部门及其派出机构可以向与被监督单位有经济业务往来的单位和被监督单位开立账户的金融机构查询有关情况，有关单位和金融机构应当给予支持。

依法对有关单位的会计资料实施监督检查的部门及其工作人员对在监督检查中知悉的国家秘密和商业秘密负有保密义务。

三、会计工作的社会监督

1. 会计工作社会监督的概念

会计工作的社会监督是指由注册会计师及其所在的会计师事务所依法对委托单位的经济活动进行审计、鉴证的一种外部监督。《会计法》第三十一条规定，有关法律、行政法规规定，须经注册会计师进行审计的单位，应当向受委托的会计师事务所如实提供会计凭证、会计账簿、财务会计报告和其他会计资料以及有关情况。任何单位或者个人不得以任何方式要求或者示意注册会计师及其所在的会计师事务所出具不实或者不当的审计报告。财政部门有权对会计师事务所出具审计报告的程序和内容进行监督。

小提示

单位和个人检举违反《会计法》和国家统一的会计制度的行为，也属于会计工作社会监督的范畴。

知识链接

国际四大会计师事务所

（左上：普华永道；右上：德勤；左下：安永；右下：毕马威）

2. 注册会计师审计与内部审计的关系

注册会计师审计与内部审计的关系见表1-10。

表1-10　注册会计师审计与内部审计的关系

项目		注册会计师审计	内部审计
联系		1. 都是现代审计体系的重要组成部分 2. 都关注内部控制的健全性和有效性 3. 注册会计师审计可能涉及对内部审计成果的利用等	
区别	独立性	完全独立于被审计单位	受本部门、本单位直接领导，独立性较弱
	审计方式	必须按《注册会计师法》、执业准则和规则实施审计	单位自行组织实施，具有较大的灵活性
	职责和作用	对投资者、债权人及其他利益相关者负责，对外出具的审计报告具有鉴证作用	审计结果对本部门、本单位负责，只作为本部门、本单位改进经营管理的参考，不对外公开
	接受审计的自愿程度	委托人可自由选择会计师事务所	单位内部组织必须接受内部审计人员的监督

动动脑

会计责任与审计责任有什么区别？

四、单位内部会计监督与会计工作政府监督、社会监督的关系

单位内部会计监督与会计工作政府监督和社会监督的关系见表 1-11。

表 1-11　单位内部会计监督与会计工作政府监督和社会监督的关系

项目		单位内部会计监督	政府监督	社会监督
联系		1. 单位内部会计监督是有效进行政府监督、社会监督的基础 2. 政府监督、社会监督是对单位内部会计监督的一种再监督 3. 政府监督是有效进行社会监督的重要保证		
区别	主体	会计机构、会计人员	主要是财政部门、审计部门、税务部门、人民银行、证券监管部门、保险监管部门和国家规定的其他有关部门	社会审计组织和广大社会公众
	性质	自我约束机制	依照有关法律、法规对会计主体的会计行为进行的监督	通过审计、鉴证职能的发挥及单位、个人的检举来实施
	时间	可以是事前监督，也可以是事中监督和事后监督	事后监督	事后监督
	内容	不仅包括对不合法的收支予以制止、纠正和检举等内容，而且还包括为加强经营管理、提高经济效益服务的内容	监督会计主体的会计行为是否合法	会计师事务所对被监督单位财务会计报告的真实性发表意见，以提高被监督单位财务会计报告的公信力

第五节　违反会计法律制度的法律责任

一、法律责任概述

法律责任是指人们对自己的违法行为所应承担的带有强制性、否定性的法律后果，也就是对违法者的制裁。它是一种通过对违法行为进行惩罚来实现法律规则的要求。规定法律责任的目的在于保障法律的遵守与执行，强制当事人的行为与法律所要求的标准统一起来，符合已经确立的秩序。为了保证《会计法》的有效实施，惩治违法会计行为，《会计法》规定了明确的法律责任，主要包括行政责任和刑事责任。

小提示

违反《会计法》的法律责任只涉及行政责任和刑事责任，而不涉及民事责任。

知识链接

《会计人员管理办法》规定，因发生与会计职务有关的违法行为被依法追究刑事责任的人员，单位不得任用（聘用）其从事会计工作。

因违反《会计法》有关规定受到行政处罚，5年内不得从事会计工作的人员，处罚期届满前，单位不得任用（聘用）其从事会计工作。

上述违法人员的行业禁入期限，自其违法行为被认定之日起计算。

1. 行政责任

行政责任是指行政法律关系主体在国家行政管理活动中因违反了行政法律规范，不履行行政上的义务而承担的具有行政惩罚性的法律责任。《会计法》规定的行政责任有行政处罚和行政处分两种形式，具体内容如图1-4所示。

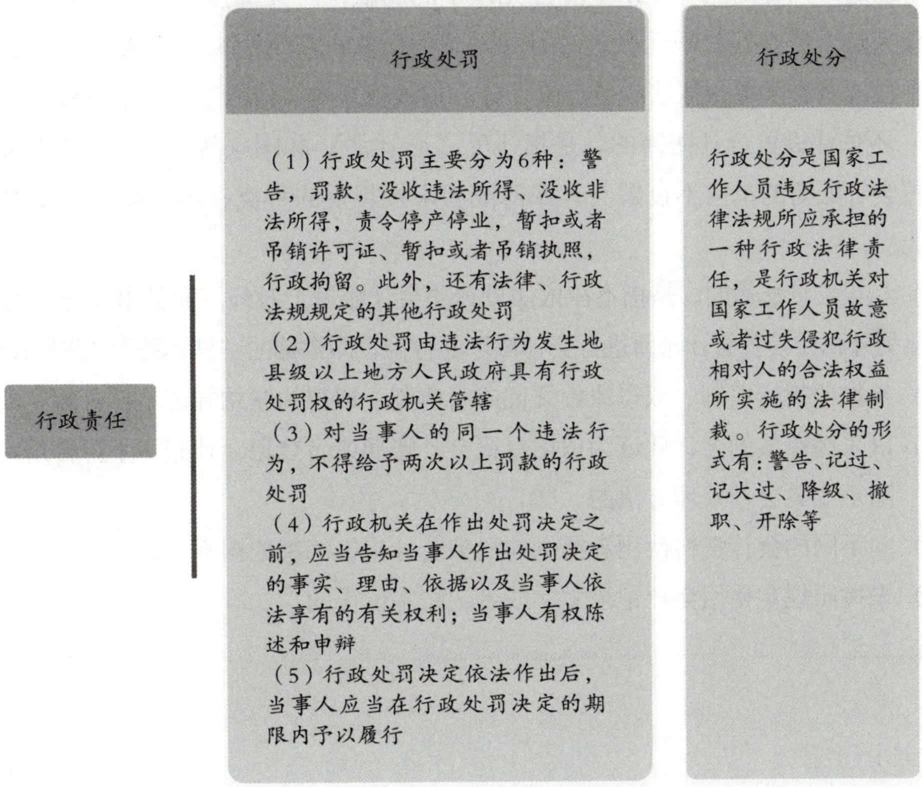

行政责任

行政处罚

（1）行政处罚主要分为6种：警告，罚款，没收违法所得、没收非法所得，责令停产停业，暂扣或者吊销许可证、暂扣或者吊销执照，行政拘留。此外，还有法律、行政法规规定的其他行政处罚

（2）行政处罚由违法行为发生地县级以上地方人民政府具有行政处罚权的行政机关管辖

（3）对当事人的同一个违法行为，不得给予两次以上罚款的行政处罚

（4）行政机关在作出处罚决定之前，应当告知当事人作出处罚决定的事实、理由、依据以及当事人依法享有的有关权利；当事人有权陈述和申辩

（5）行政处罚决定依法作出后，当事人应当在行政处罚决定的期限内予以履行

行政处分

行政处分是国家工作人员违反行政法律法规所应承担的一种行政法律责任，是行政机关对国家工作人员故意或者过失侵犯行政相对人的合法权益所实施的法律制裁。行政处分的形式有：警告、记过、记大过、降级、撤职、开除等

图1-4　行政责任的形式

2. 刑事责任

刑事责任是指行为人因其犯罪行为所必须承担的刑事惩罚性责任，即对犯罪分子依据刑事法律的规定追究的法律责任。

《中华人民共和国刑法》（以下简称《刑法》）规定，刑罚分为主刑和附加刑，主刑分为管制、拘役、有期徒刑、无期徒刑和死刑；附加刑分为罚金、剥夺政治权利、没收财产。

刑事责任与行政责任不同，两者的主要区别见表 1-12。

表 1-12 刑事责任与行政责任的区别

项目	行政责任	刑事责任
追究的违法行为不同	追究行政责任的是一般违法行为	追究刑事责任的是犯罪行为
追究责任的机关不同	由法律授权的行政机关依照有关法律的规定决定	只能由司法机关依照《刑法》的规定决定
承担法律责任的后果不同	违反了行政法律规范、不履行行政上的义务而产生的责任	是最严厉的制裁，可以判处死刑，比追究行政责任厉害得多

二、违反国家统一的会计制度行为的法律责任

违反《会计法》规定，有下列行为之一的，由县级以上人民政府财政部门责令限期改正，可以对单位并处三千元以上五万元以下的罚款；对其直接负责的主管人员和其他直接责任人员，可以处二千元以上二万元以下的罚款；属于国家工作人员的，还应当由其所在单位或者有关单位依法给予行政处分。构成犯罪的，依法追究刑事责任：

（1）不依法设置会计账簿的。是指违反《会计法》和国家统一的会计制度的规定，应当设置会计账簿的单位不设置会计账簿或者未按规定的种类、形式及要求设置会计账簿的行为。

（2）私设会计账簿的。是指不在依法设置的会计账簿上对经济业务事项进行统一会计核算，而另外私自设置会计账簿进行会计核算的行为，即俗称的“两本账”“账外设账”。

（3）未按照规定填制、取得原始凭证或者填制、取得的原始凭证不符合规定的。

（4）以未经审核的会计凭证为依据登记会计账簿或者登记会计账簿不符合规定的。

（5）随意变更会计处理方法的。

（6）向不同的会计资料使用者提供的财务会计报告编制依据不一致的。

（7）未按照规定使用会计记录文字或者记账本位币的。

知识链接

会计记录的文字应当使用中文。在民族自治地区，会计记录可以同时使用当地通用的一种民族文字。在中华人民共和国境内的外商投资企业、外国企业和其他外国组织的会计记录可以同时使用一种外国文字。

（8）未按照规定保管会计资料，致使会计资料毁损、灭失的。

（9）未按照规定建立并实施单位内部会计监督制度，或者拒绝依法实施的监督，或者不如实提供有关会计资料及有关情况的。

（10）任用会计人员不符合《会计法》规定的。

会计人员有上述所列行为之一，情节严重的，5 年内不得从事会计工作。

有关法律对上述所列行为的处罚另有规定的，依照有关法律的规定办理。

小提示

在上述违法会计行为中，第 1~8 项和会计核算有关，9、10 项和会计监督有关。在 1~8 项中，第 1、2 项涉及会计账簿，第 3、4 项涉及会计凭证，第 5 项涉及会计处理方法，第 6 项涉及财务会计报告，第 7 项涉及记账文字和货币，第 8 项涉及会计档案。

三、伪造、变造会计凭证、会计账簿，编制虚假财务会计报告行为的法律责任

伪造、变造会计凭证、会计账簿，编制虚假财务会计报告，构成犯罪的，依法追究刑事责任。尚不构成犯罪的，由县级以上人民政府财政部门予以通报，可以对单位并处五千元以上十万元以下的罚款；对其直接负责的主管人员和其他直接责任人员，可以处三千元以上五万元以下的罚款；属于国家工作人员的，还应当由其所在单位或者有关单位依法给予撤职直至开除的行政处分；其中的会计人员，5 年内不得从事会计工作。

小提示

因有提供虚假财务会计报告，做假账，隐匿或者故意销毁依法应当保存的会计凭证、会计账簿、财务会计报告，贪污，挪用公款，职务侵占等与会计职务有关的违法行为被依法追究刑事责任的人员，不得再从事会计工作。

四、隐匿或者故意销毁依法应当保存的会计凭证、会计账簿、财务会计报告行为的法律责任

隐匿或者故意销毁依法应当保存的会计凭证、会计账簿、财务会计报告，构成犯罪的，依法追究刑事责任。尚不构成犯罪的，由县级以上人民政府财政部门予以通报，可以对单位并处五千元以上十万元以下的罚款；对其直接负责的主管人员和其他直接责任人员，可以处三千元以上五万元以下的罚款；属于国家工作人员的，还应当由其所在单

位或者有关单位依法给予撤职直至开除的行政处分；其中的会计人员，5 年内不得从事会计工作。

小提示

“伪造、变造会计凭证、会计账簿，编制虚假财务会计报告”和“隐匿或者故意销毁依法应当保存的会计凭证、会计账簿、财务会计报告”所承担的行政责任完全一致。

根据《刑法》第一百六十二条第二款的规定，隐匿或者故意销毁依法应当保存的会计凭证、会计账簿、财务会计报告，情节严重的，处5 年以下有期徒刑或者拘役，并处或者单处二万元以上二十万元以下罚金。单位犯前款罪的，对单位判处罚金，并对其直接负责的主管人员和其他直接责任人员，依照前款的规定处罚。

五、授意、指使、强令会计机构、会计人员及其他人员伪造、变造会计凭证、会计账簿，编制虚假财务会计报告或者隐匿、故意销毁依法应当保存的会计凭证、会计账簿、财务会计报告行为的法律责任

授意、指使、强令会计机构、会计人员及其他人员伪造、变造会计凭证、会计账簿，编制虚假财务会计报告或者隐匿、故意销毁依法应当保存的会计凭证、会计账簿、财务会计报告，构成犯罪的，依法追究刑事责任。尚不构成犯罪的，可以处五千元以上五万元以下的罚款；属于国家工作人员的，还应当由其所在单位或者有关单位依法给予降级、撤职、开除的行政处分。

动动脑

“授意”“指使”“强令”有何不同？

六、单位负责人对依法履行职责、抵制违反《会计法》规定行为的会计人员实行打击报复的法律责任

单位负责人对依法履行职责、抵制违反《会计法》规定行为的会计人员以降级、撤职、调离工作岗位、解聘或者开除等方式实行打击报复，构成犯罪的，依法追究刑事责任。尚不构成犯罪的，由其所在单位或者有关单位依法给予行政处分。对受打击报复的会计人员，应当恢复其名誉和原有职务、级别。

根据《刑法》第二百五十五条规定，公司、企业、事业单位、机关、团体的领导人，

对依法履行职责、抵制违反《会计法》行为的会计人员实行打击报复，情节恶劣的，处3年以下有期徒刑或者拘役。

七、财政部门及有关行政部门工作人员在实施监督管理职务中违法行为的法律责任

财政部门及有关行政部门的工作人员在实施监督管理中滥用职权、玩忽职守、徇私舞弊或者泄露国家秘密、商业秘密，构成犯罪的，依法追究刑事责任。尚不构成犯罪的，依法给予行政处分。

收到对违反《会计法》和国家统一的会计制度规定的行为检举的部门及负责处理检举的部门，将检举人姓名和检举材料转给被检举单位和被检举人个人的，由所在单位或者有关单位依法给予行政处分。

思考与练习

1. 我国会计法律制度主要包括哪些内容？请分别列举代表性文件。

2. 我国会计行业自律组织主要有哪些？

3. 在单位会计工作管理过程中，单位负责人负有哪些职责？应怎样实施会计人员回避制度？

4. 单位设置会计工作岗位的基本原则有哪些？会计档案管理工作岗位是否属于会计岗位？

5. 会计人员会计工作交接的具体要求是什么？分别由什么人员负责监交？

6. 会计违法行为涉及哪两种类型的法律责任？对于伪造、变造会计凭证、会计账簿，编制虚假财务会计报告，尚不构成犯罪的，应该给予怎样的处罚或处分？

7. 案例分析：国源商贸有限责任公司（以下简称国源公司）为一家国有企业。2019年6月，该公司出纳李峰辞职，财务科科长张克明将其外甥女何晓红调到公司担任出纳，李峰与何晓红自行办理了工作交接手续。何晓红在担任出纳的同时，还担任了公司会计档案保管员。9月，佳美公司向国源公司购买了一批总价款为40万元的货物。国源公司收到货款后，何晓红为佳美公司开具了发票，在填写发票时，何晓红将40万元误填为4万元。佳美公司发现后，将发票交给何晓红进行了更改并加盖了国源公司印章。10月30日，国源公司有一批保管期满的会计档案，按规定需要销毁。国源公司档案管理部门编制了会计档案销毁清册，档案管理部门负责人张宁在会计档案销毁清册上签了字，并于当天对档案进行了销毁。请问国源公司会计工作存在哪些问题？应该如何改进？

第二章
支付结算法律制度

学习目标

知识目标

1. 熟悉现金结算的概念、特点、范围、限额及基本要求。
2. 熟悉支付结算的概念及基本原则。
3. 熟悉银行结算账户的开立、变更和撤销。
4. 熟悉票据的相关概念。
5. 了解银行卡、网上支付的基本要求。
6. 了解其他结算方式的结算规定。
7. 熟悉违反银行账户结算管理制度应承担的法律责任。

能力目标

1. 能填写票据和结算凭证，办理支付结算。
2. 能按照现金管理的规定办理开户单位的现金收支。
3. 能对商业汇票、银行汇票、银行本票和支票的提示承兑期限进行比较。

思维导图

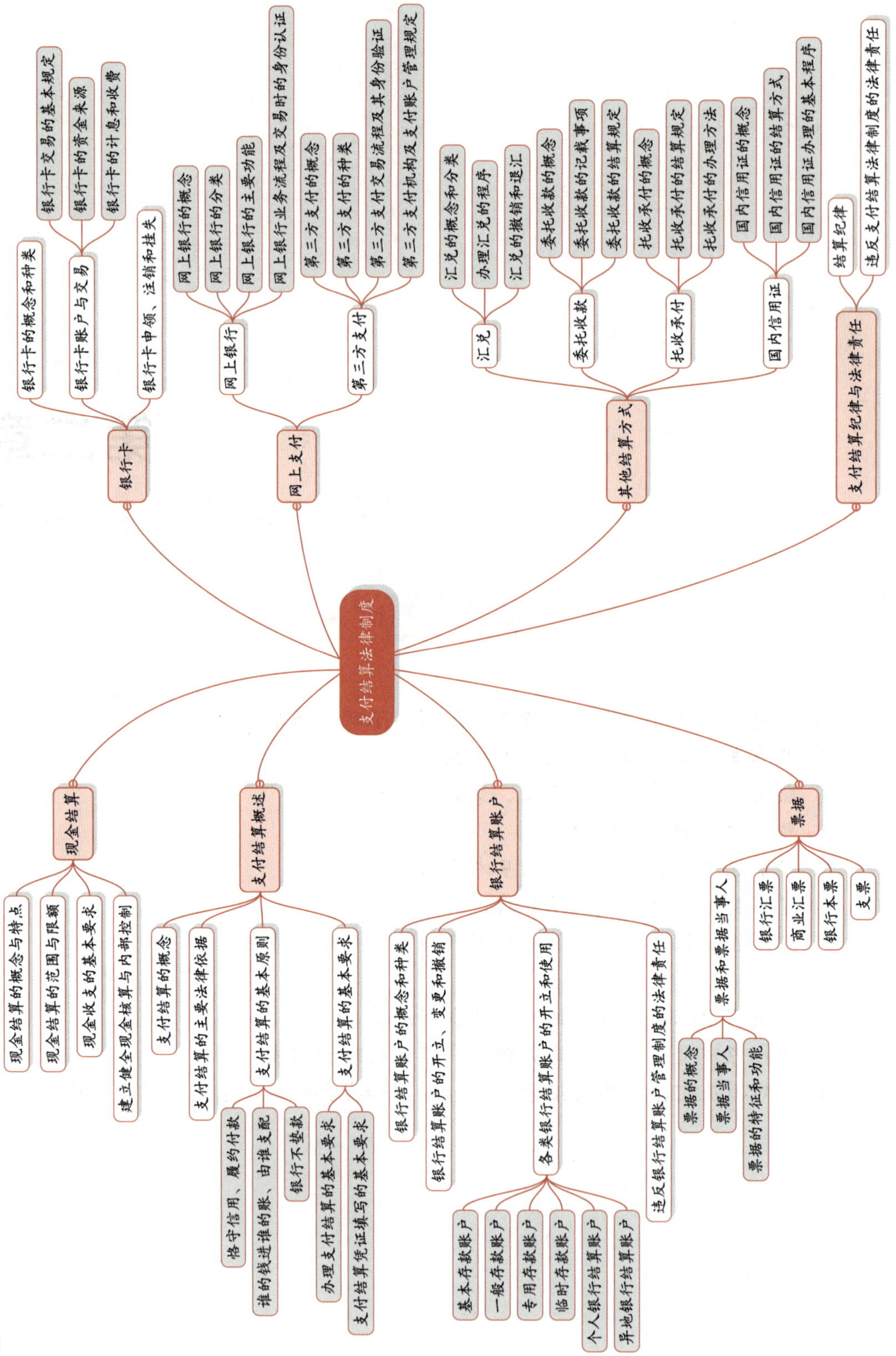

- 支付结算法律制度
  - 现金结算
    - 现金结算的概念与特点
    - 现金结算的范围与限额
    - 现金收支的基本要求
    - 建立健全现金核算与内部控制
  - 支付结算概述
    - 支付结算的概念
    - 支付结算的主要法律依据
    - 支付结算的基本原则
      - 恪守信用、履约付款
      - 谁的钱进谁的账、由谁支配
      - 银行不垫款
    - 支付结算的基本要求
      - 办理支付结算的基本要求
      - 支付结算凭证填写的基本要求
  - 银行结算账户
    - 银行结算账户的概念和种类
    - 银行结算账户的开立、变更和撤销
    - 各类银行结算账户的开立和使用
      - 基本存款账户
      - 一般存款账户
      - 专用存款账户
      - 临时存款账户
      - 个人银行结算账户
      - 异地银行结算账户
    - 违反银行结算账户管理制度的法律责任
  - 票据
    - 票据和票据当事人
      - 票据的概念
      - 票据当事人
      - 票据的特征和功能
    - 银行汇票
    - 商业汇票
    - 银行本票
    - 支票
  - 银行卡
    - 银行卡的概念和种类
    - 银行卡账户与交易
      - 银行卡交易的基本规定
      - 银行卡的资金来源
      - 银行卡的计息和收费
    - 银行卡申领、注销和挂失
  - 网上支付
    - 网上银行
      - 网上银行的概念
      - 网上银行的分类
      - 网上银行的主要功能
      - 网上银行业务流程及交易时的身份认证
    - 第三方支付
      - 第三方支付的概念
      - 第三方支付的种类
      - 第三方支付交易流程及其身份验证
      - 第三方支付机构及支付账户管理规定
  - 其他结算方式
    - 汇兑
      - 汇兑的概念和分类
      - 办理汇兑的程序
      - 汇兑的撤销和退汇
    - 委托收款
      - 委托收款的概念
      - 委托收款的记载事项
      - 委托收款的结算规定
    - 托收承付
      - 托收承付的概念
      - 托收承付的结算规定
      - 托收承付的办理方法
    - 国内信用证
      - 国内信用证的概念
      - 国内信用证的结算方式
      - 国内信用证办理的基本程序
  - 支付结算纪律与法律责任
    - 结算纪律
    - 违反支付结算法律制度的法律责任

支付结算是指单位、个人在社会经济活动中使用票据、信用卡和汇兑、托收承付、委托收款等结算方式进行货币给付及其资金清算的行为。本章将对票据结算和非票据结算的概念、种类、程序及相关法律规范等进行详细介绍。

第一节　现金结算

一、现金结算的概念与特点

1. 现金结算的概念

现金结算是指在商品交易、劳务供应等经济往来中，直接使用现金进行收付款结算的一种行为。在我国，现金结算主要适用于单位与个人之间的款项收付，以及单位之间的转账结算起点金额以下的零星小额收付。

2. 现金结算的特点

现金结算具有直接便利的优点，但同时也具有不安全性、不易宏观控制和管理、费用较高等缺点。

现金结算主要有两种渠道：一种是付款人直接将现金支付给收款人，不通过银行等中介机构；另一种是付款人委托银行和非银行金融机构或非金融机构如邮局将现金支付给收款人。

二、现金结算的范围与限额

1. 现金结算的范围

根据国务院发布的《现金管理暂行条例》的规定，凡在银行和其他金融机构开立账户的机关、团体、部队、企业、事业单位和其他单位（以下简称开户单位）可以在下列范围内使用现金：

（1）职工工资、津贴；

（2）个人劳务报酬；

（3）根据国家规定颁发给个人的科学技术、文化艺术、体育等各种奖金；

（4）各种劳保、福利费用以及国家规定的对个人的其他支出；

（5）向个人收购农副产品和其他物资的价款；

（6）出差人员必须随身携带的差旅费；

（7）结算起点以下的零星支出；

（8）中国人民银行确定需要支付现金的其他支出。

上述款项结算起点为1 000元。结算起点的调整，由中国人民银行确定，报国务院备案。除上述第（5）、（6）项外，开户单位支付给个人的款项，超过使用现金限额的部分，应当以支票或者银行本票支付；确需全额支付现金的，经开户银行审核后，予以支付

现金。

除上述情况可以使用现金支付外，其他款项的支付应通过银行转账结算。

知识链接

转账结算凭证在经济往来中具有和现金相同的支付能力。开户单位在销售活动中，不得对现金结算给予比转账结算优惠的待遇，不得拒收支票、银行汇票和银行本票。

2. 现金使用的限额

现金使用的限额是指为了保证开户单位日常零星开支的需要，允许单位保存现金的最高数额。这一限额由开户银行根据单位的实际需要核定，一般按照单位 3~5 天日常零星开支需要确定，边远地区和交通不便地区开户单位的库存现金限额，可按多于 5 天但最长不超过 15 天的日常零星开支的需要确定。经核定的库存现金限额，开户单位必须严格遵守，超过部分应于当日终了前存入银行。需要增加或减少库存现金限额的单位，应当向开户银行提出申请，由开户银行核定。

小提示

对没有在银行单独开立账户的附属单位也要实行现金管理，必须保留的现金也要核定限额，其限额包括在开户单位的库存现金限额之内。商业和服务行业的找零备用现金，也要根据营业额核定定额，但不包括在开户单位的库存现金限额之内。

三、现金收支的基本要求

一是开户单位现金收入应当于当日送存开户银行。

二是开户单位支付现金，可以从本单位库存现金限额中支付或者从开户银行提取，不得从本单位的现金收入中直接支付（称为坐支）。

三是因采购地点不固定、交通不便、生产或者市场急需、抢险救灾以及其他特殊情况必须使用现金的，开户单位应当向开户银行提出申请，由本单位财会部门负责人签字盖章，并经开户银行审核后，予以支付现金。

四是开户单位不能白条顶库；不准谎报用途套取现金；不准利用银行账户代其他单位和个人存入或者支取现金；不准将单位收入的现金以个人名义存入储蓄；不准保留账外公款（小金库）；不得未经批准坐支现金或者未按开户银行核定的坐支范围和限额坐支

现金等。

四、建立健全现金核算与内部控制

如图 2-1 所示，建立健全现金核算与内部控制要做好以下四方面工作：

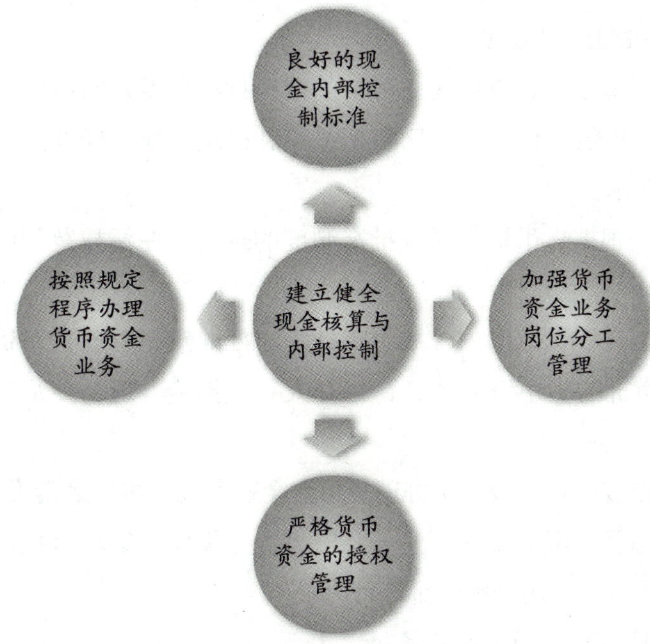

图 2-1　建立健全现金核算与内部控制

1. 良好的现金内部控制标准

各单位应该按照规范的要求，建立良好的现金内部控制，以保证现金收支记录及时、准确、完整，全部现金支出均按经批准的用途进行，使现金得以安全保管。

小提示

单位负责人对本单位货币资金内部控制制度的建立健全、有效实施以及货币资金的安全负责。

2. 加强货币资金业务岗位分工管理

（1）单位应当建立货币资金业务的岗位责任制，明确有关部门和岗位的职责权限，确保办理货币资金业务的不相容岗位相互分离、制约和监督，确保货币资金的安全。

（2）出纳人员不得兼任稽核以及会计档案保管和收入、支出、费用、债权债务账目的登记工作。

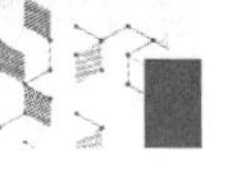

（3）单位不得由一人办理货币资金业务的全过程。单位办理货币资金业务，应当配备合格的人员，并根据单位具体情况进行岗位轮换。

（4）办理货币资金业务的人员应当具备良好的职业道德，忠于职守，廉洁奉公，遵纪守法，客观公正，不断提高职业道德水平和会计业务素质。

3. 严格货币资金的授权管理

（1）单位应当对货币资金业务建立严格的授权批准制度，明确审批人对货币资金业务的授权批准方式、权限、程序、责任和相关控制措施，规定经办人办理货币资金业务的职责范围和工作要求。

（2）审批人应当根据货币资金授权批准制度的规定，在授权范围内进行审批，不得超越审批权限。

（3）经办人应当在职责范围内，按照审批人的批准意见办理货币资金业务。对于审批人超越授权范围审批的货币资金业务，经办人有权拒绝办理，并及时向审批人的上级授权部门报告。

（4）严禁未经授权的机构或人员办理货币资金业务或直接接触货币资金。

（5）单位对于重要货币资金支付业务，应当实行集体决策和审批，并建立责任追究制度，防范贪污、侵占、挪用货币资金等行为。

4. 按照规定程序办理货币资金业务

（1）支付申请

单位有关部门或个人用款时，应当提前向审批人提交货币资金支付申请，注明款项的用途、金额、预算、支付方式等内容，并附有效经济合同或相关证明。

（2）支付审批

审批人根据其职责、权限和相应程序对支付申请进行审批。对不符合规定的货币资金支付申请，审批人应当拒绝批准。

（3）支付复核

复核人应当对批准后的货币资金支付申请进行复核，复核货币资金支付申请的批准范围、权限、程序是否正确，手续及相关单证是否齐备，金额计算是否准确，支付方式、支付单据是否妥当等。复核无误后，交由出纳人员办理支付手续。

（4）办理支付

出纳人员应当根据复核无误的支付申请，按规定办理货币资金支付手续，及时登记库存现金日记账和银行存款日记账。

企业应当定期和不定期进行现金盘点，确保现金账面金额与实际库存金额相符。发现两者不符时，及时查明原因，并做出相应的处理。

第二节 支付结算概述

一、支付结算的概念

支付结算是指单位、个人在社会经济活动中使用票据、信用卡和汇兑、托收承付、委托收款等结算方式进行货币给付及其资金清算的行为。其主要功能是完成资金从一方当事人向另一方当事人的转移。

银行、城市信用合作社、农村信用合作社（以下简称银行）以及单位（含个体工商户）和个人是办理支付结算的主体。其中，银行是支付结算和资金清算的中介机构。

小提示

现金结算不属于支付结算的范畴。

知识链接

我国目前使用的人民币支付工具主要包括“三票一卡”、结算方式、预付卡、国内信用证、网上银行、第三方支付等。“三票一卡”是指汇票、本票、支票和信用卡；结算方式包括汇兑、托收承付和委托收款等。

根据《支付结算办法》规定，票据和结算凭证是办理支付结算的工具。支付结算的任务是根据经济往来组织支付结算，准确、及时、安全地办理支付结算，并按照有关法律、法规和规章的规定管理支付结算，保障支付结算活动的正常运行。

二、支付结算的主要法律依据

关于支付结算的法律、法规和制度主要包括：《中华人民共和国票据法》（以下简称《票据法》）、《票据管理实施办法》、《支付结算办法》、《现金管理暂行条例》、《中国人民银行银行卡业务管理办法》、《人民币银行结算账户管理办法》、《异地托收承付管理办法》和《电子支付指引（第一号）》等。

三、支付结算的基本原则

根据规定，单位、个人和银行在办理支付结算时应当遵循以下原则：

1. 恪守信用、履约付款

即各单位之间、单位与个人之间发生交易往来，通过银行办理结算，并根据各自的具体条件，自行协商订约，使收付双方办理款项收付完全建立在自觉自愿、相互信任的基础上。该原则要求结算当事人必须依法承担义务和行使权利，恪守信用，履行付款义务，特别是应当按照约定的付款金额和付款日期进行支付。

2. 谁的钱进谁的账、由谁支配

即银行在办理结算时，必须尊重开户单位资金支配的自主权，做到谁的钱进谁的账，银行不代扣款项，以维护开户单位对资金的所有权或经营权，保证开户单位对其资金的自主支配。

3. 银行不垫款

即银行在办理结算过程中，只负责将结算款项从付款单位账户划转到收款单位账户，银行不承担垫付任何款项的责任，以划清银行与开户单位的资金界限，保护银行资金的所有权或经营权，促使开户单位直接对自己的债权债务负责。

四、支付结算的基本要求

1. 办理支付结算的基本要求

（1）办理支付结算必须使用按中国人民银行统一规定印制的票据凭证和结算凭证，未使用按中国人民银行统一规定印制的票据，票据无效；未使用中国人民银行统一规定格式的结算凭证，银行不予受理。

小提示

“票据和结算凭证”是银行、单位和个人据以记账的会计凭证，是记载经济业务和明确经济责任的一种书面证明，是办理支付结算和现金收付的重要依据（即办理支付结算的工具）。

（2）办理支付结算必须按照《人民币银行结算账户管理办法》的规定开立和使用账户。在银行开立存款账户的单位和个人办理支付结算，账户内必须有足够的资金保证支付，国家法律、法规另有规定的除外。没有开立存款账户的个人向银行交付款项后，也可以通过银行办理支付结算。

小提示

对单位、个人在银行开立上述存款账户的存款，除国家法律、行政法规另有规定外，银行不得为任何单位或者个人查询账户情况，不得为任何单位或者个人冻结、扣划款项，不得停止单位、个人存款的正常支付。

（3）填写票据和结算凭证应当全面规范，做到数字正确，要素齐全，不错不漏，字迹清晰，防止涂改。票据和结算凭证金额以中文大写和阿拉伯数字同时记载，二者必须一致，否则票据无效，银行不予受理。

小提示

少数民族地区和外国驻华使领馆根据支付结算的实际需要，大写金额可以使用少数民族文字或者外国文字记载。

（4）票据和结算凭证上的签章和其他记载事项应当真实，不得变造、伪造。票据和结算凭证上的签章，为签名、盖章或者签名加盖章。

单位、银行在票据上的签章和单位在结算凭证上的签章，为该单位、银行的公章加其法定代表人或者其授权的代理人的签名或者盖章。个人在票据或者结算凭证上的签章，应为本人的签名或盖章。

2. 支付结算凭证填写的基本要求

票据和结算凭证是银行、单位和个人据以记载账务的会计凭证，是记载经济业务和明确经济责任的一种书面证明。

（1）票据的出票日期必须使用中文大写

在填写月、日时，月为壹、贰和壹拾的，日为壹至玖和壹拾、贰拾、叁拾的，应在其前面加“零”；日为拾壹至拾玖的，应在其前面加“壹”。例如，2 月 12 日，应写成“零贰月壹拾贰日”；10 月 20 日，应写成“零壹拾月零贰拾日”。票据出票日期使用小写填写的，银行不予受理。大写日期未按要求规范填写的，银行可予受理；但由此造成损失的，由出票人自行承担。

票据出票日期的中文大写书写方式见表 2-1。

表 2-1　票据出票日期的中文大写方式

日期	中文大写方式
月为壹、贰和壹拾	在月前加“零”
日为壹至玖和壹拾、贰拾、叁拾	在日前加“零”
日为拾壹至拾玖	在日前加“壹”

（2）中文大写金额数字应用正楷或行书填写

如壹、贰、叁、肆、伍、陆、柒、捌、玖、拾、佰、仟、万、亿、元、角、分、零、整（正）等字样。不得用一、二（两）、三、四、五、六、七、八、九、十、廿、毛、另（或 0）填写。不得自造简化字。

小提示

如果金额数字书写中使用繁体字，也应受理。

（3）中文大写金额数字前应标明“人民币”字样，大写金额数字应紧接“人民币”字样填写，不得留有空白。大写金额数字前未印“人民币”字样的，应加填“人民币”三个字。在票据和结算凭证大写金额栏内不得预印固定的“万、仟、佰、拾、元、角、分”字样。阿拉伯小写金额数字前面，均应填写人民币符号“￥”。阿拉伯小写金额数字要认真填写，不得连写，以免分辨不清。

（4）中文大写数字到“元”为止的，在“元”之后应写“整”（或“正”）字；到“角”为止的，在“角”之后可以不写“整”（或“正”）字；大写金额数字有“分”的，在“分”后面不写“整”（或“正”）字。

小提示

支付结算凭证的大写金额数字与会计凭证填写方式的规定有区别。《会计基础工作规范》第五十二条第三款规定：填制会计凭证时，大写金额数字到元或者角为止的，在“元”或者“角”字之后应当写“整”字或者“正”字；大写金额有分的，分字后面不写“整”或者“正”字。

（5）阿拉伯小写金额数字中有“0”的，中文大写应按照汉语语言规律、金额数字构成和防止涂改的要求进行书写。票据和结算凭证的金额、出票或签发日期、收款人名称

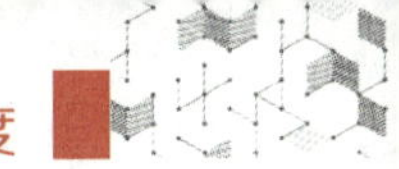

不得更改，更改的票据无效；更改的结算凭证，银行不予受理。

第三节　银行结算账户

一、银行结算账户的概念和种类

银行结算账户是指银行为存款人开立的办理资金收付结算的活期存款账户。其中，“银行”是指在中国境内经批准经营支付结算业务的银行业金融机构；“存款人”是指在中国境内开立银行结算账户的机关、团体、部队、企业、事业单位、其他组织（以下统称单位）、个体工商户和自然人。

银行结算账户按存款人不同分为单位银行结算账户和个人银行结算账户。存款人以单位名称开立的银行结算账户为单位银行结算账户。单位银行结算账户按用途分为基本存款账户、一般存款账户、专用存款账户、临时存款账户。个体工商户凭营业执照以字号或经营者姓名开立的银行结算账户纳入单位银行结算账户管理。存款人凭个人身份证件以自然人名称开立的银行结算账户为个人银行结算账户。

财政部门为实行财政国库集中支付的预算单位在商业银行开设的零余额账户，按基本存款账户或专用存款账户管理。具体地说，预算单位未开立基本存款账户，或者原基本存款账户在国库集中支付改革后已按照财政部门的要求撤销的，经同级财政部门批准，预算单位零余额账户作为基本存款账户管理。除上述情况外，预算单位零余额账户作为专用存款账户管理。

小提示

对银行结算账户的理解要注意以下几点：第一，设立主体是存款人；第二，设立地点是经办银行；第三，设立用途是办理资金收付结算，即资金从一方当事人向另一方当事人转移；第四，银行结算账户是人民币活期存款账户（单位定期存款账户不具有结算功能）。

二、银行结算账户的开立、变更和撤销

1. 银行结算账户的开立

（1）银行结算账户的开立程序

1）由存款人填写开户申请书，将证明材料和印鉴卡片送交开户银行。

2）开户银行对申请人进行认真审查。

3）银行与申请人签订银行结算账户管理协议。

4）经审查符合条件的申请人即可办理开户手续，并向中国人民银行当地分支行备案；需要核准的，及时报送中国人民银行当地分支行核准。

（2）银行结算账户的开户地点

存款人应在注册地、住所地开立银行结算账户。但符合相关规定的也可在异地（跨省、市、县）开立银行结算账户。

（3）相关规定

存款人开立的银行结算账户，需要核准的，应及时报送中国人民银行当地分支行核准；符合备案类条件的，银行应办理开户手续，并向中国人民银行当地分支行备案。

小提示

对于核准类银行结算账户，正式开立之日是指中国人民银行当地分支行的“核准日期”；对于备案类的银行结算账户，则是指银行为存款人办理开户手续的日期。

在原来的核准制下，银行为存款人办理基本存款账户开户手续后，应给存款人出具开户许可证。

目前开立基本存款账户已经改为备案制，银行完成企业基本存款账户信息备案后，账户管理系统生成基本存款账户编号，代替原存款人开户许可证号使用。银行应打印《基本存款账户信息》和存款人查询密码，并交付企业。持有基本存款账户编号的企业申请开立一般存款账户、专用存款账户、临时存款账户时，应当向银行提供基本存款账户编号。备案类结算账户的变更和撤销也应通过账户管理系统向中国人民银行当地分支行报备。

此外，银行应建立存款人预留签章卡片，并将签章式样和相关证明文件的原件或复印件留存归档。

小提示

存款人开立银行结算账户，自正式开立之日起3个工作日后方可使用该账户办理付款业务。但注册验资的临时存款账户转为基本存款账户和因借款转存开立的一般存款账户除外。企业银行结算账户自开立之日起即可办理收付款业务。

2. 银行结算账户的变更

银行结算账户变更是指存款人的账户信息资料发生改变。主要包括存款人的账户名称、单位的法定代表人或主要负责人、有关存款人的地址、邮政编码、电话等其他开户资料的改变。

存款人更改名称，但不改变开户银行及账号的，应于5个工作日内向开户银行提出银行结算账户的变更申请，并出具有关部门的证明文件。

单位的法定代表人或主要负责人、住址以及其他开户资料发生变更时，应于5个工作日内书面通知开户银行并提供有关证明。

开户银行接到存款人的变更通知后，应及时办理变更手续，并于2个工作日内向中国人民银行当地分支行报告。

3. 银行结算账户的撤销

银行结算账户撤销是指存款人因开户资格或其他原因而终止银行结算账户使用的行为。存款人撤销银行结算账户，必须与开户银行核对银行结算账户存款余额，交回各种重要空白票据及结算凭证，银行核对无误后方可办理销户手续。存款人未按规定交回各种重要空白票据及结算凭证的，应出具有关证明，造成损失的，由其自行承担。存款人尚未清偿其开户银行债务的，不得申请撤销该账户。

存款人有下列情形之一的，应向开户银行提出撤销银行结算账户的申请：

（1）被撤并、解散、宣告破产或关闭的。

（2）注销、被吊销营业执照的。

（3）因迁址需要变更开户银行的。

（4）其他原因需要撤销银行结算账户的。

存款人有上述第（1）、（2）项情形的，应于5个工作日内向开户银行提出撤销银行结算账户的申请。

小提示

存款人主体资格终止后撤销银行结算账户的，应先撤销一般存款账户、专用存款账户、临时存款账户，将这些账户资金转入基本存款账户后，方可办理基本存款账户的撤销。

三、各类银行结算账户的开立和使用

1. 基本存款账户

（1）基本存款账户的概念

基本存款账户是存款人因办理日常转账结算和现金收付需要开立的银行结算账户。

下列存款人，可以申请开立基本存款账户：企业法人；非法人企业；机关、事业单位；团级（含）以上军队、武警部队及分散执勤的支（分）队；社会团体；民办非企业组织；异地常设机构；外国驻华机构；个体工商户；居民委员会、村民委员会、社区委员会；单位设立的独立核算的附属机构，包括食堂、招待所、幼儿园；其他组织，即按照现行的法律、行政法规规定可以成立的组织，如业主委员会、村民小组等组织。

小提示

一个单位只能选择一家银行的一个营业机构开立一个基本存款账户。

（2）开户证明文件

1）企业法人，应出具企业法人营业执照正本。

2）非法人企业，应出具企业营业执照正本。

3）机关和实行预算管理的事业单位，应出具政府人事部门或编制委员会的批文或登记证书和财政部门同意其开户的证明。因年代久远、批文丢失等原因无法提供政府人事部门或编制委员会的批文或登记证书的，凭上级单位或主管部门出具的证明及财政部门同意其开户的证明开立基本存款账户。机关和实行预算管理的事业单位出具的政府人事部门或编制委员会的批文或登记证书上，有两个或两个以上的名称的，可以分别开立基本存款账户。非预算管理的事业单位，应出具政府人事部门或编制委员会的批文或登记证书。

4）军队、武警团级（含）以上单位以及分散执勤的支（分）队，应出具军队军级以上单位财务部门、武警总队财务部门的开户证明。

5）社会团体，应出具社会团体登记证书，宗教组织还应出具宗教事务管理部门的批文或证明。

6）民办非企业组织，应出具民办非企业登记证书。

7）外地常设机构，应出具其驻在地政府主管部门的批文。对于已经取消对外地常设机构审批的省（市），应出具派出地政府部门的证明文件。

8）外国驻华机构，应出具国家有关主管部门的批文或证明；外资企业驻华代表处、办事处，应出具国家登记机关颁发的登记证。

9）个体工商户，应出具个体工商户营业执照正本。

10）居民委员会、村民委员会、社区委员会，应出具其主管部门的批文或证明。

11）单位附属独立核算的食堂、招待所、幼儿园，应出具其主管部门的基本存款账户开户许可证或基本存款账户编号和批文。

12）按照现行法律、行政法规规定可以成立的业主委员会、村民小组等组织，应出具政府主管部门的批文或证明。

小提示

个体工商户可以开立基本存款账户，自然人不能开立基本存款账户。

（3）基本存款账户的使用

基本存款账户是存款人的主办账户，一个单位只能开立一个基本存款账户。存款人日常经营活动的资金收付及其工资、奖金和现金的支取，应通过基本存款账户办理。

2. 一般存款账户

（1）一般存款账户的概念及使用范围

一般存款账户是指存款人因借款或者其他结算需要，在基本存款账户开户银行以外的银行营业机构开立的银行结算账户。

一般存款账户用于办理存款人借款转存、借款归还和其他结算的资金收付。该账户可以办理现金缴存，但不得办理现金支取。存款人开立一般存款账户没有数量限制。

（2）一般存款账户的开户要求

存款人申请开立一般存款账户，应向银行出具其开立基本存款账户规定的证明文件、基本存款账户开户许可证或基本存款账户编号和下列证明文件：①若存款人因向银行借款需要，应出具借款合同；②若存款人因其他结算需要，应出具有关证明。

3. 专用存款账户

（1）专用存款账户的概念及使用范围

专用存款账户是指存款人按照法律、行政法规和规章，对其特定用途资金进行专项管理和使用而开立的银行结算账户。

专用存款账户用于办理各项专用资金的收付，适用于基本建设资金，更新改造资金，财政预算外资金，粮、棉、油收购资金，证券交易结算资金，期货交易保证金，信托基金，金融机构存放同业资金，政策性房地产开发资金，单位银行卡备用金，住房基金，社会保障基金，收入汇缴资金和业务支出资金，党、团、工会设在单位的组织机构经费，其他需要专项管理和使用的资金。

（2）专用存款账户的开户要求

存款人申请开立专用存款账户，应向银行出具其开立基本存款账户规定的证明文件、基本存款账户开户许可证或基本存款账户编号和下列证明文件（同一个证明文件只能开立一个专用存款账户）：

1）基本建设资金、更新改造资金、政策性房地产开发资金、住房基金、社会保障基金，应出具主管部门批文。

2）财政预算外资金，应出具财政部门的证明。

3）粮、棉、油收购资金，应出具主管部门批文。

4）单位银行卡备用金，应按照中国人民银行批准的银行卡章程的规定出具有关证明和资料。

5）证券交易结算资金，应出具证券公司或证券管理部门的证明。

6）期货交易保证金，应出具期货公司或期货管理部门的证明。

7）金融机构存放同业资金，应出具其证明。

8）收入汇缴资金和业务支出资金，应出具基本存款账户存款人的有关证明。

9）党、团、工会设在单位的组织机构经费，应出具该单位或有关部门的批文或证明。

10）其他按规定需要专项管理和使用的资金，应出具有关法规、规章或政府部门的有关文件。

4. 临时存款账户

（1）临时存款账户的概念及使用范围

临时存款账户是指存款人因临时需要并在规定期限内使用而开立的银行结算账户。临时存款账户用于办理临时机构以及存款人临时经营活动发生的资金收付。

临时存款账户应根据有关开户证明文件的期限或存款人的需要确定其有效期限。临时存款账户的有效期最长不得超过 2 年。

小提示

存款人在账户的使用中需要延长期限的，应在有效期内向开户银行提出申请，并由开户银行报中国人民银行当地分支行核准后办理展期。

临时存款账户支取现金，应按照国家现金管理的规定办理。

注册验资的临时存款账户在验资期间只收不付，注册验资资金的汇缴人应与出资人的名称一致，增资验资的临时存款账户的使用和撤销比照注册验资的处理。

小提示

基本存款账户、临时存款账户可以支取现金，一般存款账户不得办理现金支取。

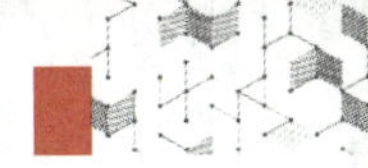

(2) 临时存款账户的开户要求

存款人申请开立临时存款账户，应向银行出具下列证明文件：

1) 临时机构，应出具其驻在地主管部门同意设立临时机构的批文。

2) 异地建筑施工及安装单位，应出具其营业执照正本或其隶属单位的营业执照正本、施工及安装地建设主管部门核发的许可证或建筑施工及安装合同，以及基本存款账户开户许可证或基本存款账户编号。

3) 异地从事临时经营活动的单位，应出具其营业执照正本、临时经营地市场监督管理部门的批文，以及基本存款账户开户许可证或基本存款账户编号。

4) 注册验资资金，应出具市场监督管理部门核发的企业名称预先核准通知书或有关部门的批文。

5. 个人银行结算账户

(1) 个人银行结算账户的概念及使用范围

个人银行结算账户是指自然人因投资、消费、结算等需要而凭个人身份证件以自然人名称开立的银行结算账户。个人银行账户分为Ⅰ类银行账户、Ⅱ类银行账户和Ⅲ类银行账户。

个人银行结算账户用于办理个人转账收付和现金存取。下列款项可以转入个人银行结算账户：①工资、奖金收入；②稿费、演出费等劳务收入；③债券、期货、信托等投资的本金和收益；④个人债权或产权转让收益；⑤个人贷款转存；⑥证券交易结算资金和期货交易保证金；⑦继承、赠与款项；⑧保险理赔、保费退还等款项；⑨纳税退还；⑩农、副、矿产品销售收入；⑪其他合法款项。

单位从其银行结算账户支付给个人银行结算账户的款项，每笔超过5万元（不包含5万元）的，应向其开户银行提供下列付款依据：①代发工资协议和收款人清单；②奖励证明；③新闻出版、演出主办等单位与收款人签订的劳务合同或支付给个人款项的证明；④证券公司、期货公司、信托投资公司、奖券发行或承销部门支付或退还给自然人款项的证明；⑤债权或产权转让协议；⑥借款合同；⑦保险公司的证明；⑧税收征管部门的证明；⑨农、副、矿产品购销合同；⑩其他合法款项的证明。

知识链接

从单位银行结算账户支付给个人银行结算账户的款项应纳税的，税收代扣单位付款时应向其开户银行提供完税证明。

从单位银行结算账户向个人银行结算账户支付款项单笔超过5万元人民币时，付款单

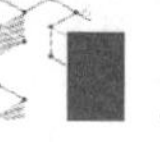

位若在付款用途栏或备注栏注明事由，可不再另行出具付款依据，但付款单位应对支付款项事由的真实性、合法性负责。

（2）个人银行结算账户的开户要求

银行为开户申请人开立个人银行账户时，应要求其提供本人有效身份证件，并对身份证件的真实性、有效性和合规性进行认真审查。银行通过有效身份证件仍无法准确判断开户申请人身份的，应要求其出具辅助身份证明材料。

军人、武装警察尚未领取居民身份证的，除出具军人和武装警察身份证件外，还应出具军人保障卡或所在单位开具的尚未领取居民身份证的证明材料。

6. 异地银行结算账户

（1）异地银行结算账户的使用范围

异地银行结算账户是指存款人符合法定条件，根据需要在异地开立的银行结算账户。存款人有下列情形之一的，可以在异地开立有关银行结算账户：

1）营业执照注册地与经营地不在同一行政区域（跨省、市、县），需要开立基本存款账户的。

2）办理异地借款和其他结算需要开立一般存款账户的。

3）存款人因附属的非独立核算单位或派出机构发生的收入汇缴或业务支出需要开立专用存款账户的。

4）异地临时经营活动需要开立临时存款账户的。

5）自然人根据需要在异地开立个人银行结算账户的。

异地银行结算账户，应按照开设的不同账户的使用规定进行使用。

（2）异地银行结算账户开户要求

存款人需要在异地开立单位银行结算账户，除出具属地账户管理规定的有关证明文件外，还应出具下列相应的证明文件：

1）经营地与注册地不在同一行政区域的存款人，在异地开立基本存款账户的，应出具注册地中国人民银行分支行的未开立基本存款账户的证明。

2）异地借款的存款人，在异地开立一般存款账户的，应出具在异地取得贷款的借款合同及基本存款账户开户许可证或基本存款账户编号。

3）因经营需要，在异地办理收入汇缴和业务支出的存款人，在异地开立专用存款账户的，应出具隶属单位的证明及基本存款账户开户许可证或基本存款账户编号。各类银行结算账户的比较见表2-2。

表 2-2 各类银行结算账户的比较

名称	概念	使用范围	核准/备案	数量	有效期
基本存款账户	是存款人因办理日常转账结算和现金收付需要开立的银行结算账户，是存款人的主办账户	基本存款账户办理存款人日常经营活动的资金收付及其工资、奖金和现金的支取	核准	只能开立一个	无
一般存款账户	是存款人因借款或其他结算需要，在基本存款账户开户银行以外的银行营业机构开立的银行结算账户	一般存款账户用于办理存款人借款转存、借款归还和其他结算的资金收付。该账户可以办理现金缴存，但不得办理现金支取	备案	无数量限制	无
专用存款账户	是存款人按照法律、行政法规和规章，对其特定用途资金进行专项管理和使用而开立的银行结算账户	单位银行卡业务不得办理现金收付业务 财政预算外资金、证券交易结算资金、期货交易保证金和信托基金专用存款账户不得支取现金 基本建设资金、更新改造资金、政策性房地产开发资金、金融机构存放同业资金账户需要支取现金的，应在开户时报中国人民银行当地分支行批准 粮、棉、油收购资金、社会保障基金、住房基金和党、团、工会经费等专用存款账户支取现金，应按照国家现金管理的规定办理 收入汇缴账户只收不付，不得支取现金；业务支出账户只付不收，其现金支取必须按照国家现金管理的规定办理	预算单位专用存款账户应核准，其他专用存款账户应备案	同一个证明文件，只能开立一个专用存款账户	无
临时存款账户	存款人因临时需要并在规定期限内使用而开立的银行结算账户	临时存款账户用于办理临时机构以及存款人临时经营活动发生的资金收付	核准	依账户性质有限制	最长不超过两年
个人银行结算账户	存款人因投资、消费、结算等需要而凭个人身份证件以自然人名称开立的银行结算账户	个人银行结算账户用于办理个人转账收付和现金支取	备案	无数量限制	无
异地银行结算账户	存款人符合法定条件，根据需要在异地开立的银行结算账户	异地银行结算账户应按照开设的不同账户的使用规定进行使用	依账户性质而定	无数量限制	无

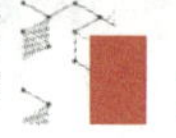

四、违反银行结算账户管理制度的法律责任

1. 存款人违反银行结算账户管理制度的法律责任（见表 2-3）

表 2-3 存款人违反银行结算账户管理制度的法律责任

序号	类型	适用情形	处罚
1	存款人在开立、撤销银行结算账户中的违法行为	（1）违反规定开立银行结算账户 （2）伪造、变造证明文件欺骗银行开立银行结算账户 （3）违反规定不及时撤销银行结算账户	（1）对非经营性的存款人，给予警告并处以 1 000 元的罚款 （2）对经营性的存款人，给予警告并处以 1 万元以上 3 万元以下的罚款 （3）构成犯罪的，移交司法机关依法追究刑事责任
2	存款人使用银行结算账户中的违法行为	（1）违反规定将单位款项转入个人银行结算账户 （2）违反规定支取现金 （3）利用开立银行结算账户逃避银行债务 （4）出租、出借银行结算账户 （5）从基本存款账户之外的银行结算账户转账存入、将销货收入存入或现金存入单位信用账户 （6）存款人的法定代表人或主要负责人、存款人地址以及其他开户资料的变更事项未在规定期限内通知银行	（1）对有前述第（1）至（5）项行为的非经营性存款人，给予警告并处以 1 000 元的罚款 （2）对有前述第（1）至（5）项行为的经营性存款人，给予警告并处以 5 000 元以上 3 万元以下的罚款 （3）对有前述第（6）项行为的存款人，给予警告并处以 1 000 元的罚款
3	伪造、变造、私自印制开户许可证	（1）伪造开户许可证 （2）变造开户许可证 （3）私自印制开户许可证	（1）对非经营性存款人，处以 1 000 元的罚款 （2）对经营性存款人，处以 1 万元以上 3 万元以下的罚款 （3）构成犯罪的，移交司法机关依法追究刑事责任

2. 银行及其有关人员违反银行结算账户管理制度的法律责任（见表 2-4）

表 2-4 银行及其有关人员违反银行结算账户管理制度的法律责任

序号	类型	适用情形	处罚
1	银行在银行结算账户开立中的违法行为	（1）违反规定为存款人多头开立银行结算账户 （2）明知或应知是单位资金，而允许以自然人名称开立账户存储	（1）给予警告，并处以 5 万元以上 30 万元以下的罚款 （2）对该银行直接负责的高级管理人员、其他直接负责的主管人员、直接责任人员按规定给予纪律处分 （3）情节严重的，中国人民银行有权停止对其开立基本存款账户的核准，责令该银行停业整顿或者吊销经营金融业务许可证 （4）构成犯罪的，移交司法机关依法追究刑事责任

续表

序号	类型	适用情形	处罚
2	银行在银行结算账户使用中的违法行为	(1) 提供虚假开户申请资料欺骗中国人民银行许可开立基本存款账户、临时存款账户、预算单位专用存款账户 (2) 开立或撤销单位银行结算账户，未按规定在其基本存款账户开户许可证上予以登记、签章或通知相关开户银行 (3) 违反规定办理个人银行结算账户转账结算 (4) 为储蓄账户办理转账结算 (5) 违反规定为存款人支付现金或办理现金存入 (6) 超过期限或未向中国人民银行报送账户开立、变更、撤销等资料	(1) 给予警告，并处以5 000元以上3万元以下的罚款 (2) 对该银行直接负责的高级管理人员、其他直接负责的主管人员、直接责任人员按规定给予纪律处分 (3) 情节严重的，中国人民银行有权停止对其开立基本存款账户的核准 (4) 构成犯罪的，移交司法机关依法追究刑事责任

第四节 票　据

一、票据和票据当事人

1. 票据的概念

票据有广义和狭义之分。广义上的票据包括各种有价证券和凭证，如股票、企业债券、发票、提单等；狭义上的票据，即我国《票据法》中规定的“票据”，包括汇票、本票和支票，是指由出票人签发的、约定自己或者委托付款人在见票时或指定的日期向收款人或持票人无条件支付一定金额的有价证券。

小提示

这里的“有价证券”是指设定并证明持券人有权取得一定财产权利的书面凭证。

2. 票据当事人

票据当事人是指在票据法律关系中，享有票据权利、承担票据义务的主体。票据当事人分为基本当事人和非基本当事人。

(1) 基本当事人

票据基本当事人是指在票据作成和交付时就已经存在的当事人，包括出票人、付款人和收款人。汇票和支票的基本当事人有出票人、收款人与付款人；本票的基本当事人有出票人与收款人。

1）出票人是指依法定方式签发票据并将票据交付给收款人的人。银行汇票的出票人为银行，商业汇票的出票人为银行以外的企业和其他组织，银行本票的出票人为出票银行，支票的出票人为在银行开立支票存款账户的企业、其他组织和个人。

2）付款人是指由出票人委托付款或自行承担付款责任的人。商业承兑汇票的付款人是合同中应给付款项的一方当事人，也是该汇票的承兑人；银行承兑汇票的付款人是承兑银行；支票的付款人是出票人的开户银行。

3）收款人是指票据到期后有权收取票据所载金额的人。

（2）非基本当事人

非基本当事人是指在票据作成并交付后，通过一定的票据行为加入票据关系而享有一定权利、承担一定义务的当事人，包括承兑人、背书人、被背书人、保证人等。

1）承兑人是指接受汇票出票人的付款委托，同意承担支付票款义务的人，是汇票主债务人。

2）背书人与被背书人。背书人是指在转让票据时，在票据背面或粘单上签字或盖章，并将该票据交付给受让人的票据收款人或持有人。被背书人是指被记名受让票据或接受票据转让的人。背书后，被背书人成为票据新的持有人，享有票据的所有权利。

3）保证人是指为票据债务提供担保的人，由票据债务人以外的第三人担当。保证人在被保证人不能履行票据责任时，以自己的资金履行票据责任，然后取得持票人的权利，向票据债务人追索。

3. 票据的特征和功能

（1）票据的特征

1）票据是“完全有价证券”，即票据权利完全证券化，票据权利与票据本身融为一体、不可分离。也就是说，票据权利的产生、行使、转让和消灭都离不开票据。完全有价证券这一特征可以通过票据的“设权证券”“提示证券”“交付证券”和“缴回证券”等特征来体现。

首先，票据权利的产生必须通过作成票据，即必须通过票据行为——出票来创设，从这一意义上说，票据又是“设权证券”。其次，票据权利的享有必须以占有票据为前提，为了证明占有的事实以行使票据权利，必须出示票据，从这一意义上说，票据又是“提示证券”。再次，票据权利的转让必须交付票据，从这一意义上说，票据又是“交付证券”。最后，票据权利实现之后，应将票据缴回付款人，以消灭票据权利义务关系或者付款人再行使追索权，从这一意义上说，票据又是“缴回证券”，被追索人清偿债务时，持票人应当交出票据和有关拒绝证明。

2）票据是“文义证券”，即票据上的一切票据权利义务必须严格依照票据记载的文义而定，文义之外的任何理由、事项均不得作为根据，即使文义记载有错，也不得用票据之外的其他证明方法变更或补充。

3）票据是“无因证券”，即票据如果符合《票据法》规定的条件，票据权利就成立，持票人不必证明取得票据的原因，仅以票据文义请求履行票据权利。但当票据债务人根据《票据法》第十二条的规定，认为持票人是以欺诈、偷盗或者胁迫等手段取得票据，或者明知有上述情形出于恶意取得票据，或者因为重大过失取得票据，持票人不得享有票据权利。

4）票据是“金钱债权证券”，即票据上体现的权利性质是财产权而不是其他权利，财产权的内容是请求支付一定的金钱而不是物品。

5）票据是“要式证券”，即票据的制作、形式、文义都有规定的格式和要求，必须符合《票据法》的规定。

6）票据是“流通证券”，即票据可以流通转让。只有流通转让，票据的功能才能充分发挥，票据才能衔接企业的产供销活动，畅通经济金融运行，因此，票据贵在流通。与一般财产权相比，票据权利的转让灵活简便，无须通知债务人，通过背书行为直接转让。

票据的特征如图 2-2 所示。

（2）票据的功能

1）支付功能。即票据可以充当支付工具，代替现金使用。对于当事人来讲，用票据支付可以消除现金携带的不便，克服点钞的麻烦，节省计算现金的时间。

2）汇兑功能。即票据可以代替货币在不同地方之间运送，方便异地之间的支付。如果异地之间使用货币，需要运送或携带，不仅费时费力，而且也不安全。大额货币的运送更是如此。如果只拿着一张票据到异地支付，相对而言既安全又方便。

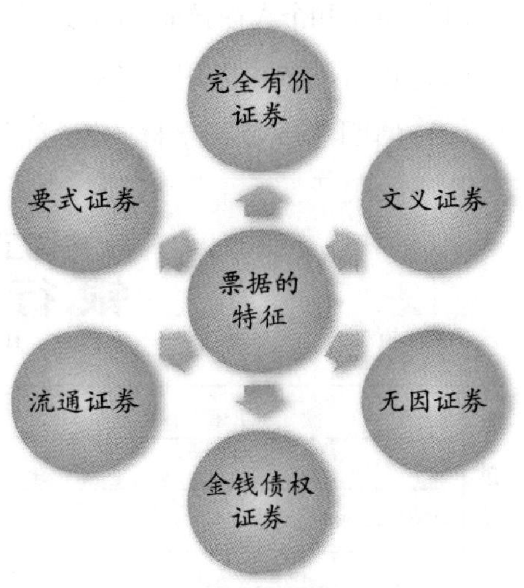

图 2-2 票据的特征

3）信用功能。即票据当事人可以凭借自己的信誉，将未来才能获得的金钱作为现在的金钱来使用。例如，甲企业购买乙企业货物，甲企业暂时款项不足，便凭借自己的信誉签发了一张以“乙企业”为收款人、以自己的开户银行为付款人，约定 3 个月后付款的票据给乙企业。此时，甲企业实际上是将 3 个月后才能筹足的款项用于现在使用。

4）结算功能。即债务抵销功能。简单的结算是互有债务的双方当事人各签发一张本票，待两张本票都到到期日可以相互抵销债务。若有差额，由一方以现金支付。

5）融资功能。即融通资金或调度资金。票据的融资功能是通过票据的贴现、转贴现和再贴现实现的。

票据的功能如图 2–3 所示。

不同种类的票据，其功能的侧重点会有所不同。汇票的主要功能是汇兑，但其支付、信用和流通的功能也很强。本票的主要功能是作为信用工具，也常被当作汇兑、支付和流通的工具。支票的主要功能是作为支付手段，也可用于异地汇兑或充当流通工具，其信用功能也正在被越来越多的人所使用。

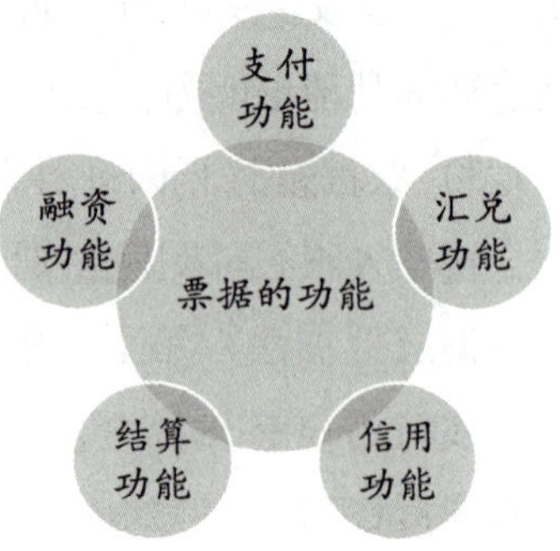

图 2–3　票据的功能

二、银行汇票

1. 银行汇票的概念和适用范围

银行汇票是指出票银行签发的，由其在见票时按照实际结算金额无条件支付给收款人或者持票人的票据。银行汇票的出票人为经中国人民银行批准办理银行汇票业务的银行，出票银行为银行汇票的付款人。银行汇票一般由汇款人将款项交存当地银行，由银行签发给汇款人持往异地办理转账结算或支取现金。银行汇票票样如图 2–4 所示。银行汇票的适用范围如下：

（1）单位和个人在异地、同城或同一票据交换区域的各种款项结算，均可使用银行汇票。

（2）银行汇票可以用于转账。

（3）填明“现金”字样的银行汇票也可用于支取现金。

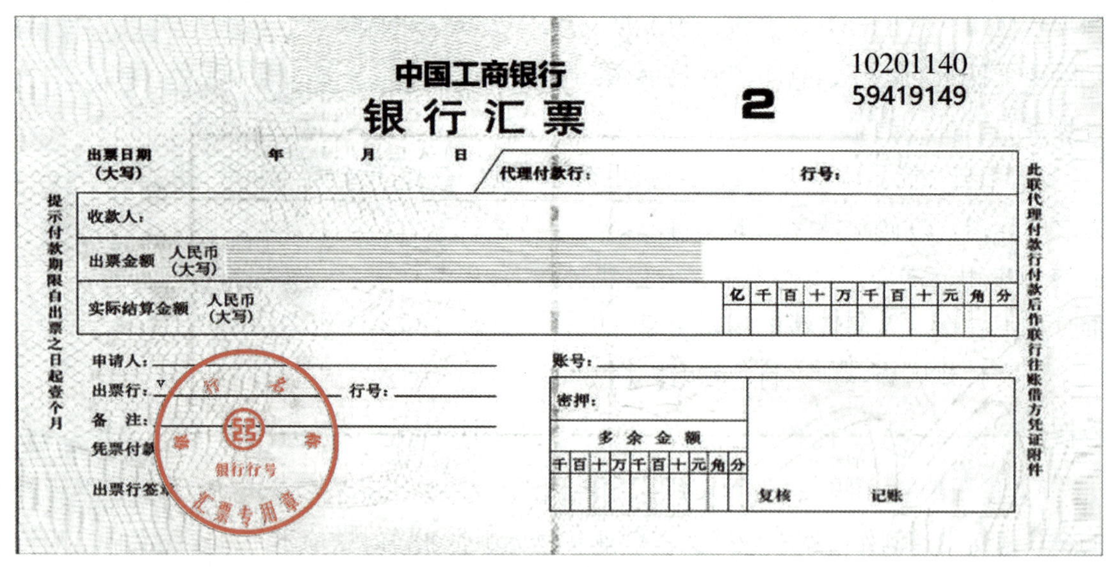

中国工商银行
银行汇票　2　10201140
59419149

出票日期（大写）　年　月　日　代理付款行：　行号：
收款人：
出票金额　人民币（大写）
实际结算金额　人民币（大写）　亿 千 百 十 万 千 百 十 元 角 分
申请人：　账号：
出票行：　行号：
备　注：　密押：
凭票付款　多余金额　千 百 十 万 千 百 十 元 角 分
出票行签章　复核　记账

提示付款期限自出票之日起壹个月
此联代理付款行付款后作联行往账借方凭证附件

图 2–4　银行汇票票样

2. 银行汇票的记载事项

（1）银行汇票的绝对记载事项

根据《票据法》的规定，签发银行汇票必须记载下列事项：表明“银行汇票”的字

样、无条件支付的承诺、出票金额、付款人名称、收款人名称、出票日期、出票人签章。

（2）银行汇票的相对记载事项

1）付款日期。未记载付款日期的，视为见票即付。

2）付款地。未记载付款地的，以付款人的营业场所、住所或经常居住地为付款地。

3）出票地。未记载出票地的，以出票人的营业场所、住所或经常居住地为出票地。

小提示

银行汇票的相对记载事项未在汇票上记载的，并不影响汇票本身的效力。

3. 银行汇票的基本规定

（1）银行汇票可以用于转账，填明“现金”字样的银行汇票也可以用于支取现金。

（2）银行汇票的付款人为银行汇票的出票银行，银行汇票的付款地为代理付款人或出票人所在地。

（3）银行汇票的出票人在票据上的签章，应为经中国人民银行批准使用的该银行汇票专用章加其法定代表人或其授权经办人的签名或盖章。

（4）银行汇票属于见票即付的汇票，自出票日起 1 个月内向付款人提示付款。持票人超过付款期限向代理付款人提示付款的，代理付款人不予受理。

（5）银行汇票可以背书转让，但填明“现金”字样的银行汇票不得背书转让。银行汇票的背书转让以不超过出票金额的实际结算金额为准。未填明实际结算金额或实际结算金额超过出票金额的银行汇票不得背书转让。

（6）填明“现金”字样和代理付款人的银行汇票丧失，可以由失票人通知付款人或者代理付款人挂失止付。未填明“现金”字样和代理付款人的银行汇票丧失，不得挂失止付。

（7）银行汇票丧失，失票人可以凭人民法院出具的其享有票据权利的证明，向出票银行请求付款或退款。

知识链接

票据丧失可以采取挂失止付的补救措施。须注意，只有确定付款人或代理付款人的票据丧失后，才可以挂失止付，具体包括已承兑的商业汇票、支票、填明“现金”字样和代理付款人的银行汇票和银行本票四种。

4. 申办银行汇票的基本程序和规定

（1）申请。申请人使用银行汇票，应向出票银行填写“银行汇票申请书”。

（2）受理。出票银行受理“银行汇票申请书”，收妥款项后签发银行汇票，并用压数机压印出票金额，将银行汇票和解讫通知一并交给申请人。

（3）签发转账银行汇票，不得填写代理付款人名称，但由中国人民银行代理兑付银行汇票的商业银行向设有分支机构地区签发转账银行汇票的除外。签发现金银行汇票，申请人和收款人必须均为个人，收妥申请人交存的现金后，在银行汇票“出票金额”栏先填写“现金”字样，后填写出票金额，并填写代理付款人名称。

小提示

申请人或者收款人为单位的，银行不得为其签发现金银行汇票。

（4）申请人应将银行汇票和解讫通知一并交付给汇票上记明的收款人。

（5）银行汇票的实际结算金额低于出票金额的，其多余金额由出票银行退交申请人。

（6）申请人因银行汇票超过付款提示期限或其他原因要求退款时，应将银行汇票和解讫通知同时交到出票银行，并提供本人身份证件或单位证明。对于代理付款银行查询的该张银行汇票，应在汇票提示付款期满后方能办理退款。申请人缺少解讫通知要求退款的，出票银行应于银行汇票提示付款期满 1 个月后办理。

5. 兑付银行汇票的基本程序和规定

（1）收款人收到银行汇票后，应审查下列事项：

1）银行汇票和解讫通知是否齐全，汇票号码和记载的内容是否一致；

2）收款人是否为本单位或本人；

3）银行汇票是否在提示付款期限内；

4）必须记载的事项是否齐全；

5）出票人签章是否符合规定，是否有压数机压印的出票金额，并与大写出票金额一致；

6）出票金额、出票日期、收款人名称是否更改，更改的其他记载事项是否由原记载人签章证明。

（2）审查无误后，收款人应在出票金额以内，根据实际需要的款项办理结算，并将实际结算金额和多余金额准确、清晰地填入银行汇票和解讫通知的有关栏内。未填明实际结算金额和多余金额或实际结算金额超过出票金额的，银行不予受理。银行汇票的实际结算金额不得更改，更改实际结算金额的银行汇票无效。在提示付款时，收款人应在汇票背面“持票人向银行提示付款签章”处加盖预留银行印鉴，同时填写进账单，连同

银行汇票一并交开户银行转账。收款人应根据银行盖章退回的进账单回单联及有关单据编制记账凭证。

（3）收款人可以将银行汇票背书转让给被背书人，但填明“现金”字样的银行汇票不得背书转让。银行汇票的背书转让以不超过出票金额的实际结算金额为准。未填写实际结算金额或实际结算金额超过出票金额的银行汇票不得背书转让。

（4）被背书人受理银行汇票时，除按照前述要求审查汇票外，还应审查下列事项：

1）银行汇票是否记载实际结算金额，有无更改，其金额是否超过出票金额；

2）背书是否连续，背书人签章是否符合规定，背书使用粘单的是否按规定签章；

3）背书人为个人的身份证件。

（5）持票人向银行提示付款时，必须同时提交银行汇票和解讫通知，缺少任何一联，银行不予受理。

（6）未在银行开立存款账户的个人持票人，可以向选择的任何一家银行机构提示付款。提示付款时，应在汇票背面“持票人向银行提示付款签章”处签章，并填明本人身份证件名称、号码及发证机关，由其本人向银行提交身份证件及其复印件。银行审核无误后，将其身份证件复印件留存备查，并以持票人的姓名开立应解汇款及临时存款账户，该账户只付不收，付完清户，不计付利息。

小提示

转账支付的，应由原持票人向银行填制转账凭证，并由本人交验其身份证件办理支付款项。该账户的款项只能转入单位或个体工商户的存款账户，严禁转入储蓄和信用卡账户。

（7）持票人超过期限向代理付款银行提示付款不获付款的，须在票据权利时效内向出票银行作出说明，并提供本人身份证件或单位证明，持银行汇票和解讫通知向出票银行请求付款。出票银行对于转账银行汇票的退款，只能转入原申请人账户；对于符合规定填明“现金”字样银行汇票的退款，才能退付现金。申请人缺少解讫通知要求退款的，出票银行应于银行汇票提示付款期满1个月后办理。

（8）银行汇票丧失，失票人可以凭人民法院出具的其享有票据权利的证明，向出票银行请求付款或退款。

三、商业汇票

1. 商业汇票的概念、种类和适用范围

商业汇票是出票人签发的，委托付款人在指定日期无条件支付确定的金额给收款人

或者持票人的票据。商业汇票按照承兑人的不同分为商业承兑汇票和银行承兑汇票。银行承兑汇票由银行承兑，商业承兑汇票由银行以外的付款人承兑。电子商业汇票是指出票人依托上海票据交易所电子商业汇票系统（以下简称“电子商业汇票系统”），以数据电文形式制作的，委托付款人在指定日期无条件支付确定的金额给收款人或者持票人的票据。电子银行承兑汇票由银行业金融机构、财务公司承兑；电子商业承兑汇票由金融机构以外的法人或其他组织承兑。商业汇票的付款人为承兑人。在银行开立存款账户的法人及其他组织之间的结算，才能使用商业汇票。商业承兑汇票样票如图 2-5 所示。

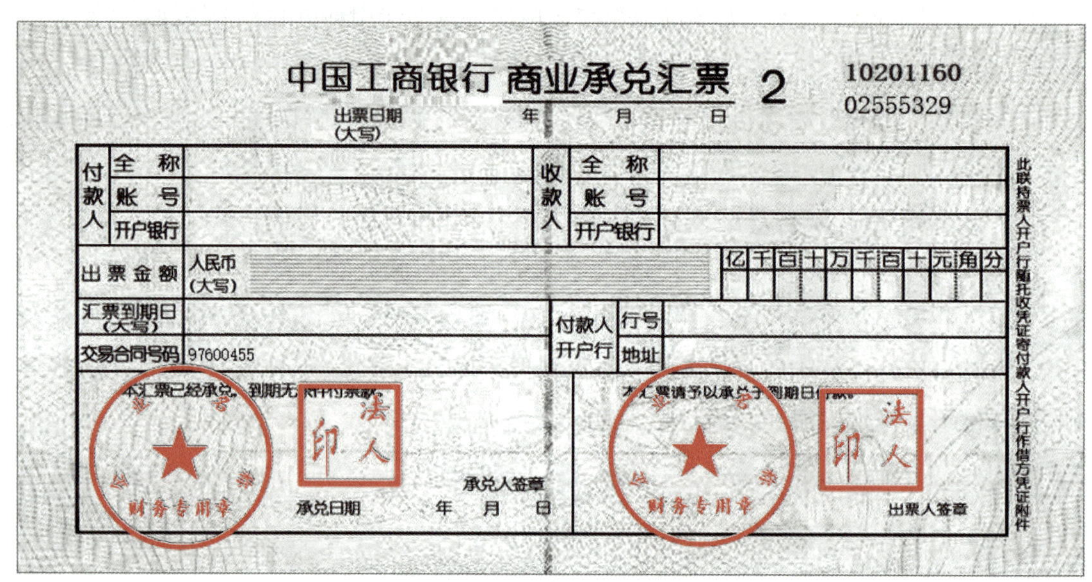

中国工商银行 商业承兑汇票 2　10201160 02555329

出票日期（大写）　年　月　日

付款人	全称		收款人	全称	
	账号			账号	
	开户银行			开户银行	
出票金额	人民币（大写）				亿 千 百 十 万 千 百 十 元 角 分
汇票到期日（大写）			付款人开户行	行号	
交易合同号码	97600455			地址	
本汇票已经承兑，到期无条件付票款。	承兑人签章	承兑日期　年　月　日	本汇票请予以承兑于到期日付款。		出票人签章

此联持票人开户行随托收凭证寄付款人开户行作借方凭证附件

图 2-5　商业承兑汇票样票

2. 商业汇票的出票

（1）出票人的资格条件

商业承兑汇票的出票人，为在银行开立存款账户的法人以及其他组织，并与付款人具有真实的委托付款关系，具有支付汇票金额的可靠资金来源。银行承兑汇票的出票人必须是在承兑银行开立存款账户的法人以及其他组织，并与承兑银行具有真实的委托付款关系，资信状况良好，具有支付汇票金额的可靠资金来源。出票人办理电子商业汇票业务，还应同时具备签约开办对公业务的企业网银等电子服务渠道、与银行签订《电子商业汇票业务服务协议》。单张出票金额在 100 万元以上的商业汇票原则上应全部通过电子商业汇票办理；单张出票金额在 300 万元以上的商业汇票应全部通过电子商业汇票办理。

（2）出票人的确定

商业承兑汇票可以由付款人签发并承兑，也可以由收款人签发交由付款人承兑。银行承兑汇票应由在承兑银行开立存款账户的存款人签发。

小提示

商业汇票的使用必须具有真实的交易关系或债权债务关系。个人不能使用商业汇票支付结算方式。

（3）出票的记载事项

签发商业汇票必须记载下列事项：表明“商业承兑汇票”或“银行承兑汇票”的字样、无条件支付的委托、确定的金额、付款人名称、收款人名称、出票日期、出票人签章。欠缺记载上述事项之一的，商业汇票无效。其中，“出票人签章”为该单位的财务专用章或者公章加其法定代表人或其授权的代理人的签名或者盖章。电子商业汇票信息以电子商业汇票系统的记录为准。电子商业汇票出票必须记载下列事项：表明“电子银行承兑汇票”或“电子商业承兑汇票”的字样、无条件支付的委托、确定的金额、出票人名称、付款人名称、收款人名称、出票日期、票据到期日、出票人签章。

商业汇票的付款期限记载有三种形式：定日付款的汇票付款期限自出票日起计算，并在汇票上记载具体的到期日。出票后定期付款的汇票付款期限自出票日起按月计算，并在汇票上记载。见票后定期付款的汇票付款期限自承兑或拒绝承兑日起按月计算，并在汇票上记载。电子商业汇票的出票日是指出票人记载在电子商业汇票上的出票日期。

纸质商业汇票的付款期限，最长不得超过 6 个月。电子承兑汇票期限自出票日至到期日不超过 1 年。商业汇票的提示付款期限，为自汇票到期日起 10 日。

小提示

与支票相比，商业汇票的绝对记载事项多了一项“收款人名称”；而支票的收款人名称不是其绝对记载事项。

3. 商业汇票的承兑

商业汇票可以在出票时向付款人提示承兑后使用，也可以在出票后先使用再向付款人提示承兑。付款人拒绝承兑的，必须出具拒绝承兑的证明。付款人承兑汇票后，应当承担到期付款的责任。

银行承兑汇票的出票人或持票人向银行提示承兑时，银行的信贷部门负责按照有关规定和审批程序，对出票人的资格、资信、购销合同和汇票记载的内容进行认真审查，必要时可由出票人提供担保。对资信良好的企业申请电子商业汇票承兑的，金融机构可通过审查合同、发票等材料的影印件、企业电子签名的方式，对电子商业汇票的真实交易关系和债权债务关系进行在线审核。对电子商务企业申请电子商业汇票承兑的，金融机构可通过审查电子订单或电子发票的方式，对电子商业汇票的真实交易关系和债权债务关系进行在线审核。符合规定和承兑条件的，与出票人签订承兑协议。银行承兑汇票的承兑银行，应按票面金额向出票人收取万分之五的手续费。

小提示

对于汇票的承兑而言，承兑字样和承兑人签章是绝对记载事项，而承兑日期则属于相对记载事项。

4. 票据信息登记与电子化

纸质票据贴现前，金融机构办理承兑、质押、保证等业务，应当不晚于业务办理的次一工作日在票据市场基础设施（即上海票据交易所，它是中国人民银行指定的提供票据交易、登记托管、清算结算和信息服务的机构）完成相关信息登记工作。纸质商业承兑汇票完成承兑后，承兑人开户行应当根据承兑人委托代其进行承兑信息登记。承兑信息未能及时登记的，持票人有权要求承兑人补充登记承兑信息。纸质票据票面信息与登记信息不一致的，以纸质票据票面信息为准。电子商业汇票签发、承兑、质押、保证、贴现等信息应当通过电子商业汇票系统同步传送至票据市场基础设施。

5. 商业汇票的背书

商业汇票的背书是指以转让商业汇票权利或者将一定的商业汇票权利授予他人行使为目的，按照法定的事项和方式在商业汇票背面或者粘单上记载有关事项并签章的票据行为。

汇票转让只能采用背书的方式，而不能仅凭单纯交付方式，否则就不产生票据转让的效力。

如果出票人在汇票上记载“不得转让”字样，则该汇票不得转让。

（1）背书的事项（形式）

背书是一种要式行为，必须符合法定的形式。背书的记载事项包括：

1）背书人签章和背书日期的记载。背书由背书人签章并记载背书日期。背书未记载日期的，视为在汇票到期日前背书。背书人背书时，必须在票据上签章，背书才能成立；否则，背书行为无效。

2）被背书人名称的记载。汇票以背书转让或者以背书将一定的汇票权利授予他人行使时，必须记载被背书人名称。如果背书人未记载被背书人名称便将票据交付他人的，持票人在票据的被背书人栏内记载自己的名称与背书人记载具有同等法律效力。

3）禁止背书的记载。禁止背书包括出票人的禁止背书和背书人的禁止背书。出票人的禁止背书应记载在汇票的正面。出票人在汇票上记载“不得转让”字样，汇票不得转让。如果收款人或持票人将出票人作禁止背书的汇票转让的，该转让不发生《票据法》上的效力，出票人和承兑人对受让人不承担票据责任。我国《票据法》相关司法解释规定，对于记载“不得转让”字样的票据，其后手以此票据进行贴现、质押的，通过贴现、质押取得票据的持票人主张票据权利的，人民法院不予支持。

背书人的禁止背书应记载在汇票的背面。背书人的禁止背书是背书行为的一项任意记载事项。如果背书人不愿意对其后手以后的当事人承担票据责任，即可在背书时记载禁止背书。背书人在票据背面背书人栏记载“不得转让”字样，其后手再背书转让的，原背书人对后手的被背书人不承担保证责任。

小提示

注意出票人和背书人在汇票上记载“不得转让”字样的法律效力是不同的，要会区分。

4）背书时粘单的使用。票据凭证不能满足背书人记载事项的需要，可以加附粘单，黏附于票据凭证上。第一位使用粘单的背书人必须将粘单黏接在票据上，并且在汇票和粘单的黏接处签章，否则该粘单记载的内容即为无效。

5）背书不得记载的内容。背书不得记载的内容有两项：一是附有条件的背书；二是部分背书。背书不得附有条件；背书附有条件的，所附条件不具有汇票上的效力。部分背书是指背书人在背书时，将汇票金额的一部分或者将汇票金额分别转让给两人以上的背书。部分背书属于无效背书。

背书的相关记载事项见表2-5。

表 2-5 背书的相关记载事项

类型	具体事项
绝对记载事项	（1）背书人签章 （2）背书人名称
相对记载事项	背书日期
任意记载事项	“不得背书”字样
不得记载的事项	（1）附有条件的背书 （2）部分背书

（2）背书连续

背书连续是指在票据转让过程中，转让汇票的背书人与受让汇票的被背书人在汇票上的签章必须依次前后衔接。

我国《票据法》规定，以背书转让的汇票，背书应当连续。如果背书不连续，付款人可以拒绝向持票人付款，否则付款人将自行承担票据责任。

背书连续主要是指背书在形式上连续，如果背书在实质上不连续，如有伪造签章等，付款人仍应对持票人付款。但是，如果付款人明知持票人不是真正票据权利人，则不得向持票人付款，否则应自行承担责任。对于非经背书转让，而以其他合法方法取得汇票，如因税收、继承、赠与等方式取得票据的，只要取得票据的人依法举证，表明其合法取得票据的方式，证明其汇票权利，就能享有票据权利。

（3）法定禁止背书

法定禁止背书是指根据《票据法》的规定而禁止背书转让的情形。根据《票据法》的规定，法定禁止背书的情形有三种：①被拒绝承兑的汇票；②被拒绝付款的汇票；③超过付款提示期限的汇票。由于法律规定在某些情况下汇票不得背书转让，因此，如果背书人将此类汇票以背书方式转让，应当承担法律责任。

（4）背书的效力

背书人以背书转让汇票后，便承担保证其后手所持汇票承兑和付款的责任。背书人在汇票得不到承兑或者付款时，应当向持票人清偿《票据法》规定的汇票金额、利息和费用。

6. 票据交易

票据交易包括转贴现、质押式回购和买断式回购等。

转贴现是指卖出方将未到期的已贴现票据向买入方转让的交易行为。

质押式回购是指正回购方在将票据出质给逆回购方融入资金的同时，双方约定在未来某一日期，由正回购方按约定金额向逆回购方返还资金、逆回购方向正回购方返还原出质票据的交易行为。

买断式回购是指正回购方将票据卖给逆回购方的同时，双方约定在未来某一日期，正回购方再以约定价格向逆回购方买回票据的交易行为。

票据贴现、转贴现的计息期限，从贴现、转贴现之日起至票据到期日止，到期日遇法定节假日的顺延至下一工作日。

7. 商业汇票的保证

票据的保证是指票据债务人之外的人，为担保特定票据债务人的债务履行，以负担同一内容的票据债务为目的，在票据上记载有关事项并签章的票据行为。

（1）保证的当事人

保证的当事人为保证人与被保证人。商业汇票的债务可以由保证人承担保证责任。保证应由汇票债务人之外的他人承担，已成为票据债务人的，不得再作为票据上的保证人。

（2）保证的格式

办理保证手续时，保证人必须在汇票或粘单上记载下列事项：①表明“保证”的字样；②保证人名称和住所；③被保证人的名称；④保证日期；⑤保证人签章。

小提示

1. 在必须记载事项中，“保证”字样和保证人签章是绝对记载事项；被保证人名称、保证日期、保证人的住所是相对记载事项，如果不记载则可以依法推定。

2. 票据保证事项必须记载于汇票或粘单上。如果另行签订保证合同或者保证条款的，不属于票据保证，不适用《票据法》的规定，人民法院适用《中华人民共和国民法典》的有关规定。

四、银行本票

1. 银行本票的概念和种类

银行本票是指银行签发的，承诺自己在见票时无条件支付确定的金额给收款人或者持票人的票据。银行本票的代理付款人是代理出票银行审核支付本票款项的银行。银行本票分为定额本票和不定额本票两种。定额本票面额为 1 000 元、5 000 元、1 万元和 5 万元。图 2-6 所示为本票样票。

2. 银行本票的适用范围

单位和个人在同一票据交换区域需要支付各种款项，均可以使用银行本票。

银行本票可以用于转账，注明“现金”字样的银行本票可以用于支取现金。

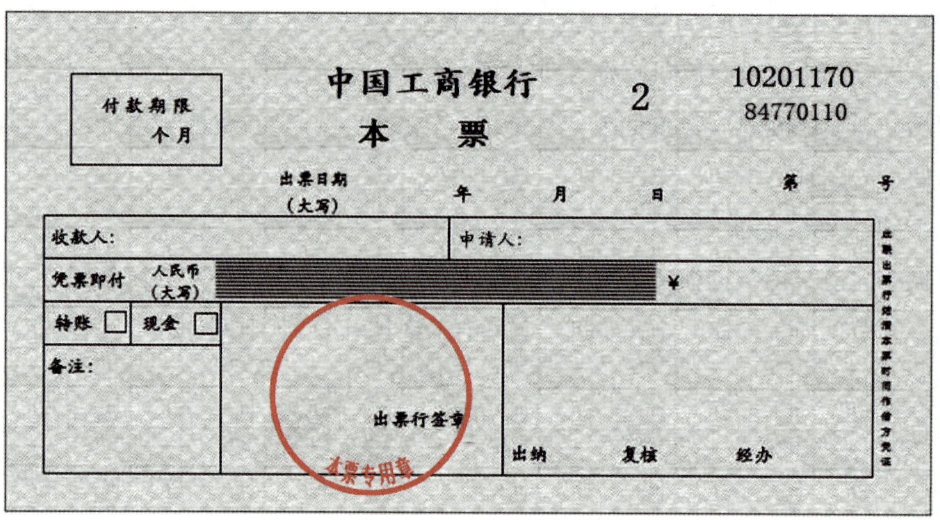

中国工商银行 本票 2

10201170
84770110

付款期限 个月

出票日期（大写） 年 月 日 第 号

收款人：		申请人：
凭票即付	人民币（大写）	¥
转账 □ 现金 □		
备注：	出票行签章	出纳 复核 经办

图 2-6 本票样票

小提示

申请人或收款人为单位的，不得申请签发现金银行本票。

3. 银行本票的记载事项

（1）银行本票的绝对记载事项

银行本票的绝对记载事项包括：表明“银行本票”的字样、无条件支付的承诺、确定的金额、收款人名称、出票日期、出票人签章。

小提示

欠缺绝对记载事项之一的，银行本票无效。

（2）银行本票的相对记载事项

银行本票的相对记载事项包括两项内容：

1）付款地。本票上未记载付款地的，出票人的营业场所为付款地。

2）出票地。本票上未记载出票地的，出票人的营业场所为出票地。

小提示

出票人如果记载了“不得转让”字样，则该银行本票不得转让。

4. 银行本票的提示付款期限

银行本票的提示付款期限自出票日起最长不得超过2个月。持票人超过付款期限提示付款的，代理付款人不予受理。

五、支票

1. 支票的概念、种类和适用范围

（1）概念

支票是指出票人签发的、委托办理支票存款业务的银行在见票时无条件支付确定的金额给收款人或者持票人的票据。支票的基本当事人包括出票人、付款人和收款人。出票人即存款人，是在批准办理支票业务的银行机构开立可以使用支票的存款账户的单位和个人；付款人是出票人的开户银行；持票人是票面上填明的收款人，也可以是经背书转让的被背书人。

（2）种类

支票分为现金支票、转账支票和普通支票三种。支票上印有“现金”字样的为现金支票，如图2-7所示，现金支票只能用于支取现金。支票上印有“转账”字样的为转账支票，转账支票只能用于转账，如图2-8所示。支票上未印有“现金”或“转账”字样的为普通支票，如图2-9所示。普通支票既可以用于支取现金，也可以用于转账。在普通支票左上角划两条平行线的，为划线支票，划线支票只能用于转账，不得支取现金。

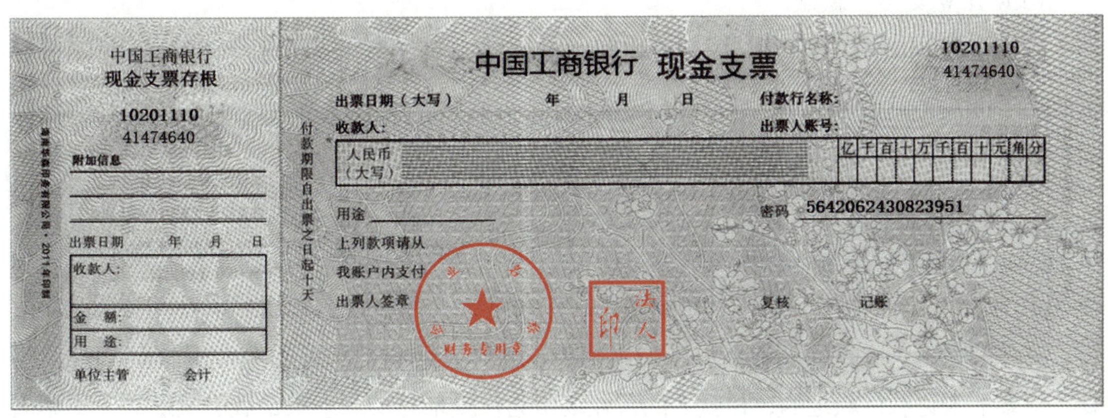
中国工商银行
现金支票存根
10201110
41474640
附加信息
出票日期 年 月 日
收款人:
金 额:
用 途:
单位主管 会计

中国工商银行 现金支票
10201110
41474640
出票日期（大写） 年 月 日 付款行名称:
收款人: 出票人账号:
人民币（大写）

亿	千	百	十	万	千	百	十	元	角	分

付款期限自出票之日起十天
用途
密码 5642062430823951
上列款项请从
我账户内支付
出票人签章
财务专用章
法人印
复核 记账

图2-7 现金支票

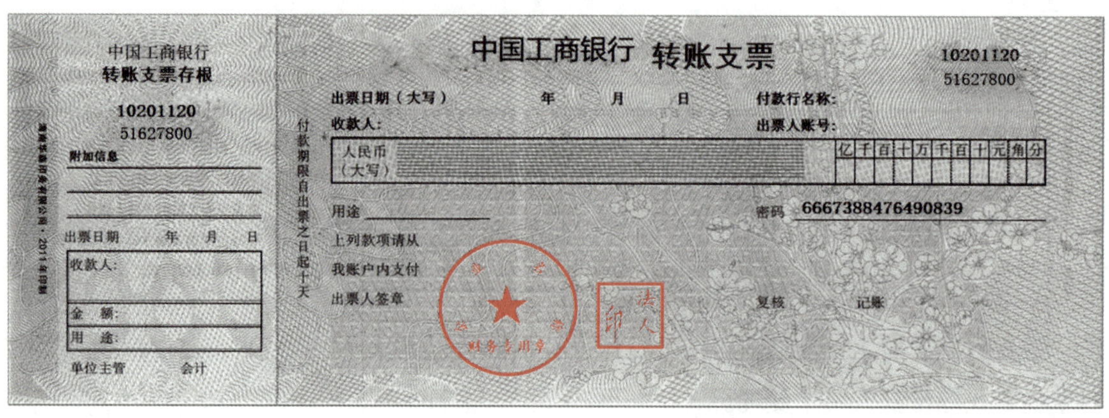
中国工商银行
转账支票存根
10201120
51627800
附加信息
出票日期 年 月 日
收款人:
金 额:
用 途:
单位主管 会计

中国工商银行 转账支票
10201120
51627800
出票日期（大写） 年 月 日 付款行名称:
收款人: 出票人账号:
人民币（大写） 亿 千 百 十 万 千 百 十 元 角 分
用途 密码 6667388476490839
上列款项请从
我账户内支付
出票人签章 复核 记账
付款期限自出票之日起十天

图 2-8 转账支票

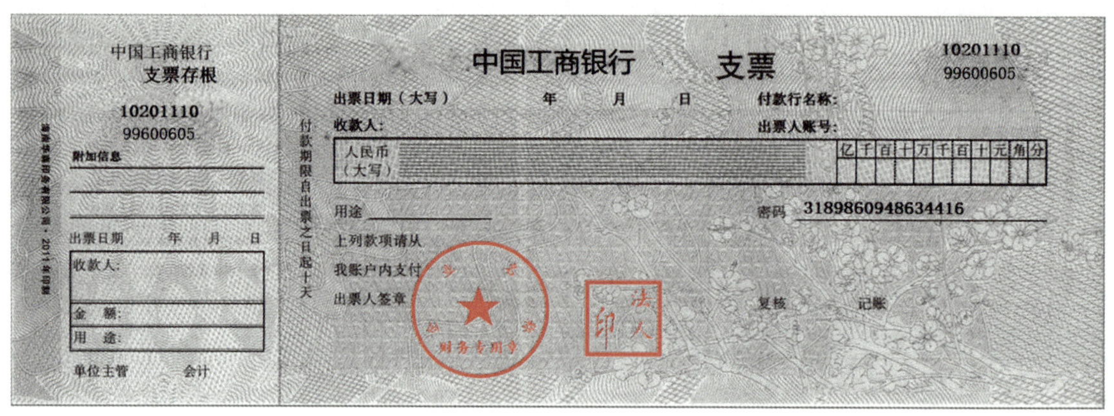
中国工商银行
支票存根
10201110
99600605
附加信息
出票日期 年 月 日
收款人:
金 额:
用 途:
单位主管 会计

中国工商银行 支票
10201110
99600605
出票日期（大写） 年 月 日 付款行名称:
收款人: 出票人账号:
人民币（大写） 亿 千 百 十 万 千 百 十 元 角 分
用途 密码 3189860948634416
上列款项请从
我账户内支付
出票人签章 复核 记账
付款期限自出票之日起十天

图 2-9 普通支票

（3）适用范围

单位和个人在同一票据交换区域的各种款项结算，均可以使用支票。全国支票影像系统支持全国使用。

2. 支票的出票

（1）开立支票存款账户

开立支票存款账户，申请人必须使用本名，提交证明其身份的合法证件，并应当预留其本名的签名式样和印鉴。

（2）出票

1）支票的记载事项。签发支票必须记载下列事项：表明“支票”的字样、无条件支付的委托、确定的金额、付款人名称、出票日期、出票人签章。支票上未记载上述规定事项之一的，支票无效。其中，支票的“付款人”为支票上记载的出票人开户银行。

支票的金额、收款人名称，可以由出票人授权补记，未补记前不得背书转让和提示付款。支票上未记载付款地的，付款人的营业场所为付款地。支票上未记载出票地的，出票人的营业场所、住所或者经常居住地为出票地。出票人可以在支票上记载自己为收款人。

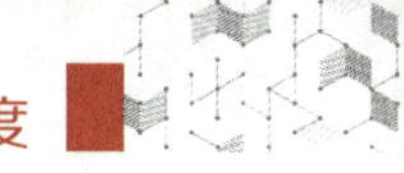

2）签发支票的注意事项。支票的出票人所签发的支票金额不得超过其付款时在付款人处实有的存款金额。出票人签发的支票金额超过其付款时在付款人处实有的存款金额的，为空头支票。法律法规禁止签发空头支票。

支票上的出票人签章，出票人为单位的，为与该单位在银行预留签章一致的财务专用章或者公章加其法定代表人或者其授权的代理人的签名或者盖章；出票人为个人的，为与该个人在银行预留签章一致的签名或者盖章。支票的出票人预留银行签章是银行审核支票付款的依据。出票人不得签发与其预留银行签章不符的支票。

3. 支票的付款

（1）提示付款

支票的提示付款期限为自出票日起 10 日。持票人可以委托开户银行收款或直接向付款人提示付款。用于支取现金的支票仅限于收款人向付款人提示付款。

小提示

超过提示付款期限的，根据《票据法》第九十一条第二款的规定，付款人可以不予付款；付款人不予付款的，出票人仍应当对持票人承担票据责任。所以，持票人超过提示付款期限的，并不丧失对其前手和出票人的追索权，其前手和出票人仍应当对持票人承担支付票款的责任。

持票人委托开户银行收款时，应作委托收款背书，在支票背面背书人签章栏签章，记载“委托收款”字样、背书日期，在被背书人栏记载开户银行名称，并将支票和填制的进账单送交开户银行。持票人持用于转账的支票向付款人提示付款时，应在支票背面背书人签章栏签章，并将支票和填制的进账单送交出票人开户银行。收款人持用于支取现金的支票向付款人提示付款时，应在支票背面收款人签章处签章，持票人为个人的，还需交验本人身份证件，并在支票背面注明证件名称、号码及发证机关。

（2）付款

出票人必须按照签发的支票金额承担保证向该持票人付款的责任。出票人在付款人处的存款足以支付支票金额时，付款人应当在见票当日足额付款。

付款人依法支付支票金额的，对出票人不再承担受委托付款的责任，对持票人不再承担付款的责任。但付款人以恶意或者有重大过失付款的除外。

小提示

付款人或者代理付款人未能识别出伪造、变造的票据或者身份证件而错误付款，或者付款人不按照正常的操作程序审查票据，由此造成的损失由付款人承担，付款人不能解除付款责任。

汇票、本票和支票的区别见表2-6。

表2-6 汇票、本票和支票的区别

<table>
<tr><th colspan="2">票据种类</th><th>提示承兑期限</th><th>提示付款期限</th><th>付款性质</th><th>使用人</th><th>区域</th></tr>
<tr><td rowspan="4">商业汇票</td><td>见票即付</td><td>无须提示承兑</td><td>出票日起1个月</td><td rowspan="5">委付
（委托他人付款）</td><td rowspan="4">仅限单位</td><td rowspan="4">同城、异地</td></tr>
<tr><td>定日付款</td><td rowspan="2">到期日前</td><td rowspan="3">到期日起10日</td></tr>
<tr><td>出票后定期付款</td></tr>
<tr><td>见票后定期付款</td><td>出票日起1个月</td></tr>
<tr><td colspan="2">银行汇票（见票即付）</td><td>无须提示承兑</td><td>出票日起1个月</td><td>单位、个人</td><td>同城、异地或同一票据交换区</td></tr>
<tr><td colspan="2">银行本票（见票即付）</td><td>无须提示承兑</td><td>出票日起最长不超过2个月</td><td>自付
（本人付款）</td><td>单位、个人</td><td>同一票据交换区
（或同城）</td></tr>
<tr><td colspan="2">支票（见票即付）</td><td>无须提示承兑</td><td>出票日起10日</td><td>委付
（受托人仅限金融机构）</td><td>单位、个人</td><td>全国</td></tr>
</table>

第五节 银行卡

一、银行卡的概念和种类

1. 银行卡的概念

银行卡是指经批准由商业银行（含邮政金融机构）向社会发行的具有消费信用、转账结算、存取现金等全部或部分功能的信用支付工具。

2. 银行卡的种类

（1）按照发行主体是否在境内分为境内卡和境外卡

境内卡是指由境内商业银行发行的，既可以在境内使用，又可以在境外使用的银行卡；境外卡是指由境外设立的外资金融机构或外资非金融机构发行的，可以在境内使用的银行卡。

境内卡按照发行对象的不同分为个人卡和单位卡。个人卡是指发卡银行向个人发行的银行卡；单位卡是指发卡银行向企业、机关、事业单位和社会团体法人签发的，并由法人授权特定人使用的银行卡。

（2）按照是否给予持卡人授信额度分为信用卡和借记卡

信用卡按是否向发卡银行交存备用金分为贷记卡和准贷记卡两类。贷记卡是指发卡银行给予持卡人一定的信用额度，持卡人可在信用额度内先消费、后还款的信用卡。准贷记卡是指持卡人须先按发卡银行要求交存一定金额的备用金，当备用金账户余额不足支付时，可在发卡银行规定的信用额度内透支的信用卡。

借记卡是指先存款后消费（或取现）、没有透支功能的银行卡。按功能不同，借记卡可分为转账卡（含储蓄卡）、专用卡及储值卡。借记卡是一种具有转账结算、存取现金、购物消费等功能的信用工具，它附加了转账、买卖基金、炒股、缴费等众多功能，还提供了大量增值服务。借记卡可以通过自动柜员机（ATM）转账和提款，但不能透支。信用卡和借记卡的比较见表 2-7。

表 2-7　信用卡和借记卡的比较

项目		区别
信用卡	贷记卡	发卡银行给予持卡人一定的信用额度，持卡人可以在信用额度内先消费、后还款
	准贷记卡	持卡人须先交存一定金额的备用金，当备用金账户余额不足支付时，可在发卡银行规定的信用额度内透支
借记卡	转账卡	具有转账结算、存取现金和消费功能
	专用卡	具有专门用途，在特定区域使用，具有转账结算、存取现金等功能
	储值卡	发卡银行根据持卡人要求将其资金转至卡内存储，交易时直接从卡内扣款

（3）按照账户币种的不同分为人民币卡、外币卡和双币种卡

人民币卡是指存款、信用额度均为人民币，并且应当以人民币偿还的银行卡。外币卡是指存款、信用额度均为外币，并且应当以外币偿还的银行卡。双币种卡是指存款、信用额度同时有人民币和外币两个账户的银行卡。

（4）按照信息载体的不同分为磁条卡和芯片卡

磁条卡是以液体磁性材料或磁条为信息载体，将液体磁性材料涂覆在卡片上（如存折）或将宽约 614 毫米的磁条压贴在卡片上（如常见的银联卡）。芯片卡容量大，其工作原理类似于微型计算机，能够同时具备多种功能。芯片卡又分为纯芯片卡和磁条芯片复合卡。现在芯片卡正以其高安全性和多功能应用成为全球银行卡的发展趋势。

二、银行卡账户与交易

1. 银行卡交易的基本规定

（1）单位人民币卡可办理商品交易和劳务供应款项的结算，但不得透支。单位卡不

得支取现金。

（2）发卡银行应当依照法律规定遵守信用卡业务风险控制指标。具体来说，同一持卡人单笔透支发生额，个人卡不得超过 2 万元（含等值外币），单位卡不得超过 5 万元（含等值外币）。同一账户月透支金额，个人卡不得超过 5 万元（含等值外币），单位卡不得超过发卡银行对该单位综合授信额度的 3%。无综合授信额度可参照的单位，其月透支金额不得超过 10 万元（含等值外币）。外币卡的透支额度不得超过持卡人保证金（含储蓄存单质押金额）的 80%。

（3）持卡人透支消费享受免息还款期和最低还款额待遇的条件和标准等，由发卡机构自主确定。

（4）发卡银行通过下列途径追偿透支款项和诈骗款项：扣减持卡人保证金、依法处理抵押物和质押物；向保证人追索透支款项；通过司法机关的诉讼程序进行追偿。

小提示

准贷记卡最长透支期限为 60 天。贷记卡的首月最低还款额不得低于其当月透支余额的 10%。

2. 银行卡的资金来源

单位卡账户的资金，一律从其基本存款账户转账存入，不得交存现金，不得将销货收入的款项存入其账户。

个人人民币卡账户的资金以个人持有的现金存入或以其工资性款项、属于个人的合法劳务报酬、投资回报等收入转账存入。严禁将单位的款项存入个人卡账户。

3. 银行卡的计息和收费

（1）计息

1）发卡银行对借记卡（不含储值卡）账户内的存款，按照中国人民银行规定的同期同档次存款利率及计息办法计付利息。

2）发卡银行对储值卡（含 IC 卡的电子钱包）内的币值不计付利息。

3）免息还款期和最低还款额待遇。贷记卡持卡人非现金交易享受如下优惠条件：

第一，免息还款期待遇。银行记账日至发卡行规定的到期还款日之间为免息还款期。

第二，最低还款额待遇。持卡人在到期还款日前偿还所使用全部银行款项有困难的，可按发卡银行规定的最低还款额还款。

4）对信用卡透支利率实行上限和下限管理，透支利率上限为日利率万分之五，透支利率下限为日利率万分之五的 0.7 倍。信用卡透支的计结息方式，以及对信用卡溢缴款是

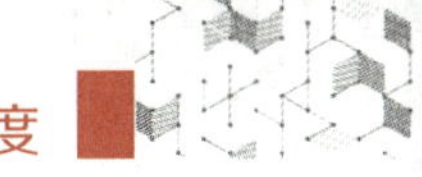

否计付利息及其利率标准，由发卡机构自行决定。

发卡机构应在信用卡协议中以显著方式提示信用卡利率标准和计结息方式。

（2）收费

收费是指商业银行办理银行卡收单业务向商户收取结算手续费。银行卡收单业务是指签约商业银行向商户提供的本外币资金结算服务。

（3）违约金和服务费用

对信用卡持卡人违约逾期未还款的行为，发卡机构应与持卡人通过协议约定是否收取违约金，以及相关收取方式和标准。发卡机构向持卡人提供超过授信额度用卡服务的，不得收取超限费。发卡机构对向持卡人收取的违约金和年费、取现手续费、货币兑换费等服务费用不得计收利息。

（4）信用卡预借现金业务

信用卡预借现金业务包括现金提取、现金转账和现金充值。

现金提取，是指持卡人通过柜面和 ATM 等自助机，以现钞形式获得信用卡预借现金额度内资金；现金转账，是指持卡人将信用卡预借现金额度内资金划转到本人银行结算账户；现金充值，是指持卡人将信用卡预借现金额度内资金划转到本人在非银行支付机构开立的支付账户。

持卡人通过 ATM 等自助机办理现金提取业务，每卡每日累计不得超过人民币 1 万元；持卡人通过柜面办理现金提取业务、通过各类渠道办理现金转账业务的每卡每日限额，由发卡机构与持卡人通过协议约定；发卡机构可自主确定是否提供现金充值服务，并与持卡人协议约定每卡每日限额。发卡机构不得将持卡人信用卡预借现金额度内资金划转至其他信用卡，以及非持卡人的银行结算账户或支付账户。

（5）非本人授权交易的处理

持卡人提出伪卡交易和账户盗用等非本人授权交易时，发卡机构应及时引导持卡人留存证据，按照相关规则进行差错争议处理，并定期向持卡人反馈处理进度。鼓励发卡机构通过商业保险合作和计提风险补偿基金等方式，依法对持卡人损失予以合理补偿，切实保障持卡人合法权益。

三、银行卡申领、注销和挂失

1. 银行卡的申领

凡在中国境内金融机构开立基本存款账户的单位，可凭中国人民银行核发的开户许可证或基本存款账户编号申领单位卡。单位卡可申领若干张，持卡人资格由申领单位法定代表人或其委托的代理人书面指定和注销。凡具有完全民事行为能力的公民，可凭本人有效身份证件及发卡银行规定的相关证明文件申领个人卡。个人卡的主卡持卡人，可为其配偶及年满 18 周岁的亲属申领附属卡，申领的附属卡最多不得超过两张，也有权要求注销其附属卡。

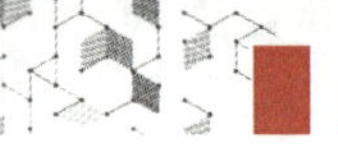

2. 银行卡的注销

持卡人在还清全部交易款项、透支本息和有关费用后，有下列情形之一的，可申请办理销户：①信用卡有效期满45天后，持卡人不更换新卡的；②信用卡挂失满45天后，没有附属卡又不更换新卡的；③信用卡被列入止付名单，发卡银行已收回其信用卡45天的；④持卡人死亡，发卡银行已收回其信用卡45天的；⑤持卡人要求销户或担保人撤销担保，并已交回全部信用卡45天的；⑥信用卡账户2年（含）以上未发生交易的；⑦持卡人违反其他规定，发卡银行认为应该取消资格的。

发卡机构调整信用卡利率标准的，应至少提前45天通知持卡人。持卡人有权在新利率标准生效之日前选择销户，并按照已签订的协议偿还相关款项。发卡银行办理销户，应当收回信用卡。有效信用卡无法收回的，应当将其止付。

销户时，单位卡账户余额转入其基本存款账户，不得提取现金；个人卡账户可以转账结清，也可以提取现金。

3. 银行卡的挂失

持卡人丧失银行卡，应立即持本人身份证件或其他有效证明，并按规定提供有关情况，向发卡银行或代办银行申请挂失。

第六节 网上支付

网上支付是电子支付的一种形式，它是指电子交易的当事人，包括消费者、商户、银行或者支付机构，使用电子支付手段通过信息网络进行的货币支付或资金流转。网上支付的主要形式有网上银行和第三方支付两种。

一、网上银行

1. 网上银行的概念

网上银行，也称网络银行，简称网银，就是银行在互联网上设立虚拟银行柜台，使传统银行服务不再通过物理的银行分支机构来实现，而是借助于网络与信息技术手段在互联网上实现。

小提示

由于网上银行不受时间、空间限制，可以在任何时间、任何地点、以任何方式为客户提供金融服务，因此，网上银行又被称为“3A银行”。

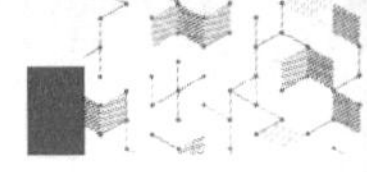

2. 网上银行的分类

（1）按经营模式分为单纯网上银行和分支型网上银行

单纯网上银行是完全依赖于互联网的虚拟电子银行，它没有实际的物理柜台，一般只有一个办公地址，没有分支机构，也没有营业网点，采用互联网等高科技服务手段与客户建立密切的联系，为客户提供全方位的金融服务。

分支型网上银行是指现有的传统银行利用互联网开展传统的银行业务，即传统银行利用互联网作为新的服务手段为客户提供在线服务，实际上是传统银行服务在互联网上的延伸。

（2）按主要服务对象分为企业网上银行和个人网上银行

企业网上银行主要服务于企事业单位。企事业单位可以通过企业网上银行实时了解财务状况，及时调度资金，轻松处理工资发放和大批量的网络支付业务。

个人网上银行主要服务于个人。个人可以通过个人网上银行实时查询、转账，进行网络支付和汇款。

3. 网上银行的主要功能

（1）企业网上银行的功能

企业网上银行的功能包括：①账户信息查询；②支付指令；③B2B 网上支付（B2B 即企业之间进行的电子商务活动）；④批量支付。

（2）个人网上银行的功能

个人网上银行的功能包括：①账户信息查询；②人民币转账业务；③银证转账业务；④外汇买卖业务；⑤账户管理业务；⑥B2C 网上支付。B2C，即商业机构对消费者的电子商务，指的是企业与消费者之间进行的在线零售商业活动，包括网上购物和网上拍卖等。

4. 网上银行业务流程及交易时的身份认证

（1）开户

开户时，客户必须出具身份证或有关证件，并遵守有关实名制规定。

（2）网上交易

网上银行的具体交易流程如下：

1）客户使用浏览器通过互联网链接到网银中心，发出网上交易请求。

2）网银中心接受并审核客户的交易请求，并将交易请求转发给相应成员行的业务主机。

3）成员行业务主机完成交易处理，并将处理结果返回给网银中心。

4）网银中心对交易结果进行再处理后，返回相应信息给客户。

（3）交易时的身份认证

交易时的身份认证方式包括：①密码；②文件数字证书；③动态口令卡；④动态手机口令；⑤移动口令牌；⑥移动数字证书。

二、第三方支付

1. 第三方支付的概念

第三方支付是指经过中国人民银行批准从事第三方支付业务的非银行支付机构，借助通信、计算机和信息安全技术，采用与各大银行签约的方式，在用户与银行支付结算系统间建立连接的电子支付模式。其中通过手机端进行的，称为移动支付。第三方支付是一种新型的支付手段，是互联网技术与传统金融支付的有机结合。

非金融机构提供支付服务，应当取得支付业务许可证，成为支付机构。未经中国人民银行批准，任何非金融机构和个人不得从事或变相从事支付业务。

小提示

使用第三方支付可以有效避免交易双方付款而收不到货物或者收到的货物不符合要求或者发货后收不到货款的风险；对银行而言，也可以借此迅速扩展业务范围，节省为大量中小企业提供网关接口的开发和维护费用。

2. 第三方支付的种类

（1）线上支付

线上支付是指通过互联网实现的用户和商户之间、商户和商户之间的在线货币支付、资金清算等行为。

（2）线下支付

线下支付是指通过非线上支付方式进行的支付行为，包括 POS 机刷卡支付、拉卡拉

等自助终端支付、电话支付、手机近端支付等方式。

3. 第三方支付交易流程及其身份验证

（1）开户

支付机构为客户开立支付账户的，应当对客户实行实名制管理，登记并采取有效措施验证客户身份基本信息，按规定核对有效身份证件并留存有效身份证件复印件或者影印件，建立客户唯一识别编码，并在与客户业务关系存续期间采取持续的身份识别措施，确保有效核实客户身份及其真实意愿，不得开立匿名、假名支付账户。支付账户不得透支，不得出借、出租、出售，不得利用支付账户从事或者协助他人从事非法活动。

（2）账户充值

客户开户后，将银行卡和支付账户绑定。付款前，将银行卡中的资金转入支付账户。

（3）收、付款

客户下单后，付款时，通过支付平台将自己支付账户中的虚拟资金划转到支付平台暂存，待客户收到商品并确认后，支付平台会将款项划转到商家的支付账户中，支付行为完成。

（4）交易时的身份认证

支付机构可以组合选用下列三类要素，对客户使用支付账户付款进行身份验证：

1）仅客户本人知悉的要素。

2）仅客户本人持有并特有的、不可复制或者不可重复利用的要素。

3）客户本人生理特征要素。

支付机构应当确保采用的要素相互独立，部分要素的损坏或者泄露不应导致其他要素损坏或者泄露。

4. 第三方支付机构及支付账户管理规定

（1）支付机构应根据客户身份对同一客户在本机构开立的所有支付账户进行关联管理，并按照要求对个人支付账户进行分类管理。

1）Ⅰ类支付账户，账户余额仅可用于消费和转账，余额付款交易自账户开立起累计不超过 1 000 元（包括支付账户向客户本人同名银行账户转账）。

2）Ⅱ类支付账户，账户余额仅可用于消费和转账，其所有支付账户的余额付款交易年累计不超过 10 万元（不包括支付账户向客户本人同名银行账户转账）。

3）Ⅲ类支付账户，账户余额可以用于消费、转账以及购买投资理财等金融类产品，其所有支付账户的余额付款交易年累计不超过 20 万元（不包括支付账户向客户本人同名银行账户转账）。

（2）支付机构办理银行账户与支付账户之间转账业务的，相关银行账户与支付账户应属于同一客户。

（3）因交易取消（撤销）、退货、交易不成功或者投资理财等金融类产品赎回等原因需划回资金的，相应款项应当划回原扣款账户。

（4）支付机构应根据交易验证方式的安全级别，对个人客户使用支付账户余额付款的交易进行限额管理：

1）支付机构采用包括数字证书或电子签名在内的两类（含）以上有效要素进行验证的交易，单日累计限额由支付机构与客户通过协议自主约定。

2）支付机构采用不包括数字证书、电子签名在内的两类（含）以上有效要素进行验证的交易，单个客户所有支付账户单日累计金额应不超过 5 000 元（不包括支付账户向客户本人同名银行账户转账）。

3）支付机构采用不足两类有效要素进行验证的交易，单个客户所有支付账户单日累计金额应不超过 1 000 元（不包括支付账户向客户本人同名银行账户转账），且支付机构应当承诺无条件全额承担此类交易的风险损失赔付责任。

第七节 其他结算方式

一、汇兑

1. 汇兑的概念和分类

汇兑是指汇款人委托银行将其款项支付给收款人的结算方式。汇兑结算适用于各种经济内容的异地提现和结算，适用范围十分广泛。

汇兑分为信汇和电汇两种。一般来说，信汇是以邮寄方式将汇款凭证转给外地收款人指定的汇入行，而电汇则是以电报方式将汇款凭证转发给收款人指定的汇入行，后者的汇款速度比前者快捷，汇款人可根据实际需要选择。

小提示

汇兑结算适用于各种经济内容的异地提现和结算，单位、个体工商户和个人均可以使用。

2. 办理汇兑的程序

当事人应按以下程序办理汇兑：

（1）签发汇兑凭证

根据《支付结算办法》的规定，汇款人签发汇兑凭证时，必须记载下列事项：①表明“信汇”或“电汇”的字样；②无条件支付的委托；③确定的金额；④收款人名称；

⑤汇款人名称；⑥汇入地点、汇入行名称；⑦汇出地点、汇出行名称；⑧委托日期；⑨汇款人签章。汇兑凭证上记载收款人为个人的，收款人需要到汇入银行领取汇款，汇款人应在汇兑凭证上注明“留行待取”字样；留行待取的汇款，需要指定单位的收款人领取汇款的，应注明收款人的单位名称；信汇凭收款人签章支取的，应在信汇凭证上预留其签章。如果汇款人确定不得转汇的，应在汇兑凭证备注栏注明“不得转汇”字样。

汇款人和收款人均为个人，需要在汇入银行支取现金的，应在信汇、电汇凭证的“汇款金额”大写栏，先填写“现金”字样，后填写汇款金额。

（2）银行受理

汇出银行受理汇款人签发的汇兑凭证，经审查无误后，应及时向汇入银行办理汇款，并向汇款人签发汇款回单。汇款回单只能作为汇出银行受理汇款的依据，不能作为该笔汇款已转入收款人账户的证明。

小提示

取得汇款回单只能证明银行受理了汇款业务，不代表收款人已经收款。收账通知才能作为银行确已将款项转入收款人账户的凭证。

（3）汇入处理

汇入银行对开立存款账户的收款人，应将汇给其的款项直接转入收款人账户，并向其发出收账通知。收账通知是银行将款项确已转入收款人账户的凭据。未在银行开立存款账户的收款人，凭信汇、电汇的取款通知，向汇入银行支取款项时，必须交验本人的身份证件，在信汇、电汇凭证上注明证件名称、号码及发证机关，并在“收款人盖章”处签章；信汇凭签章支取的，收款人的签章必须与预留信汇凭证上的签章相符，银行审查无误后，以收款人的姓名开立应解汇款及临时存款账户，该账户只付不收，付完清户，不计付利息。

根据《支付结算办法》的规定，如果收款人需要委托他人向汇入银行支取款项的，应在取款通知上签章，注明本人身份证件的名称、号码、发证机关和“代理”字样以及代理人姓名。代理人代理取款时，也应在取款通知上签章，注明其身份证件的名称、号码及发证机关，并同时交验代理人和被代理人的身份证件。此规定是对原汇兑结算方式的进一步完善。

如果收款人转账支付的，应由原收款人向银行填制支付凭证，并由本人交验其身份证件办理支付款项。但该账户的款项只能转入单位或个体工商户的存款账户，严禁转入储蓄和银行卡账户。

如果转汇的，应由原收款人向银行填制信汇、电汇凭证，并由本人交验其身份证件。转汇的收款人必须是原收款人。原汇入银行必须在信汇、电汇凭证上加盖“转汇”戳记。

3. 汇兑的撤销和退汇

（1）汇兑的撤销

汇款人对汇出银行尚未汇出的款项可以申请撤销。汇款人申请撤销汇款必须是该款项尚未从汇出银行汇出。在申请撤销时，汇款人应出具正式函件或本人身份证件及原信汇、电汇回单；汇出银行只有在查明确未汇出款项，并收回原信汇、电汇回单时，方可办理撤销手续。但转汇银行不得受理汇款人或汇出银行对汇款的撤销。

（2）汇兑的退汇

汇款人对汇出银行已经汇出的款项可以申请退汇。汇款人申请退汇必须是该汇款已从汇出银行汇出。对在汇入银行开立存款账户的收款人，由汇款人与收款人自行联系退汇。换言之，如果汇款人与收款人不能达成一致退汇的意见，则不能办理退汇。

转汇银行不得受理汇款人或汇出银行对汇款的退汇。

小提示

对于汇出银行尚未汇出的款项可以申请撤销，但是如果款项已经汇出，那么只能申请退汇。

二、委托收款

1. 委托收款的概念

委托收款是指收款人委托银行向付款人收取款项的结算方式。单位和个人凭已承兑的商业汇票、债券、存单等付款人债务证明办理款项的结算，均可以使用委托收款结算方式。

委托收款在同城、异地均可以使用，其结算款项的划回方式分为邮寄和电报两种，由收款人选用。邮寄是以邮寄方式由收款人开户银行向付款人开户银行转送委托收款凭证、提供收款依据的方式；电报则是以电报方式由收款人开户银行向付款人开户银行转送委托收款凭证、提供收款依据的方式。

2. 委托收款的记载事项

签发托收凭证（委托收款凭证）必须记载下列事项：①表明“委托收款”的字样；②确定的金额；③付款人名称；④收款人名称；⑤委托收款凭据名称及附查单证张数；⑥委托日期；⑦收款人签章。

委托收款人以银行以外的单位为付款人的，委托收款凭证必须记载付款人开户银行的名称。

3. 委托收款的结算规定

（1）委托收款办理方法

收款人办理委托收款应向银行提交委托收款凭证和有关的债务证明；银行接到寄来的委托收款凭证及债务证明，审查无误后方可办理付款。

1）以银行为付款人的，银行应在当日将款项主动支付给收款人。

2）以单位为付款人的，银行通知付款人后，付款人应于接到通知当日书面通知银行付款。

银行在办理划款时，付款人存款账户不能足额支付的，应通过被委托银行向收款人发出未付款项通知书。

（2）委托收款的注意事项

1）付款人审查有关债务证明后，对收款人委托收取的款项需要拒绝付款的，有权提出拒绝付款。

2）收款人收取公用事业费，必须具有收付双方事先签订的经济合同，由付款人向开户银行授权，并经开户银行同意，报经中国人民银行当地分支行批准，可以使用同城特约委托收款。

三、托收承付

1. 托收承付的概念

托收承付是指根据购销合同由收款人发货后委托银行向异地付款人收取款项，由付款人向银行承付的结算方式。

托收承付结算每笔的金额起点为 1 万元，新华书店系统每笔的金额起点为 1 000 元。

2. 托收承付的结算规定

托收承付凭证记载事项有：①表明“托收承付”的字样；②确定的金额；③付款人的名称和账号；④收款人的名称和账号；⑤付款人的开户银行名称；⑥收款人的开户银行名称；⑦托收附寄单证张数或册数；⑧合同名称、号码；⑨委托日期；⑩收款人签章。

使用托收承付结算方式的收款单位和付款单位，必须是国有企业、供销合作社以及经营管理较好并经开户银行审查同意的城乡集体所有制工业企业。

办理托收承付结算的款项，必须是商品交易以及因商品交易而产生的劳务供应的款项。代销、寄销、赊销商品的款项均不得办理托收承付结算。

收付双方使用托收承付结算方式必须签有符合《合同法》的购销合同，并在合同上订明使用托收承付结算款项的划回方法分为邮寄和电报，由收款人选用。

3. 托收承付的办理方法

（1）托收

收款人按照签订的购销合同发货后，应将托收凭证并附发运凭证或其他符合托收承付结算的有关证明和交易单证送交银行。收款人开户银行接到托收凭证及其附件后，应

当按照托收的范围、条件和托收凭证记载的要求对其进行审查，必要时还应查验收付款人签订的购销合同。

小提示

电报比邮寄速度快，托收方可以根据缓急程度选用。

（2）承付

付款人开户银行收到托收凭证及其附件后，应当及时通知付款人。购货单位承付货款有验单承付和验货承付两种方式。

验单付款的承付期为 3 天，从购货单位开户银行发出承付通知的次日算起（承付期内遇法定节假日顺延）。验货付款的承付期为 10 天，从运输部门向付款人发出提货通知的次日算起，付款人在承付期内未向银行表示拒绝付款，银行即视作承付，在承付期满的次日上午将款项划给收款人。

付款人若在验单或验货时发现货物的品种、规格、数量、质量或价格等与合同规定不符，可以在承付期内提出全部或部分拒付的意见。拒付款项应填写“拒绝承付理由书”送交其开户银行审查并办理拒付手续。

付款人在承付期满后，如果其银行账户内没有足够的资金承付货款，其不足部分作延期付款处理。延期付款部分要按一定比例作为支付给收款人的赔偿金。待付款人账户内有款项支付时，由付款人开户银行将欠款及赔偿金一并划转给收款人。

托收承付结算方式的结算程序和账务处理方法，与委托收款结算方式基本相同。

知识链接

托收承付使用中需注意的问题：

1）付款人不得在承付货款中抵扣其他款项或以前托收的货款。

2）付款人逾期付款，付款人的开户银行将对付款人予以处罚。

3）付款人在承付期可以向银行提出全部拒付和部分拒付，但必须填写“拒绝承付理由书”并签章，注明拒付理由。

4）收款人对被无理拒付的托收款项，在收到退回的结算凭证及其所附单证后，需要委托银行重新办理托收款项，应当填写四联“重办托收理由书”，将其中三联连同购销合同、有关证据和退回的原托收凭证及交易单证一并送交银行。

四、国内信用证

1. 国内信用证的概念

国内信用证（简称信用证）是适用于国内贸易的一种支付结算方式，是开证银行依照申请人（购货方）的申请向受益人（销货方）开出的有一定金额、在一定期限内凭信用证规定的单据支付款项的书面承诺。

2. 国内信用证的结算方式

国内信用证为不可撤销、不可转让的跟单信用证。国内信用证结算方式只适用于国内企业商品交易产生的货款结算，并且只能用于转账结算，不得支取现金。

3. 国内信用证办理的基本程序

（1）开证

开证行决定受理开证业务时，应向申请人收取不低于开证金额20%的保证金，并可根据申请资信情况要求其提供抵押、质押或由其他金融机构出具保函。开证行开立信用证，应按规定向申请人收取手续费和邮电费。

（2）通知

通知行收到信用证审核无误后，应填制信用证通知书，连同信用证交付受益人。开证银行与受益人开户银行为同一系统银行的，受益人开户银行为通知银行；开证银行与受益人开户银行为跨系统银行的，开证银行确定的在受益人开户银行的同城同系统银行机构为通知银行。开证银行与受益人开户银行所在地没有同系统分支机构的，应在受益人所在地选择一家银行机构建立信用证代理关系，其代理银行即为通知银行。

（3）议付

议付，是指信用证指定的议付行在单证相符条件下，扣除议付利息后向受益人给付对价的行为。只审核单据而未付出对价的，不构成议付。议付行必须是开证行指定的受益人开户行。议付仅限于延期付款信用证。

议付行议付后，应将单据寄开证行索偿资金。议付行议付信用证后，对受益人具有追索权。到期不付款的，议付行可从受益人账户收取议付金额。

（4）付款

开证行对议付行寄交的凭证、单据等审核无误后，对即期付款信用证，从申请人账户收取款项支付给受益人；对延期付款信用证，应向议付行或受益人发出到期付款确认书，并于到期日从申请人账户收取款项支付给议付行或受益人。

申请人交存的保证金和其存款账户余额不足支付的，开证行仍应在规定的付款时间内进行付款，对不足支付的部分作逾期贷款处理。

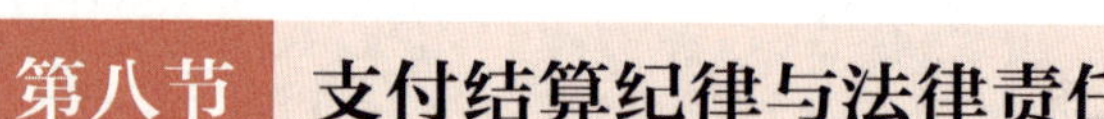

第八节 支付结算纪律与法律责任

一、结算纪律

结算纪律是银行、单位和个人办理支付结算业务所应遵守的基本规定。《支付结算办法》规定，单位和个人办理支付结算，不准签发没有资金保证的票据或远期支票，套取银行信用；不准签发、取得和转让没有真实交易和债权债务的票据，套取银行和他人资金；不准无理拒绝付款，任意占用他人资金；不准违反规定开立和使用账户。

银行办理支付结算，不准以任何理由压票、任意退票、截留挪用客户和他行资金；不准无理拒绝支付应由银行支付的票据款项；不准受理无理拒付、不扣少扣滞纳金；不准违章签发、承兑、贴现票据，套取银行资金；不准签发空头银行汇票、银行本票和办理空头汇款；不准在支付结算制度之外规定附加条件，影响汇路畅通；不准违反规定为单位和个人开立账户；不准拒绝受理、代理他行正常结算业务。

二、违反支付结算法律制度的法律责任

银行、单位和个人违反结算纪律，要分别承担相应的法律责任。根据目前的法律、法规和规章的规定，对于下列行为，应依法分别承担民事、行政和刑事责任：

1. 签发空头支票、签章与预留签章不符或者支付密码错误的支票，未构成犯罪行为的法律责任

单位或个人签发空头支票或者签章与其预留银行的签章不符、使用支付密码但支付密码错误的支票，不以骗取财物为目的的，由中国人民银行处以票面金额 5%但不低于 1 000 元的罚款；持票人有权要求出票人赔偿支票金额 2%的赔偿金。屡次签发空头支票的，银行有权停止为其办理支票或全部支付结算业务。根据《行政处罚法》和《票据管理实施办法》的规定，中国人民银行是空头支票的处罚主体，银行机构发现空头支票行为的，应向中国人民银行分支机构举报，并协助送达相应的行政处罚法律文书。

2. 无理拒付，占用他人资金行为的法律责任

票据的付款人对见票即付或者到期的票据，故意压票、退票、拖延支付的，按照规定处以压票、拖延支付期间内每日票据金额 0.7‰的罚款。银行机构违反票据承兑等结算业务规定，不予兑现，不予收付入账，压单、压票或者违反规定退票的，由国务院银行保险监督管理机构责令其改正，有违法所得的，没收违法所得。违法所得 5 万元以上的，并处违法所得 1 倍以上 5 倍以下罚款；没有违法所得或者违法所得不足 5 万元的，处 5 万元以上 50 万元以下罚款。

3. 违反账户规定行为的法律责任

违反账户规定行为包括：存款人开立、撤销银行结算账户违反规定，存款人使用银行结算账户违反规定，伪造、变造、私自印制开户许可证等。其应承担的法律责任见前文表 2-3。

4. 票据欺诈等行为的法律责任

伪造、变造票据、托收凭证、汇款凭证、信用证，伪造信用卡等；故意使用伪造、变造的票据的；签发空头支票或者故意签发与其预留的本名签名式样或者印鉴不符的支票，骗取财物的；签发无可靠资金来源的汇票、本票，骗取资金的；汇票、本票的出票人在出票时作虚假记载，骗取财物的；冒用他人的票据，或者故意使用过期或者作废的票据，骗取财物的；付款人同出票人、持票人恶意串通，实施前六项行为之一的，构成犯罪的，依法追究刑事责任。有上述行为之一，情节轻微，不构成犯罪的，依照国家有关规定给予行政处罚。

其中，伪造、变造票据、托收凭证、汇款凭证、信用证，伪造信用卡的，处 5 年以下有期徒刑或者拘役，并处或者单处 2 万元以上 20 万元以下罚金；情节严重的，处 5 年以上 10 年以下有期徒刑，并处 5 万元以上 50 万元以下罚金；情节特别严重的，处 10 年以上有期徒刑或者无期徒刑，并处 5 万元以上 50 万元以下罚金或者没收财产。单位犯上述罪行的，对单位判处罚金，并对其直接负责的主管人员和其他责任人员，依照上述规定处罚。

有下列情形之一，妨碍信用卡管理的，处 3 年以下有期徒刑或者拘役，并处或者单处 1 万元以上 10 万元以下罚金；数量巨大或者有其他严重情节的，处 3 年以上 10 年以下有期徒刑，并处 2 万元以上 20 万元以下罚金：明知是伪造的信用卡而持有、运输的，或者明知是伪造的空白信用卡而持有、运输，数量较大的；非法持有他人信用卡，数量较大的；使用虚假的身份证明骗领信用卡的；出售、购买、为他人提供伪造的信用卡或者以虚假的身份证明骗领信用卡的；窃取、收买或者非法提供他人信用卡信息资料的。

有下列情形之一，进行信用卡诈骗活动，数额较大的，处 5 年以下有期徒刑或者拘役，并处 2 万元以上 20 万元以下罚金；数额巨大或者有其他严重情节的，处 5 年以上 10 年以下有期徒刑，并处 5 万元以上 50 万元以下罚金；数额特别巨大或者有其他特别严重情节的，处 10 年以上有期徒刑或者无期徒刑，并处 5 万元以上 50 万元以下罚金或者没收财产：使用伪造的信用卡，或者使用虚假的身份证明骗领信用卡的；使用作废信用卡的；冒用他人信用卡的；恶意透支的。

思考与练习

1. 建立健全现金核算与内部控制的要求有哪些？

2. 我国规定单位、个人和银行办理支付结算必须遵守哪些原则？

3. 银行结算账户有哪几种类型？什么是一般存款账户？它的使用范围是什么？

4. 票据具有哪些特征和功能？

5. 国内信用证办理的基本程序是什么？

6. 案例分析：2021 年 3 月 17 日，太原昌盛公司向顺德荣发公司购买了一批空调，签发了一张银行承兑汇票，其中收款人为顺德荣发公司，承兑人为太原昌盛公司的开户行——工商银行太原市人民路支行，票面金额为 200 万元，到期日为 2021 年 6 月 16 日。太原昌盛公司将该银行承兑汇票交付顺德荣发公司时，在该汇票的正面注明："收款人在 2021 年 5 月 31 日前未向出票人全额发货的，付款人有权拒绝付款。"

2021 年 3 月 24 日，顺德荣发公司持该汇票向顺德农村信用社办理了贴现。

2021 年 6 月 15 日，顺德农村信用社向工商银行太原市人民路支行提示付款，工商银行太原市人民路支行以票据无效为由拒绝付款。顺德农村信用社追索未获受偿后，以工商银行太原市人民路支行、太原昌盛公司和顺德荣发公司为共同被告向法院提起了诉讼，要求支付票款和相应利息。

请问顺德农村信用社的做法是否正确？为什么？

第三章
税收法律制度

学习目标

知识目标

1. 了解税收的作用、特征和分类。

2. 理解并掌握税法的构成要素。

3. 掌握增值税、消费税、企业所得税、个人所得税的征税范围和税率。

4. 掌握税务登记、发票管理、纳税申报、税款征收、税务代理、税务检查及税收法律责任等相关法律规定。

能力目标

1. 能对主要税种的应纳税额进行计算。

2. 能办理税务登记和纳税申报工作。

3. 能正确使用和管理发票。

4. 能针对不同纳税人确定不同税款征收方式。

5. 能依法维护自己涉税合法权益。

思维导图

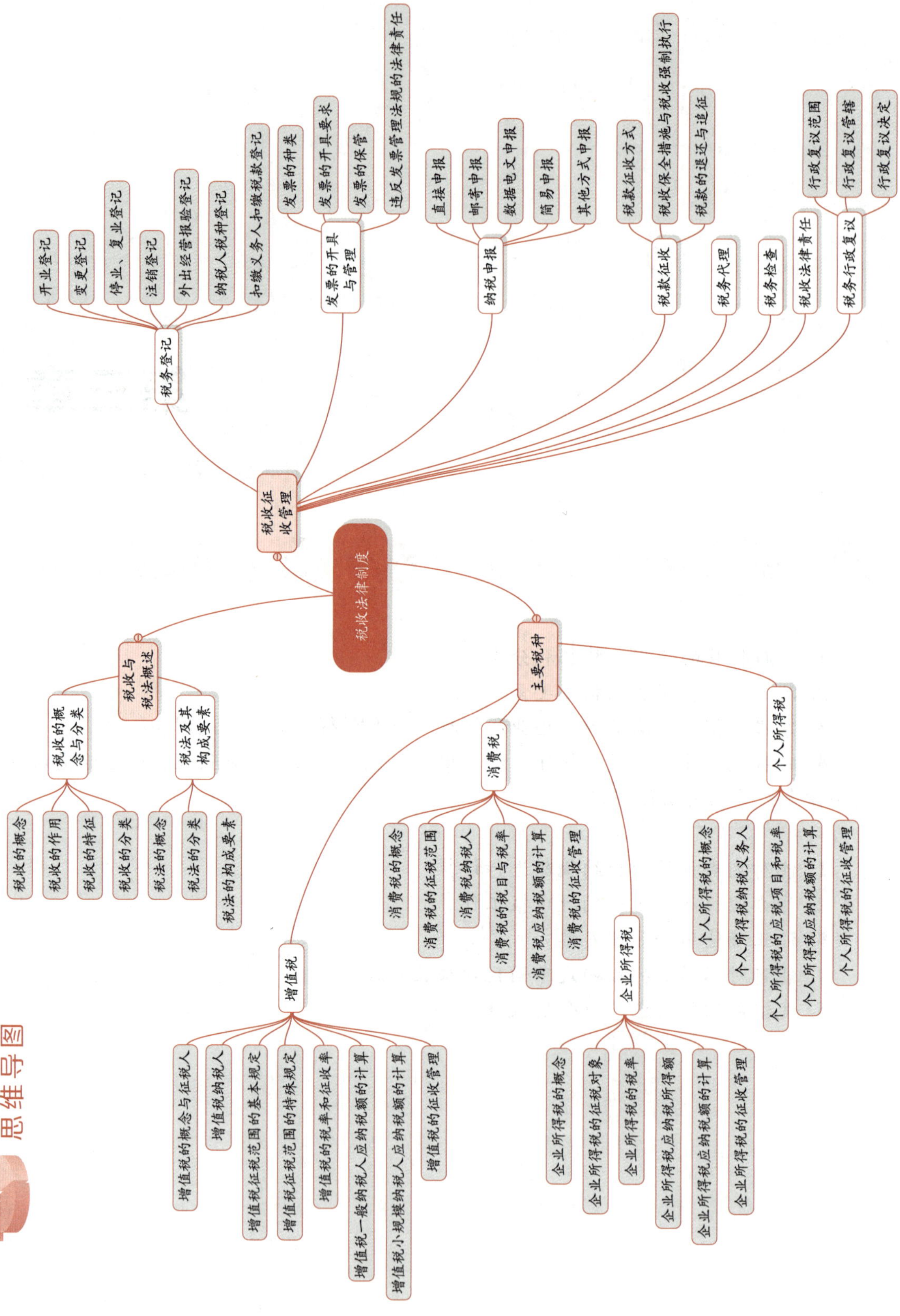

- 税收法律制度
  - 税收与税法概述
    - 税收的概念与分类
      - 税收的概念
      - 税收的作用
      - 税收的特征
      - 税收的分类
    - 税法及其构成要素
      - 税法的概念
      - 税法的分类
      - 税法的构成要素
  - 主要税种
    - 增值税
      - 增值税的概念与征税人
      - 增值税纳税人
      - 增值税征税范围的基本规定
      - 增值税征税范围的特殊规定
      - 增值税的税率和征收率
      - 增值税一般纳税人应纳税额的计算
      - 增值税小规模纳税人应纳税额的计算
      - 增值税的征收管理
    - 消费税
      - 消费税的概念
      - 消费税的征税范围
      - 消费税纳税人
      - 消费税的税目与税率
      - 消费税应纳税额的计算
      - 消费税的征收管理
    - 企业所得税
      - 企业所得税的概念
      - 企业所得税的征税对象
      - 企业所得税的税率
      - 企业所得税应纳税所得额
      - 企业所得税应纳税额的计算
      - 企业所得税的征收管理
    - 个人所得税
      - 个人所得税的概念
      - 个人所得税纳税义务人
      - 个人所得税的应税项目和税率
      - 个人所得税应纳税额的计算
      - 个人所得税的征收管理
  - 税收征收管理
    - 税务登记
      - 开业登记
      - 变更登记
      - 停业、复业登记
      - 注销登记
      - 外出经营报验登记
      - 纳税人税种登记
      - 扣缴义务人扣缴税款登记
    - 发票的开具与管理
      - 发票的种类
      - 发票的开具要求
      - 发票的保管
      - 违反发票管理法规的法律责任
    - 纳税申报
      - 直接申报
      - 邮寄申报
      - 数据电文申报
      - 简易申报
      - 其他方式申报
    - 税款征收
      - 税款征收方式
      - 税收保全措施与税收强制执行
      - 税款的退还与追征
    - 税务代理
    - 税务检查
    - 税收法律责任
    - 税务行政复议
      - 行政复议范围
      - 行政复议管辖
      - 行政复议决定

依法治国、依法治税、推进税收法制化建设，是市场经济的必然选择，是社会法治进程的必然要求。一个全面、完善、规范的税收制度体系，为促进我国经济和社会发展做出了巨大贡献。

第一节　税收与税法概述

一、税收的概念与分类

1. 税收的概念

税收是国家为了满足社会共同需要，凭借政治权力，按照国家法律规定，强制地、无偿地取得财政收入的一种特定的分配形式。

2. 税收的作用

（1）税收是国家组织财政收入的主要形式和工具

税收在保证和实现国家财政收入方面起着重要的作用。一方面，由于税收具有强制性、无偿性和固定性的特征，因此税收能保证财政收入的稳定；另一方面，税收的征收范围十分广泛，能从多方筹集财政收入。

（2）税收是国家调控经济运行的重要手段

国家通过税种的设置以及在税目、计税依据、税率、加成征收和减免税等方面的规定，可以对社会生产、交换、分配和消费进行调节，促进社会经济的健康发展。

（3）税收具有维护国家政权的作用

国家政权是税收产生、存在和发展的必要条件，而国家政权的存在又依赖税收的存在。没有税收，国家机器就不能有效运转。同时，税收分配也不是按照等价原则和所有权原则分配，而是国家凭借政治权利，对物质利益进行调节，体现了国家支持和限制的倾向，从而达到维护和巩固国家政权的目的。

（4）税收是国际经济交往中维护国家利益的可靠保证

任何国家对在本国境内生产、经营的外国企业或个人都拥有税收管辖权，这是国家

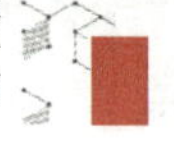

权益的具体体现，是对外开放进程中保护国家权益的重要手段。

3. 税收的特征

税收与其他财政收入形式相比，具有强制性、无偿性和固定性三个特征，见表3-1。

表3-1 税收的特征

税收特征	含义
强制性	是指国家以社会管理者的身份，用法律、法规的形式，制约征纳双方的权利与义务，并依照法律规定强制征税
无偿性	是税收的核心特征，是指国家征税后，不需要对具体纳税人偿还，也不需要付出任何直接形式的报酬。纳税人从政府支出所获利益通常与其支付的税款不成一一对应的比例关系
固定性	是指税收是国家通过法律形式预先规定了纳税主体、课税对象、税率等税制基本要素，并保持相对的连续性和稳定性。对于税收预先规定的标准，征纳双方都必须共同遵守，非经国家法令修订或调整，征纳双方都不得违背或改变这个固定的比例或数额以及其他制度规定

4. 税收的分类

税收的分类有多种方法，现阶段我国税收分类主要有以下方式：

（1）按照征税对象分类

按照征税对象分类，可将税收划分为流转税、所得税、财产税、资源税和行为税五种类型。

1）流转税。流转税是指以货物或劳务的流转额为征税对象的一类税收。流转税在生产、流通和服务业中发挥着重要的调节作用，是财政收入的重要来源。

2）所得税。所得税也称收益税，是指以纳税人的各种所得额为征税对象的一类税收。它是对纳税人取得收入后，由总收入减去各种成本、费用及其他扣除项目之后的所得进行征收。

3）财产税。财产税是指以纳税人所拥有或支配的财产为征税对象的一类税收。

4）资源税。资源税是指以在我国境内的自然资源和某些社会资源为征税对象的一类税收。资源税在加强资源管理、促进资源合理开发与利用方面发挥着调节作用。

5）行为税。行为税也称特定目的税，是指国家为了实现特定目的，以纳税人的某些特定行为为征税对象的一类税收。

（2）按征收管理的分工体系分类

按征收管理的分工体系分类，税收可分为工商税类和关税类。

1）工商税类。工商税收是指以从事工业、商业和服务业的单位和个人为纳税人的各种税的总称，是我国现行税制的主体部分。工商税收的征收范围较广，涉及社会再生产

的各个环节，也涉及生产、流通、分配、消费的各个领域，是筹集国家财政收入、调节宏观经济最主要的税收工具。工商税收由税务机关负责征收管理。

2）关税类。关税是对进出境的货物、物品征收的税收的总称。关税是中央财政收入的重要来源，也是国家调节进出口贸易的主要手段。关税由海关负责征收管理。

（3）按照税收征收权限和收入支配权限分类

按照税收征收权限和收入支配权限分类，税收可以分为中央税、地方税、中央与地方共享税。

1）中央税。中央税是指由中央政府征收和管理使用或者地方政府征税后全部划解中央的税收。

2）地方税。地方税由地方政府征收、管理和支配使用，属于各级地方政府的财政收入，由地方政府征收管理。

3）中央与地方共享税。即属于中央政府和地方政府的共同收入，按比例分享。

（4）按照计税标准不同进行的分类

按照计税标准不同分类，税收可分为从价税、从量税和复合税。

1）从价税。从价税是以征税对象的价格为标准计算征收的税收。其税额的多少将随着价格的变动而相应增减，充分体现合理负担的税收政策，因而大部分税种均采用这一计税方法。一般实行比例税率和累进税率。

2）从量税。从量税是以征税对象的实物量（如重量、件数、容积、面积等）为标准，一般采用定额税率征收。从量税具有计算简便的优点。

3）复合税。复合税是对征税对象既征收从量税，又征收从价税，即采用从量税和从价税同时征收的一种方法。

我国税收分类方式见表3-2。

表3-2　我国税收分类方式

分类依据	税收类型	代表税种
征税对象	流转税	增值税、消费税和关税等
	所得税	企业所得税、个人所得税、土地增值税等
	财产税	房产税、车船税等
	资源税	资源税、城镇土地使用税等
	行为税	印花税、契税、耕地占用税、车辆购置税、城市维护建设税等
征收管理的分工体系	工商税类	增值税、消费税、资源税、企业所得税、个人所得税、城市维护建设税、房产税、车船税、土地增值税、城镇土地使用税、印花税、车辆购置税等
	关税类	进出口关税、由海关代征的进口环节消费税和船舶吨税等

续表

分类依据	税收类型	代表税种
税收征收权限和收入支配权限	中央税	消费税（含进口环节由海关代征的部分）、关税、车辆购置税、海关代征的进口环节增值税等
	地方税	城镇土地使用税、耕地占用税、土地增值税、房产税、车船税、契税、环境保护税等
	中央与地方共享税	增值税、企业所得税和个人所得税等
计税标准	从价税	增值税、企业所得税和个人所得税等
	从量税	城镇土地使用税以及对啤酒、黄酒、成品油征收的消费税等
	复合税	对卷烟、白酒征收的消费税等

二、税法及其构成要素

1. 税法的概念

税法即税收法律制度，是国家制定的，用以调整国家与纳税人之间在征纳税方面的权利与义务关系的法律规范的总称。它是国家及纳税人依法征税、依法纳税的行为准则。其目的是保障国家利益和纳税人的合法权益，维护正常的税收秩序，保证国家财政收入的取得。税法是调整税收关系法律规范的总称，是国家法律的重要组成部分。

2. 税法的分类

（1）按照税法功能作用的不同，将税法分为税收实体法和税收程序法，见表3–3。

表3–3　税法按照其功能作用分类

按功能作用分类	含义	代表税法
税收实体法	指确定税种立法，具体规定各税种的征收对象、征收范围、税目、税率、纳税地点等	《中华人民共和国企业所得税法》《中华人民共和国个人所得税法》
税收程序法	指税务管理方面的法律，主要包括税收管理法、发票管理法、税务机关组织法、税务争议处理法等	《中华人民共和国税收征收管理法》

（2）按照主权国家行使税收管辖权的不同，税法可分为国内税法、国际税法、外国税法，见表3–4。

（3）按照税法法律效力划分，税法可分为税收法律、税收行政法规、税收规章和税收规范性文件，见表3–5。

表 3-4 税法按照主权国家行使税收管辖权分类

按主权国家行使税收管辖权分类	含义
国内税法	指一国在其税收管辖权范围内，调整国家与纳税人之间权利义务关系的法律规范的总称，是由国家立法机关和经由授权或依法律规定的国家行政机关制定的法律、法规和规范性文件
国际税法	指两个或两个以上的课税权主体对跨国纳税人的跨国所得或财产征税形成的分配关系，并由此形成国与国之间的税收分配形式，主要包括双边或多边国家间的税收协定、条约和国际惯例
外国税法	指国外各个国家制定的税收制度

表 3-5 税法按照其法律效力分类

按税法法律效力分类	制定者	相关说明	代表税法
税收法律	全国人民代表大会及其常务委员会制定	法律地位和法律效力仅次于宪法	《中华人民共和国个人所得税法》《中华人民共和国企业所得税法》《中华人民共和国税收征收管理法》
税收行政法规	国务院根据宪法和法律的授权制定	效力仅次于宪法和法律，主要形式有“条例”或“暂行条例”	《中华人民共和国增值税暂行条例》《中华人民共和国个人所得税法实施条例》
税收规章和税收规范性文件	国务院财税主管部门制定	国务院财税主管部门包括财政部、国家税务总局、海关总署和国务院关税税则委员会等；文件形式包括命令、通知、公告、通告、批复、意见、函等	《中华人民共和国增值税暂行条例实施细则》《增值税专用发票使用规定》

3. 税法的构成要素

税法的构成要素一般包括征税人、纳税义务人、征税对象、税率、纳税环节、纳税期限、纳税地点、减免税和法律责任等要素，如图 3-1 所示。而纳税义务人、征税对象、税率是构成税法的三个最基本的要素。税法构成要素的含义见表 3-6。

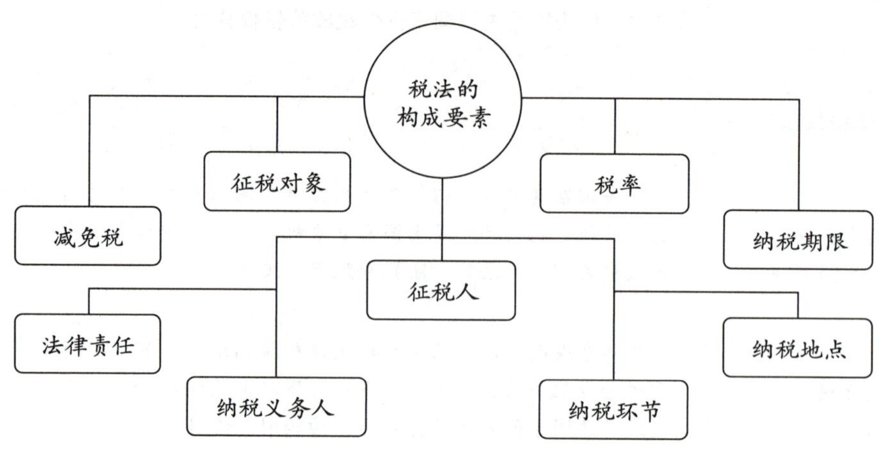

图 3-1　税法构成要素的含义

表 3-6　税法构成要素的含义

构成要素	含义	备注
征税人	指代表国家行使税收征管的各级税务机关和其他征税机关	税种不同，征税人不同。如增值税的征税人是税务机关，关税的征税人是海关
纳税义务人	指税法规定的直接负有纳税义务的单位和个人	纳税义务人是税收制度中区别不同税种的重要标志之一
征税对象	指对什么征税，是税收法律关系中权利义务所指对象	是区别不同税种的重要标志。如对流转额征税、对所得额征税、对财产征税、对资源征税、对特定行为征税等。与其密切相关的是税目和计税依据
税率	指应纳税额与征税对象的比例或征收额度，是计算税额的尺度	税率是税法的核心要素。包括比例税率、定额税率、累进税率
纳税环节	指税法规定的征税对象从生产到消费的流转过程中应当缴纳税款的环节	—
纳税期限	指纳税人发生纳税义务后，应依法缴纳税款的期限	分为按期纳税（1 日、3 日、5 日、10 日、15 日、1 个月、1 个季度）和按次纳税
纳税地点	指纳税人依据税法规定向征税机关申报纳税的具体地点	主要是机构所在地、经济活动发生地、财产所在地、报关地等
减免税	指国家对某些纳税人和征税对象给予鼓励和照顾的一种特殊规定	包括减税和免税、起征点、免征额
法律责任	指对违反国家规定的行为人采取的处罚措施	包括违法行为和因违法行为而应承担的法律责任；违法行为的主体包括纳税主体、征税主体；违法行为的形式包括违法的不作为和违法的作为

小提示

当课税对象小于起征点和免征额时，都不予征税，当课税对象大于起征点和免征额时，起征点制度要对课税对象的全部数额征税，免征额制度仅对课税对象超过免征额部分征税。

【练一练】下列关于税法构成要素的说法中，正确的是（　　）。

A. 税目是区分不同税种的主要标志

B. 税率是衡量税负轻重的重要标志

C. 纳税人就是履行纳税义务的法人

D. 征税对象是税收法律关系中征纳税双方权利义务所指的物品

【解析】答案为B。选项A，征税对象是区分不同类型税种的主要标志，而不是税目；选项C，纳税义务人是指税法规定的直接负有纳税义务的单位和个人；选项D，征税对象是征纳税双方权利义务共同所指的客体或标的物。

第二节　主要税种

一、增值税

1. 增值税的概念与征税人

增值税是以销售货物或者提供加工、修理修配劳务，销售应税服务、无形资产、不动产以及进口货物过程中产生的增值额作为计税依据而征收的一种流转税。

《中华人民共和国增值税暂行条例》于1993年12月公布，2008年11月修订通过，2016年2月、2017年11月先后进行修订。2016年3月24日，财政部、国家税务总局印发《营业税改征增值税试点实施办法》，自2016年5月1日起，在全国范围全面推进“营改增”试点，建筑业、房地产业、金融业、生活服务业等全部营业税纳税人，纳入试点范围，由缴纳营业税改为缴纳增值税。

增值税的征收人是税务机关。

2. 增值税纳税人

税法规定负有缴纳增值税义务的单位和个人为增值税的纳税人。增值税的纳税人按

其经营规模大小以及会计核算是否健全，可以分为小规模纳税人和一般纳税人。

（1）增值税小规模纳税人

增值税小规模纳税人是指年应征增值税销售额（以下简称年应税销售额，指纳税人在连续不超过12个月或4个季度的经营期内累计应征收增值税的销售额）在规定标准以下，并且会计核算不健全，不能按规定报送有关税务资料的纳税人。

根据《关于统一增值税小规模纳税人标准的通知》（财税〔2018〕33号），增值税小规模纳税人的具体认定标准为年应税销售额在500万元及以下。

（2）增值税一般纳税人

增值税一般纳税人是指年应征增值税销售额超过财政部和国家税务总局规定的小规模纳税人标准的纳税人。

（3）增值税的扣缴义务人

中华人民共和国境外的单位或者个人在境内发生应税行为，在境内未设有经营机构的，以购买方为增值税扣缴义务人。财政部和国家税务总局另有规定的除外。

扣缴义务人按照下列公式计算应扣缴税额：

应扣缴税额=购买方支付的价款÷（1+税率）×税率

3. 增值税征税范围的基本规定

增值税的征税范围包括销售（含进口）货物，提供加工及修理修配劳务，销售服务、无形资产以及不动产，如图3-2所示。

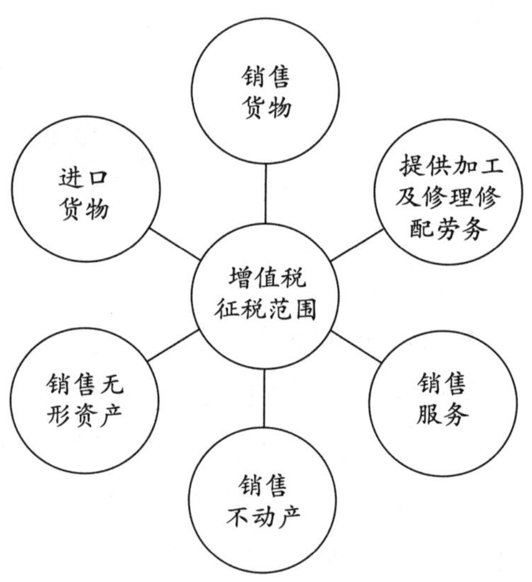

图3-2 增值税的征税范围

（1）销售或者进口货物

销售货物是指在中国境内有偿转让货物的所有权。货物指有形动产，包括电力、热力、气体，不包括无形资产和不动产。进口货物，是指进入中国关境的货物。报关进口的应税货物，均在增值税的征税范围，除征收关税外，还需在进口环节缴纳增值税。

（2）提供加工及修理修配劳务

提供加工及修理修配劳务也称销售应税劳务，是指在中国境内有偿提供加工、修理修配劳务。加工，是指受托加工货物，即由委托方提供原料及主要材料，受托方按照委托方的要求制造货物并收取加工费的业务。修理修配，是指受托方对损伤和丧失功能的货物进行修复，使其恢复原状和功能的业务。单位和个人在中国境内提供或销售上述劳务，即应税劳务的发生地在中国境内，不论受托方从委托方收取的加工费是以货币的形式，还是以货物或其他经济利益的形式，都视作有偿销售行为，应征收增值税。

小提示

单位或个体经营者聘用的员工为本单位或雇主提供加工、修理修配劳务，不属于增值税征税范围。

【练一练】下列各项中，属于增值税征税范围的有（　　）。

A. 电力销售　　B. 汽车维修　　C. 金银首饰加工　　D. 手机修配

【解析】答案为 ABCD。根据增值税法律制度的规定，销售劳务、电力均属于增值税征税范围。

（3）销售服务、无形资产以及不动产

销售服务、无形资产或者不动产（称发生应税行为）是指有偿提供服务、有偿转让无形资产或者不动产，但属于下列经营活动的情形除外：

第一，行政单位收取的同时满足相关条件的政府性基金或者行政事业性收费；

第二，单位或者个体工商户聘用的员工为本单位或者雇主提供取得工资的服务；

第三，单位或者个体工商户为聘用的员工提供服务；

第四，财政部和国家税务总局规定的其他内容。

1）销售服务。销售服务是指提供交通运输服务、邮政服务、电信服务、建筑服务、金融服务、现代服务、生活服务。

①交通运输服务，是指利用运输工具将货物或者旅客送达目的地，使其空间位置得到转移的业务活动。包括陆路运输服务、水路运输服务、航空运输服务和管道运输服务。

②邮政服务，是指中国邮政集团公司及其所属邮政企业提供邮件寄递、邮政汇兑和机要通信等邮政基本服务的业务活动。包括邮政普遍服务、邮政特殊服务和其他邮政服务。

③电信服务，是指利用有线、无线的电磁系统或者光电系统等各种通信网络资源，提供语音通话服务，传送、发射、接收或者应用图像、短信等电子数据和信息的业务活动。包括基础电信服务和增值电信服务。

④建筑服务，是指各类建筑物、构筑物及其附属设施的建造、修缮、装饰，线路、管道、设备、设施等的安装以及其他工程作业的业务活动。包括工程服务、安装服务、修缮服务、装饰服务和其他建筑服务。

⑤金融服务，是指经营金融保险的业务活动。包括贷款服务、直接收费金融服务、

保险服务和金融商品转让。

⑥现代服务，是指围绕制造业、文化产业、现代物流产业等提供技术性、知识性服务的业务活动。包括研发和技术服务、信息技术服务、文化创意服务、物流辅助服务、租赁服务、鉴证咨询服务、广播影视服务、商务辅助服务和其他现代服务。

⑦生活服务，是指为满足城乡居民日常生活需求提供的各类服务活动。包括文化体育服务、教育医疗服务、旅游娱乐服务、餐饮住宿服务、居民日常服务和其他生活服务。

2）销售无形资产。销售无形资产是指转让无形资产所有权或者使用权的业务活动。无形资产，是指不具备实物形态，但能带来经济利益的资产，包括技术、商标、著作权、商誉、自然资源使用权和其他权益性无形资产。

技术包括专利技术和非专利技术。

自然资源使用权包括土地使用权、海域使用权、探矿权、采矿权、取水权和其他自然资源使用权。

其他权益性无形资产包括基础设施资产经营权、公共事业特许权、配额、经营权（包括特许经营权、连锁经营权、其他经营权）、经销权、分销权、代理权、会员权、席位权、网络游戏虚拟道具、域名、名称权、肖像权、冠名权、转会费等。

【练一练】下列无形资产中，属于自然资源使用权的有（　　）。

A. 土地使用权　　B. 海域使用权　　C. 采矿权　　D. 经营权

【解析】答案为 ABC。根据《营业税改征增值税试点实施办法》及相关规定，土地使用权、海域使用权和采矿权属于自然资源使用权。经营权属于其他权益性无形资产。

3）销售不动产。销售不动产是指转让不动产所有权的业务活动。不动产，是指不能移动或者移动后会引起性质、形状改变的财产，包括建筑物、构筑物等。

建筑物包括住宅、商业营业用房、办公楼等可供居住、工作或者进行其他活动的建造物。

构筑物包括道路、桥梁、隧道、水坝等建造物。

转让建筑物有限产权或者永久使用权的，转让在建的建筑物或者构筑物所有权的，以及在转让建筑物或者构筑物时一并转让其所占土地的使用权的，按照销售不动产缴纳增值税。

4. 增值税征税范围的特殊规定

（1）视同销售货物

单位或个体工商户的下列行为，视同销售货物：

1）将货物交付其他单位或者个人代销。

2）销售代销货物。

3）设有两个以上机构并实行统一核算的纳税人，将货物从一个机构移送至其他机构用于销售，但相关机构设在同一县（市）的除外。

4）将自产、委托加工的货物用于非增值税应税项目。

5）将自产、委托加工的货物用于集体福利或个人消费。

6）将自产、委托加工或购进的货物作为投资，提供给其他单位或个体工商户。

7）将自产、委托加工或购进的货物分配给股东或投资者。

8）将自产、委托加工或购进的货物无偿赠送其他单位或个人。

（2）视同销售服务、无形资产或者不动产

1）单位或者个体工商户向其他单位或者个人无偿提供服务，但用于公益事业或者以社会公众为对象的除外。

2）单位或者个人向其他单位或者个人无偿转让无形资产或者不动产，但用于公益事业或者以社会公众为对象的除外。

3）财政部和国家税务总局规定的其他情形。

（3）混合销售

一项销售行为如果既涉及服务又涉及货物，为混合销售。从事货物的生产、批发或者零售的单位和个体工商户的混合销售行为，按照销售货物缴纳增值税；其他单位和个体工商户的混合销售行为，按照销售服务缴纳增值税。

这里所称从事货物的生产、批发或者零售的单位和个体工商户，包括以从事货物的生产、批发或者零售为主，并兼营销售服务的单位和个体工商户。

【练一练】下列各项中，属于增值税混合销售行为的有（　　）。

A. 百货商店在销售商品的同时又提供送货服务

B. 餐饮公司提供餐饮服务的同时又销售烟酒

C. 建材商店在销售木质地板的同时提供安装服务

D. 歌舞厅在提供娱乐服务的同时销售食品

【解析】答案为ABCD。根据增值税法律法规的规定，选项A、选项B、选项C、选项D均属于增值税混合销售行为。

（4）兼营

兼营是指纳税人的经营范围既包括销售货物和应税劳务，又包括销售服务、无形资产或者不动产。与混合销售不同的是，兼营是指销售货物、应税劳务、服务、无形资产或者不动产不同时发生在同一购买者身上，也不发生在同一项销售行为中。

纳税人兼营销售货物、加工修理修配劳务、服务、无形资产或者不动产适用不同税

率或者征收率的，应当分别核算适用不同税率或者征收率的销售额，未分别核算销售额的，按照以下方法适用税率或者征收率：

1）兼有不同税率的销售货物、加工修理修配劳务、服务、无形资产或者不动产，从高适用税率。

2）兼有不同征收率的销售货物、加工修理修配劳务、服务、无形资产或者不动产，从高适用征收率。

3）兼有不同税率和征收率的销售货物、加工修理修配劳务、服务、无形资产或者不动产，从高适用税率。

5. 增值税的税率和征收率

（1）税率

增值税税率有13%、9%和6%三档。增值税一般纳税人销售或者进口货物，提供加工、修理修配劳务及发生应税行为，除适用低税率外，税率均为13%，具体税率和适用范围见表3-7。

表3-7 一般纳税人增值税税率及其适用范围

税率类型	适用税率	适用范围
基本税率	13%	销售或者进口货物（适用9%低税率的除外）、提供加工修理修配劳务、提供有形动产租赁服务
低税率	9%	①销售或进口下列货物： a. 粮食等农产品、食用植物油、食用盐； b. 自来水、暖气、冷气、热水、煤气、石油液化气、天然气、二甲醚、沼气、居民用煤炭制品； c. 图书、报纸、杂志、音像制品、电子出版物； d. 饲料、化肥、农药、农机、农膜； e. 国务院规定的其他货物 ②提供交通运输服务、邮政服务、基础电信服务、建筑服务、不动产租赁服务，销售不动产，转让土地使用权
	6%	提供增值电信服务、金融服务、现代服务（有形动产租赁服务和不动产租赁服务除外）、生活服务，销售除土地使用权以外的无形资产

小提示

自2019年4月1日起，一般纳税人发生增值税应税销售行为或者进口货物，原适用16%税率的，税率调整为13%；原适用10%税率的，税率调整为9%。

（2）零税率

1）纳税人出口货物，税率为零，但是国务院另有规定的除外。

2）境内单位和个人跨境销售国务院规定范围内的服务或者无形资产，税率为零。

（3）征收率

1）小规模纳税人适用的征收率。小规模纳税人采用简易办法征收增值税，征收率为3%（销售自己使用过的固定资产除外）。

2）一般纳税人适用的征收率。一般纳税人销售下列货物，可选择按简易办法依3%征收率征收增值税：

①寄售商店代销寄售物品。

②典当业销售死当物品。

③经国务院或国务院授权机关批准的免税商店零售的免税品。

6. 增值税一般纳税人应纳税额的计算

一般纳税人凭增值税专用发票及其他合法扣税凭证注明的税款进行抵扣，其应纳增值税的计算公式为：

应纳税额＝当期销项税额－当期准予抵扣的进项税额

＝当期销售额×适用税率－当期准予抵扣的进项税额

小提示

当期销项税额小于进项税额时，其不足抵扣的部分可以结转到下期继续抵扣。

（1）销售额

销售额包括纳税人向购买方收取的全部价款和价外费用。价外费用是指价外收取的相关收费，如违约金、包装费、运输装卸费等。纳税人采用销售额和销项税额合并定价的，按下列公式计算销售额：

不含税销售额＝含税销售额÷（1+增值税税率）

（2）销项税额

销项税额＝不含税销售额×适用税率

【练一练】利华玩具厂为增值税一般纳税人，其3月销售玩具一批，不含增值税的价格为30 000元，适用的增值税税率为13%。计算其增值税销项税额。

【解析】增值税销项税额＝30 000×13%＝3 900（元）

【练一练】东升公司为增值税一般纳税人，本年4月将自产的一批新产品5 000件作为福利发给公司员工。目前，市场上还没有与该类新产品类似的同类产品，因此，也没有同类产品的销售价格。已知每台新产品成本为800元，成本利润率为12%。计算该批新产品的增值税销售额及增值税销项税额。

【解析】增值税销售额＝成本×（1+成本利润率）＝5 000×800×（1+12%）＝4 480 000（元）

增值税销项税额＝4 480 000×13%＝582 400（元）

（3）进项税额

进项税额指纳税人购进货物、劳务、服务、无形资产或者不动产，支付或者负担的增值税税额。

1）准予抵扣的进项税额

①从销售方取得的增值税专用发票（含税控机动车销售统一发票）上注明的增值税税额。

②从海关取得的海关进口增值税专用缴款书上注明的增值税税额。

③购进农产品，取得一般纳税人开具的增值税专用发票或海关进口增值税专用缴款书的，以增值税专用发票或海关进口增值税专用缴款书上注明的增值税税额为进项税额；从按照简易计税方法依照3%的征收率计算缴纳增值税的小规模纳税人处取得增值税专用发票的，以增值税专用发票上注明的金额和9%的扣除率计算进项税额；取得（开具）农产品销售发票或收购发票的，以农产品销售发票或收购发票上注明的农产品买价和9%的扣除率计算进项税额；纳税人购进用于生产销售或委托加工13%税率货物的农产品，按照10%的扣除率计算进项税额。计算公式为：

进项税额＝买价×扣除率

④从境外单位或者个人购进服务、无形资产或者境内的不动产，自税务机关或者扣缴义务人取得的解缴税款的完税凭证上注明的增值税额。

【练一练】东升公司为增值税一般纳税人，2020年5月购进国内旅客运输服务，取得的下列票据中，可以作为进项税额抵扣依据的有（　　）。

A. 增值税电子普通发票

B. 注明员工身份信息的航空运输电子客票行程单

C. 注明员工身份信息的铁路车票

D. 注明员工身份信息的公路、水路客票

【解析】答案为ABCD。为推进增值税实质性减税，自2019年4月1日起，增值税一般纳税人购进国内旅客运输服务，取得增值税专用发票、电子普通发票，以及注明旅客身份信息的航空运输电子客票行程单、铁路车票和公路、水路等其他客票，均可以作为进项税额的抵扣依据。

2）不得抵扣的进项税额

①用于简易计税方法计税项目、免征增值税项目、集体福利或者个人消费的购进货物、加工修理修配劳务、服务、无形资产和不动产。

②非正常损失的购进货物，以及相关的加工修理修配劳务和交通运输服务。

③非正常损失的在产品、产成品所耗用的购进货物（不包括固定资产）、加工修理修配劳务和交通运输服务。

④非正常损失的不动产，以及该不动产所耗用的购进货物、设计服务和建筑服务。

⑤非正常损失的不动产在建工程所耗用的购进货物、设计服务和建筑服务。纳税人新建、改建、扩建、修缮、装饰不动产，均属于不动产在建工程。

⑥购进的贷款服务、餐饮服务、居民日常服务和娱乐服务。

⑦财政部和国家税务总局规定的其他情形。

【练一练】下列各项中，不得从销项税额中抵扣进项税额的是（　　）。

A. 购进生产用燃料所支付的增值税款

B. 不合格产品耗用材料所支付的增值税款

C. 购进不动产耗用装修材料所支付的增值税款

D. 因管理不善被盗材料所支付的增值税款

【解析】答案为D。根据增值税法律法规的规定，因管理不善造成被盗、丢失、霉烂变质的损失以及被执法部门依法没收或者强令自行销毁的货物的增值税款不允许从销项税额中抵扣。

7. 增值税小规模纳税人应纳税额的计算

小规模纳税人发生应税销售行为，实行按照销售额和征收率计算应纳税额的简易计税办法，并不得抵扣进项税额。应纳税额计算公式如下：

$$应纳税额=销售额\times征收率$$

小规模纳税人增值税征收率为3%，国务院另有规定的除外。小规模纳税人的销售额

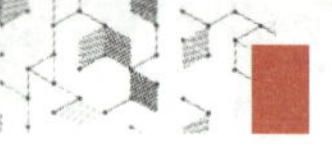

不包括其应纳税额。

小规模纳税人销售货物或者提供应税劳务采用销售额和应纳税额合并定价方法的，按下列公式计算不含税销售额：

不含税销售额=含税销售额÷（1+征收率）

【练一练】弛阳咨询公司为增值税小规模纳税人，专门从事商业咨询服务。2019年6月发生以下业务：

（1）8日，向某一般纳税人企业提供资讯信息服务，取得含增值税销售额4.06万元；

（2）14日，向某小规模纳税人提供注册信息服务，取得含增值税销售额2.12万元；

（3）27日，购进办公用品，支付价款2.56万元，并取得增值税普通发票。

已知增值税征收率为3%。计算该企业当月应纳增值税额。

【解析】根据《营业税改征增值税试点实施办法》及相关规定，小规模纳税人提供应税服务，采用简易办法征税，销售额中含有增值税款的，应换算为不含税销售额计算应纳税额，购进货物支付的增值税款不允许抵扣。

销售额=（4.06+2.12）÷（1+3%）=6（万元）

应纳增值税税额=6×3%=0.18（万元）

8. 增值税的征收管理

（1）纳税义务的发生时间（见表3-8）

表3-8　增值税纳税义务的发生时间

纳税人应税行为	纳税义务发生时间
发生应税销售行为，并开具增值税发票	开具发票的当天
直接收款方式销售货物	不论货物是否发出，均为收到销售款或者取得索取销售款凭证的当天；先开具发票的，为开具发票的当天
托收承付和委托银行收款方式销售货物	发出货物并办妥托收手续的当天
采取赊销和分期收款方式销售货物	为书面合同约定的收款日期的当天，无书面合同或者书面合同没有约定收款日期的，为货物发出的当天
采取预收货款方式销售货物	为货物发出的当天。但销售生产工期超过12个月的大型机械设备、船舶、飞机等货物，为收到预收款或者书面合同约定的收款日期的当天

续表

纳税人应税行为	纳税义务发生时间
提供有形动产租赁服务采取预收款方式的	为收到预收款的当天
委托其他纳税人代销货物	为收到代销单位的代销清单或者收到全部或者部分货款的当天。未收到代销清单及货款的，为发出代销货物满 180 天的当天
销售应税劳务	为提供劳务同时收讫销售款或者取得索取销售款凭据的当天
发生视同销售货物行为	为货物移送的当天
发生视同提供应税服务行为	为应税服务完成的当天
进口货物	为报关进口的当天
增值税扣缴义务	纳税人增值税纳税义务发生的当天

（2）纳税期限

增值税的纳税期限分别为 1 日、3 日、5 日、10 日、15 日、1 个月或者 1 个季度。纳税人的具体纳税期限，由主管税务机关根据纳税人应纳税额的大小分别核定。以 1 个季度为纳税期限的规定适用于小规模纳税人以及财政部和国家税务总局规定的其他纳税人。不能按照固定期限纳税的，可以按次纳税。

纳税人以 1 个月或者 1 个季度为 1 个纳税期的，自纳税期满之日起 15 日内申报纳税；以 1 日、3 日、5 日、10 日或者 15 日为 1 个纳税期的，自期满之日起 5 日内预缴税款，于次月 1 日起 15 日内申报纳税并结清上月应纳税款。纳税人进口货物，应当自海关填发税款缴纳书之日起 15 日内缴纳税款。

（3）纳税地点

固定业户应当向其机构所在地的主管税务机关申报纳税。固定业户到外县（市）销售货物或者应税劳务，应当向其机构所在地主管税务机关申请开具“外出经营活动税收管理证明”，并向其机构所在地主管税务机关申报纳税。未开具该证明的，应当向销售地或者劳务发生地的主管税务机关申报纳税。

非固定业户销售货物或者应税劳务，应当向销售地或者劳务发生地的主管税务机关申报纳税。进口货物应当向报关地海关申报纳税。扣缴义务人应当向其机构所在地或者居住地主管税务机关申报缴纳扣缴的税款。

【练一练】下列关于增值税纳税义务发生时间的表述中，正确的是（　　）。

A. 纳税人发生视同销售货物行为，为货物移送的当天

B. 采取托收承付方式销售货物，为发出货物的当天

C. 纳税人进口货物，为从海关提货的当天

D. 销售劳务，为提供劳务同时收讫销售款或者取得索取销售款凭据的当天

【解析】答案为AD。根据增值税法律法规的规定，纳税人进口货物，纳税义务发生时间为报关进口的当天。采取托收承付方式销售货物，纳税义务发生时间为发出货物并办妥托收手续的当天。

【练一练】润耀房地产企业采取预收款方式销售不动产，其纳税义务发生时间为收到预收款的当天。该说法正确吗？

【解析】不正确。根据《营业税改征增值税试点实施办法》以及相关规定，纳税人提供有形动产租赁服务采取预收款方式的，其纳税义务发生时间为收到预收款的当天，不包括提供建筑服务和销售不动产。

二、消费税

1. 消费税的概念

消费税是对在我国境内从事生产、委托加工和进口应税消费品的单位和个人征收的一种流转税，是对特定的消费品和消费行为在特定的环节征收的一种流转税。

2. 消费税的征税范围

（1）生产应税消费品

生产应税消费品在生产销售环节征税。纳税人用生产的应税消费品换取生产资料、消费资料、投资入股、偿还债务，以及用于继续生产应税消费品以外的其他方面都应缴纳消费税。

（2）委托加工应税消费品

委托加工应税消费品是指委托方提供原料和主要材料，受托方只收取加工费和代垫部分辅助材料加工的应税消费品。委托加工的应税消费品，除受托方为个人外，由受托方在向委托方交货时代收代缴税款。委托方用于连续生产应税消费品的，所纳税款准予按规定抵扣；直接出售的，不再缴纳消费税。

以下情况不属于委托加工应税消费品：

1）由受托方提供原材料生产的应税消费品；

2）受托方先将原材料卖给委托方，再接受加工的应税消费品；

3）由受托方以委托方名义购进原材料生产的应税消费品。

（3）进口应税消费品

单位和个人进口应税消费品，于报关进口时缴纳消费税。为了减少征税成本，进口环节缴纳的消费税由海关代征。

（4）零售应税消费品

1）商业零售金银首饰。自1995年1月1日起，金银首饰消费税由原来的生产销售环节征收改为零售环节征收。在零售环节征收消费税的金银首饰仅限于金基、银基合金首饰以及金、银和金基、银基合金的镶嵌首饰。自2002年1月1日起，对钻石及钻石饰品消费税的纳税环节由生产环节、进口环节后移至零售环节。自2003年5月1日起，铂金首饰消费税改为零售环节征税。

下列业务视同零售业，在零售环节缴纳消费税：

①为经营单位以外的单位和个人加工金银首饰。加工包括带料加工、翻新改制、以旧换新等业务，但不包括修理和清洗。

②经营单位将金银首饰用于馈赠、赞助、集资、广告样品、职工福利、奖励等方面。

③未经中国人民银行总行批准，经营金银首饰批发业务的单位将金银首饰销售给经营单位。

2）零售超豪华小汽车。自2016年12月1日起，对超豪华小汽车，在生产（进口）环节按现行税率征收消费税的基础上，在零售环节加征消费税，将超豪华小汽车销售给消费者的单位和个人为超豪华小汽车零售环节纳税人。

（5）批发销售卷烟

自2015年5月10日起，将卷烟批发环节从价税税率由5%提高至11%，并按0.005元/支加征从量税。烟草批发企业将卷烟销售给其他烟草批发企业的，不缴纳消费税。卷烟消费税改为在生产和批发两个环节征收后，批发企业在计算应纳税额时不得扣除已含的生产环节的消费税税款。纳税人兼营卷烟批发和零售业务的，应当分别核算批发和零售环节的销售额、销售数量；未分别核算批发和零售环节销售额、销售数量的，按照全部销售额、销售数量计征批发环节消费税。

【练一练】下列关于消费税征收范围的表述中，正确的有（　　）。

A. 纳税人自产自用的应税消费品，用于连续生产应税消费品的，不缴纳消费税

B. 委托加工的应税消费品，受托方在交货时已代收代缴消费税，委托方收回后直接销售的，再缴纳一次消费税

C. 纳税人将自产自用的应税消费品用于馈赠、赞助的，缴纳消费税

D. 卷烟在生产和批发两个环节均征收消费税

【解析】答案为ACD。根据消费税法律法规的规定，委托加工的应税消费品，除受托方为个人外，由受托方在交货时已代收代缴消费税，委托方收回后直接销售的，不再缴纳消费税。

3. 消费税纳税人

消费税纳税人是指在中华人民共和国境内（起运地或者所在地在境内）生产、委托加工和进口《消费税暂行条例》规定的消费品的单位和个人，以及国务院确定的销售《消费税暂行条例》规定的消费品的其他单位和个人。

4. 消费税的税目与税率

消费税的税率包括从价定率、从量定额和从价定率与从量定额相结合的复合计税三种形式。不同的税目或子目，应税消费品的税率不同。具体税目与税率见表 3-9。

表 3-9　消费税的税目与税率

税目	税率
一、烟	
1. 卷烟	
(1) 甲类卷烟（生产环节）	56%加 0.003 元/支
(2) 乙类卷烟（生产环节）	36%加 0.003 元/支
(3) 甲类卷烟和乙类卷烟（批发环节）	11%加 0.005 元/支
2. 雪茄烟（生产环节）	36%
3. 烟丝（生产环节）	30%
二、酒	
1. 白酒（含粮食白酒和薯类白酒）	20%加 0.5 元/500 克(或者 500 毫升)
2. 黄酒	240 元/吨
3. 啤酒	
(1) 甲类啤酒	250 元/吨
(2) 乙类啤酒	220 元/吨
4. 其他酒	10%
三、高档化妆品	15%
四、贵重首饰及珠宝玉石	
1. 金银首饰、铂金首饰和钻石及钻石饰品（零售环节）	5%
2. 其他贵重首饰和珠宝玉石	10%
五、鞭炮、焰火	15%
六、成品油	
1. 汽油	1.52 元/升
2. 柴油	1.20 元/升
3. 航空煤油（暂缓征收）	1.20 元/升
4. 石脑油	1.52 元/升
5. 溶剂油	1.52 元/升
6. 润滑油	1.52 元/升
7. 燃料油	1.20 元/升

续表

税目	税率
七、摩托车 1. 气缸容量为250毫升的 2. 气缸容量为250毫升以上的	 3% 10%
八、小汽车 1. 乘用车（生产、进口环节） (1) 气缸容量在1.0升（含1.0升）以下的 (2) 气缸容量在1.0升以上至1.5升（含1.5升）的 (3) 气缸容量在1.5升以上至2.0升（含2.0升）的 (4) 气缸容量在2.0升以上至2.5升（含2.5升）的 (5) 气缸容量在2.5升以上至3.0升（含3.0升）的 (6) 气缸容量在3.0升以上至4.0升（含4.0升）的 (7) 气缸容量在4.0升以上的 2. 中轻型商用客车（生产、进口环节） 3. 超豪华小汽车（零售环节）	 1% 3% 5% 9% 12% 25% 40% 5% 10%（生产环节同乘用车和中轻型商用客车）
九、高尔夫球及球具	10%
十、高档手表	20%
十一、游艇	10%
十二、木制一次性筷子	5%
十三、实木地板	5%
十四、电池	4%
十五、涂料	4%

5. 消费税应纳税额的计算

（1）销售额与销售数量的确定

1）从价定率征收。即根据不同的应税消费品确定不同的比例税率。应纳税额计算公式为：

$$应纳税额=应税消费品的销售额\times比例税率$$

销售额为纳税人销售应税消费品向购买方收取的全部价款和价外费用。价外费用是指价外向购买方收取的手续费、补贴、基金、集资费、返还利润、奖励费、违约金、滞纳金、延期付款利息、赔偿金、代收款项、代垫款项、包装费、包装物租金、储备费、

运输装卸费以及其他各种性质的价外收费。

但下列项目不包括在价外费用内：

①同时符合以下条件的代垫运输费用：承运部门的运输费用发票开具给购买方的；纳税人将该项发票转交给购买方的。

②符合相关条件代为收取的政府性基金或者行政事业性收费。

2）从量定额征收。即根据不同的应税消费品确定不同的定额税率。应纳税额计算公式为：

应纳税额=应税消费品的销售数量×定额税率

销售数量是指纳税人生产、委托加工或进口应税消费品的数量。具体规定为：

①销售应税消费品的，为应税消费品的销售数量。

②自产自用应税消费品的，为应税消费品的移送使用数量。

③委托加工应税消费品的，为纳税人收回的应税消费品数量。

④进口应税消费品的，为海关核定的应税消费品进口征税数量。

目前，采用从量定额征收消费税的主要有啤酒、黄酒和成品油。为了规范不同产品的计量单位，准确计算应纳税额，《消费税暂行条例实施细则》规定了吨与升两个计量单位的换算标准，具体标准见表3-10。

表3-10 计量单位换算标准

序号	应税消费品	计量单位换算
1	黄酒	1吨=962升
2	啤酒	1吨=988升
3	汽油	1吨=1 388升
4	柴油	1吨=1 176升
5	航空煤油	1吨=1 246升
6	石脑油	1吨=1 385升
7	溶剂油	1吨=1 282升
8	润滑油	1吨=1 126升
9	燃料油	1吨=1 015升

3）从价定率和从量定额复合征收。即以从价定率和从量定额计算的应纳税额之和为该应税消费品的应纳税额。目前我国消费税采用复合征收的只有卷烟和白酒，其公式为：

应纳税额=销售额×比例税率+销售数量×定额税额

4）特殊情形下销售额和销售数量的确定

①纳税人应税消费品的计税价格明显偏低并无正当理由的，由主管税务机关核定其计税价格。其核定权限规定如下：

a. 卷烟、白酒和小汽车的计税价格由国家税务总局核定，送财政部备案。

b. 其他应税消费品的计税价格由省、自治区和直辖市国家税务局核定。

c. 进口的应税消费品的计税价格由海关核定。

②纳税人通过自设非独立核算门市部销售的自产应税消费品，应当按照门市部对外销售额或者销售数量征收消费税。

③纳税人用于换取生产资料和消费资料、投资入股和抵偿债务等方面的应税消费品，应当以纳税人同类应税消费品的最高销售价格作为计税依据计算消费税。

④白酒生产企业向商业销售单位收取的“品牌使用费”是随着应税白酒的销售而向购货方收取的，属于应税白酒销售价款的组成部分。

⑤实行从价计征办法征收消费税的应税消费品连同包装销售的，无论包装物是否单独计价以及在会计上如何核算，均应并入应税消费品的销售额中缴纳消费税。

⑥纳税人采用以旧换新（含翻新改制）方式销售的金银首饰，应按实际收取的不含增值税的全部价款确定计税依据征收消费税。

⑦纳税人销售的应税消费品，以人民币以外的货币结算销售额的，其销售额的人民币折合率可以选择销售额发生的当天或者当月1日的人民币汇率中间价。纳税人应事先确定采取何种折合率，且确定后1年内不得变更。

【练一练】下列关于应税消费品销售额的表述中，不正确的是（　　）。

A. 随同从价计征应税消费品出售的包装物，无论是否单独计价，均应并入销售额

B. 纳税人自产自用应税消费品，按照纳税人生产的同类消费品的销售价格确定销售额

C. 应税消费品销售额包括向购买方收取的增值税税款

D. 对因逾期未收回的包装物不再退还的或者已收取的时间超过12个月的押金，应并入应税消费品的销售额

【解析】答案为C。根据消费税法律法规的规定，应税消费品销售额不包括向购买方收取的增值税税款。

（2）应纳税额的计算

1）生产销售应纳消费税的计算

实行从价定率计征消费税的，其计算公式为：

$$应纳税额=销售额\times比例税率$$

实行从量定额计征消费税的，其计算公式为：

$$应纳税额=销售数量\times定额税率$$

实行从价定率和从量定额复合方法计征消费税的，其计算公式为：

应纳税额=销售额×比例税率+销售数量×定额税率

【练一练】邦远木地板厂为增值税一般纳税人。2020年6月5日该厂向某建材商场销售实木地板一批，取得含增值税销售额293.8万元。已知实木地板适用的增值税税率为13%，消费税税率为5%。计算该厂当月应纳消费税税额。

【解析】根据消费税法律法规的规定，从价计征消费税的销售额中不包括向购货方收取的增值税税款。所以，在计算消费税时，应将增值税款从计税依据中剔除。计算过程如下：

（1）不含增值税销售额=293.8÷（1+13%）=260（万元）

（2）应纳消费税税额=260×5%=13（万元）

【练一练】一胜石化公司2020年7月销售汽油2 000吨，柴油800吨，另向本公司工程车辆提供汽油16吨。已知汽油1吨=1 388升，柴油1吨=1 176升；汽油的定额税率为1.52元/升，柴油的定额税率为1.20元/升。计算该公司当月消费税应纳税额。

【解析】根据消费税法律法规的规定，应税消费品用于在建工程应当征收消费税。所以，该公司在建工程车辆使用汽油也应计算缴纳消费税。

（1）销售汽油应纳税额=2 000×1 388×1.52÷10 000=421.952（万元）

（2）销售柴油应纳税额=800×1 176×1.20÷10 000=112.896（万元）

（3）在建工程车辆使用汽油应纳税额=16×1 388×1.52÷10 000=3.375 6（万元）

（4）应纳消费税税额=421.952+112.896+3.375 6=538.223 6（万元）

【练一练】某卷烟生产企业为增值税一般纳税人，2020年8月销售乙类卷烟1 500标准条，取得含增值税销售额90 400元。已知乙类卷烟消费税比例税率为36%，定额税率为0.003元/支，每标准条有200支；增值税税率为13%。计算该企业当月消费税应纳税额。

【解析】根据消费税法律法规的规定，卷烟实行从价定率和从量定额复合方法计征消费税。计算过程如下：

（1）不含增值税销售额=90 400÷（1+13%）=80 000（元）

（2）从价定率应纳税额=80 000×36%=28 800（元）

（3）从量定额应纳税额=1 500×200×0.003=900（元）

（4）应纳消费税税额=28 800+900=29 700（元）

【练一练】某白酒生产企业为增值税一般纳税人，2020年9月销售粮食白酒40吨，取得不含增值税销售额230万元；薯类白酒60吨，取得不含增值税销售额200万元。已知白酒消费税比例税率为20%，定额税率为0.5元/500克。计算该企业当月消费税应纳税额。

【解析】根据消费税法律法规的规定，白酒实行从价定率和从量定额复合方法计征消费税。计算过程如下：

（1）从价定率应纳税额=（230+200）×20%=86（万元）

（2）从量定额应纳税额=（40+60）×1 000×1 000÷500×0.5÷10 000=10（万元）

（3）应纳消费税税额=86+10=96（万元）

2）自产自用应纳消费税的计算

纳税人自产自用的应税消费品，用于连续生产应税消费品的，不纳税；凡用于其他方面的，于移送使用时，按照纳税人生产的同类消费品的销售价格计算纳税；没有同类消费品销售价格的，按照组成计税价格计算纳税。

实行从价定率计征消费税的，其计算公式为：

组成计税价格=（成本+利润）÷（1-比例税率）

应纳税额=组成计税价格×比例税率

实行复合计税计征消费税的，其计算公式为：

组成计税价格=（成本+利润+自产自用数量×定额税率）÷（1-比例税率）

应纳税额=组成计税价格×比例税率+自产自用数量×定额税率

上述公式中所说的“成本”，是指应税消费品的生产成本。

上述公式中所说的“利润”，是指根据应税消费品的全国平均成本利润率计算的利润。应税消费品全国平均成本利润率由国家税务总局确定，具体标准见表3-11。

表3-11 应税消费品全国平均成本利润率

货物名称	利润率	货物名称	利润率
1. 甲类卷烟	10%	7. 其他酒	5%
2. 乙类卷烟	5%	8. 高档化妆品	5%
3. 雪茄烟	5%	9. 鞭炮、焰火	5%
4. 烟丝	5%	10. 贵重首饰及珠宝玉石	6%
5. 粮食白酒	10%	11. 摩托车	6%
6. 薯类白酒	5%	12. 高尔夫球及球具	10%

续表

货物名称	利润率	货物名称	利润率
13. 高档手表	20%	17. 乘用车	8%
14. 游艇	10%	18. 中轻型商用客车	5%
15. 木制一次性筷子	5%	19. 电池	4%
16. 实木地板	5%	20. 涂料	7%

同类消费品的销售价格是指纳税人或者代收代缴义务人当月销售的同类消费品的销售价格，如果当月同类消费品各期销售价格高低不同，应按销售数量加权平均计算。但销售的应税消费品有下列情况之一的，不得列入加权平均计算：

①销售价格明显偏低又无正当理由的；

②无销售价格的。

如果当月无销售或者当月未完结，应按照同类消费品上月或者最近月份的销售价格计算纳税。

【练一练】某白酒厂2020年1月将新研制的薯类白酒2吨作为过节福利发放给员工，该薯类白酒无同类产品市场销售价格。已知该批薯类白酒生产成本为30 000元，成本利润率为5%；白酒消费税比例税率为20%，定额税率为0.5元/500克。计算该批薯类白酒消费税应纳税额。

【解析】根据消费税法律法规的规定，纳税人自产自用的应税消费品，用于企业员工福利的，应按照同类消费品的销售价格计算缴纳消费税；没有同类消费品销售价格的，按照组成计税价格计算纳税。计算过程如下：

（1）组成计税价格=［30 000×（1+5%）+（2×1 000×1 000÷500×0.5）］÷（1-20%）=41 875（元）

（2）应纳消费税税额=41 875×20%+2×1 000×1 000÷500×0.5=10 375（元）

3）委托加工应纳消费税的计算

委托加工的应税消费品，按照受托方同类消费品的销售价格计算纳税，没有同类消费品销售价格的，按照组成计税价格计算纳税。

实行从价定率计征消费税的，其计算公式为：

组成计税价格=（材料成本+加工费）÷（1-比例税率）

应纳税额=组成计税价格×比例税率

实行复合计税计征消费税的，其计算公式为：

组成计税价格 =（材料成本 + 加工费 + 委托加工数量 × 定额税率）÷（1 - 比例税率）

应纳税额 = 组成计税价格 × 比例税率 + 委托加工数量 × 定额税率

其中“材料成本”，是指委托方所提供加工材料的实际成本。委托加工应税消费品的纳税人，必须在委托加工合同上如实注明（或以其他方式提供）材料成本，凡未提供材料成本的，受托方所在地主管税务机关有权核定其材料成本。

“加工费”，是指受托方加工应税消费品向委托方所收取的全部费用（包括代垫辅助材料的实际成本），但不包括随加工费收取的增值税销项税额。

【练一练】某化妆品企业 2020 年 9 月受托为某商场加工一批高档化妆品，收取不含增值税的加工费 19 万元，商场提供的原材料金额为 83 万元。已知该化妆品企业无同类产品销售价格，消费税税率为 15%。计算该化妆品企业应代收代缴消费税。

【解析】根据消费税法律法规的规定，委托加工的应税消费品，应按照受托方同类消费品的销售价格计算缴纳消费税，没有同类消费品销售价格的，按照组成计税价格计算纳税。计算过程如下：

（1）组成计税价格 =（19+83）÷（1-15%）= 120（万元）

（2）应代收代缴消费税 = 120×15% = 18（万元）

4）进口环节应纳消费税的计算

纳税人进口应税消费品，按照组成计税价格和规定的税率计算应纳税额。

实行从价定率办法计征消费税的，其计算公式为：

组成计税价格 =（关税完税价格 + 关税）÷（1 - 消费税比例税率）

应纳税额 = 组成计税价格 × 比例税率

公式中所称“关税完税价格”，是指海关核定的关税计税价格。

实行复合计税计征消费税的，其计算公式为：

组成计税价格 =（关税完税价格 + 关税 + 进口数量 × 定额税率）÷（1 - 消费税比例税率）

应纳税额 = 组成计税价格 × 消费税比例税率 + 进口数量 × 定额税率

进口环节消费税除国务院另有规定外，一律不得给予减税、免税。

【练一练】某汽车贸易公司 2020 年 10 月从国外进口小汽车 60 辆，海关核定的每辆小汽车关税完税价格为 23 万元，已知小汽车关税税率为 20%，消费税税率为 25%。计算该公司进口小汽车消费税应纳税额。

【解析】根据消费税法律法规的规定，纳税人进口应税消费品，按照组成计税价格和规定的税率计算应纳税额。计算过程如下：

（1）应纳关税税额＝60×23×20%＝276（万元）

（2）组成计税价格＝（60×23+276）÷（1−25%）＝2 208（万元）

（3）应纳消费税税额＝2 208×25%＝552（万元）

【练一练】某烟草公司2020年10月进口甲类卷烟200标准箱，海关核定每箱卷烟关税完税价格为4万元。已知卷烟关税税率为25%，消费税比例税率为56%，定额税率为0.003元/支；每标准箱有250条，每条200支。计算该公司进口卷烟应纳消费税税额（单位：万元，计算结果保留四位小数）。

【解析】根据消费税法律法规的规定，纳税人进口应税消费品，按照组成计税价格和规定的税率计征消费税，进口卷烟实行复合计税方法计算应纳税额。计算过程如下：

（1）应纳关税税额＝200×4×25%＝200（万元）

（2）组成计税价格＝（200×4+200+200×250×200×0.003÷10 000）÷（1−56%）
＝2 279.545 5（万元）

（3）应纳消费税税额＝2 279.545 5×56%+200×250×200×0.003÷10 000
＝1 276.545 5+3＝1 279.545 5（万元）

（3）已纳消费税的扣除

为了避免重复征税，消费税法律法规规定，将外购应税消费品和委托加工收回的应税消费品继续生产应税消费品销售的，可以将外购应税消费品和委托加工收回应税消费品已缴纳的消费税给予扣除。

1）外购应税消费品已纳税款的扣除

由于某些应税消费品是用外购已缴纳消费税的应税消费品连续生产出来的，在对这些连续生产出来的应税消费品计算征税时，应按当期生产领用数量计算准予扣除外购的应税消费品已纳的消费税税款。扣除范围包括：

外购已税烟丝生产的卷烟，外购已税化妆品为原料生产的化妆品，外购已税珠宝玉石为原料生产的贵重首饰及珠宝玉石，外购已税鞭炮、焰火为原料生产的鞭炮、焰火，外购已税杆头、杆身和握把为原料生产的高尔夫球杆，外购已税木制一次性筷子为原料生产的木制一次性筷子，外购已税实木地板为原料生产的实木地板，外购已税汽油、柴油、石脑油、燃料油、润滑油为原料连续生产的应税成品油。

上述当期准予扣除外购应税消费品已纳消费税税款的计算公式为：

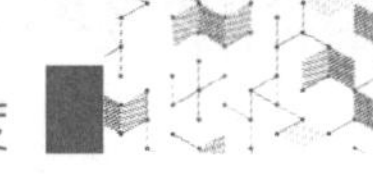

当期准予扣除的外购应税消费品已纳税款=当期准予扣除的外购应税消费品买价×外购应税消费品适用税率

当期准予扣除的外购应税消费品买价=期初库存的外购应税消费品的买价+当期购进的应税消费品的买价-期末库存的外购应税消费品的买价

外购应税消费品的买价是指购货发票上注明的销售额（不包括增值税税款）。

纳税人用外购的已税珠宝玉石原料生产的改在零售环节征收消费税的金银首饰（镶嵌首饰），在计税时一律不得扣除外购珠宝玉石的已纳税款。

对自己不生产应税消费品，而只是购进后再销售应税消费品的工业企业，其销售的高档化妆品、鞭炮、焰火和珠宝玉石，凡不能构成最终消费品直接进入消费品市场，而需进一步生产加工的，应当征收消费税，同时允许扣除上述外购应税消费品的已纳税款。

允许扣除已纳税款的应税消费品只限于从工业企业购进的应税消费品和进口环节已缴纳消费税的应税消费品，对从境内商业企业购进应税消费品的已纳税款一律不得扣除。

2）委托加工收回的应税消费品已纳税款的扣除

委托加工的应税消费品因为已由受托方代收代缴消费税，因此，委托方收回货物后用于连续生产应税消费品的，其已纳税款准予按照规定从连续生产的应税消费品应纳消费税税额中抵扣。下列连续生产的应税消费品准予从应纳消费税税额中按当期生产领用数量计算扣除委托加工收回的应税消费品已纳消费税税款：

以委托加工收回的已税烟丝为原料生产的卷烟，以委托加工收回的已税化妆品为原料生产的化妆品，以委托加工收回的已税珠宝玉石为原料生产的贵重首饰及珠宝玉石，以委托加工收回的已税鞭炮、焰火为原料生产的鞭炮、焰火，以委托加工收回的已税杆头、杆身和握把为原料生产的高尔夫球杆，以委托加工收回的已税木制一次性筷子为原料生产的木制一次性筷子，以委托加工收回的已税实木地板为原料生产的实木地板，以委托加工收回的已税汽油、柴油、石脑油、燃料油、润滑油为原料连续生产的应税成品油。

上述当期准予扣除委托加工收回的应税消费品已纳消费税税款的计算公式为：

当期准予扣除的委托加工应税消费品已纳税款=期初库存的委托加工应税消费品已纳税款+当期收回的委托加工应税消费品已纳税款-期末库存的委托加工应税消费品已纳税款。

纳税人用委托加工收回的已税珠宝玉石原料生产的改在零售环节征收消费税的金银首饰，在计税时一律不得扣除委托加工收回的珠宝玉石原料的已纳消费税税款。

6. 消费税的征收管理

（1）纳税义务发生时间

1）纳税人销售应税消费品的，按不同的销售结算方式确定纳税义务发生时间，分别为：

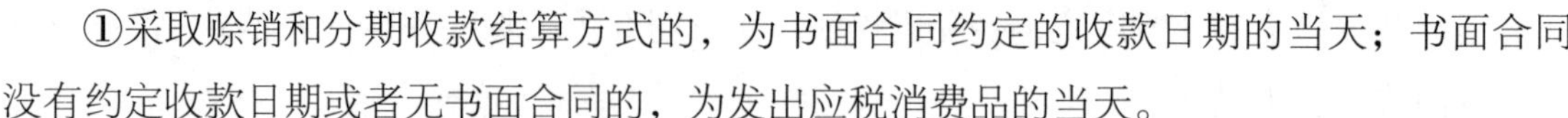

①采取赊销和分期收款结算方式的，为书面合同约定的收款日期的当天；书面合同没有约定收款日期或者无书面合同的，为发出应税消费品的当天。

②采取预收货款结算方式的，为发出应税消费品的当天。

③采取托收承付和委托银行收款方式的，为发出应税消费品并办妥托收手续的当天。

④采取其他结算方式的，为收讫销售款或者取得索取销售款凭据的当天。

2）纳税人自产自用应税消费品的，纳税义务发生时间为移送使用的当天。

3）纳税人委托加工应税消费品的，纳税义务发生时间为纳税人提货的当天。

4）纳税人进口应税消费品的，纳税义务发生时间为报关进口的当天。

（2）纳税地点

1）纳税人销售的应税消费品，以及自产自用的应税消费品，除国务院财政、税务主管部门另有规定外，应当向纳税人机构所在地或者居住地的主管税务机关申报纳税。

2）委托加工的应税消费品，除受托方为个人外，由受托方向其机构所在地或者居住地的主管税务机关解缴消费税税款。受托方为个人的，由委托方向其机构所在地的主管税务机关申报纳税。

3）进口的应税消费品，由进口人或者其代理人向报关地海关申报纳税。

4）纳税人到外县（市）销售或者委托外县（市）代销自产应税消费品的，于应税消费品销售后，向机构所在地或者居住地税务机关申报纳税。

5）纳税人的总机构与分支机构不在同一县（市）的，应当分别向各自机构所在地的主管税务机关申报纳税。

纳税人的总机构与分支机构不在同一县（市），但在同一省（自治区、直辖市）范围内，经省（自治区、直辖市）财政厅（局）、税务局审批同意，可以由总机构汇总向总机构所在地的主管税务机关申报纳税。

省（自治区、直辖市）财政厅（局）、税务局应将审批同意的结果，上报财政部、国家税务总局备案。

（3）纳税期限

消费税的纳税期限分别为 1 日、3 日、5 日、10 日、15 日、1 个月或者 1 个季度；纳税人的具体纳税期限，由主管税务机关根据纳税人应纳税额的大小分别核定；不能按照固定期限纳税的，可以按次纳税。

纳税人以 1 个月或者 1 个季度为 1 个纳税期的，自期满之日起 15 日内申报纳税；以 1 日、3 日、5 日、10 日或者 15 日为 1 个纳税期的，自期满之日起 5 日内预缴税款，于次月 1 日起 15 日内申报纳税并结清上月应纳税款。

纳税人进口应税消费品，应当自海关填发海关进口消费税专用缴款书之日起 15 日内缴纳税款。

【练一练】纳税人采取预收货款结算方式销售应税消费品的，其消费税纳税义务发生时间为（ ）。

A. 签订销售合同的当天　　B. 发出应税消费品的当天

C. 收到预收货款的当天　　D. 开具预收款发票的当天

【解析】答案为B。根据消费税法律法规的规定，纳税人采取预收货款结算方式的，其纳税义务的发生时间，为发出应税消费品的当天。

三、企业所得税

1. 企业所得税的概念

企业所得税是对我国企业和其他组织的生产经营所得和其他所得征收的一种税。企业分为居民企业和非居民企业。居民企业是指依法在中国境内成立，或者依照外国（地区）法律成立但实际管理机构在中国境内的企业。非居民企业是指依照外国（地区）法律成立且实际管理机构不在中国境内，但在中国境内设立机构、场所的，或者在中国境内未设立机构、场所，但有来源于中国境内所得的企业。

【练一练】根据企业所得税法律法规的规定，下列关于非居民企业的表述中，正确的是（ ）。

A. 依照外国法律成立，实际管理机构在中国境内的企业属于非居民企业

B. 在境内成立但有来源于境外所得的企业属于非居民企业

C. 在境外成立的企业均属于非居民企业

D. 依照外国法律成立，实际管理机构不在中国境内但在中国境内设立机构、场所的企业属于非居民企业

【解析】答案为D。选项C在境外成立的企业，范围过于宽泛。选项A、选项B为居民企业。非居民企业是指依照外国（地区）法律成立且实际管理机构不在中国境内，但在中国境内设立机构、场所的，或者在中国境内未设立机构、场所，但有来源于中国境内所得的企业。

2. 企业所得税的征税对象

企业所得税的征税对象是指企业的生产经营所得、其他所得和清算所得。

（1）居民企业的征税对象

居民企业应就其来源于中国境内、境外的所得作为征税对象。所得，包括销售货物

所得、提供劳务所得、转让财产所得、股息红利等权益性投资所得，以及利息所得、租金所得、特许权使用费所得、接受捐赠所得和其他所得。

（2）非居民企业的征税对象

非居民企业在中国境内设立机构、场所的，应当就其所设机构、场所取得的来源于中国境内的所得，以及发生在中国境外但与其所设机构、场所有实际联系的所得，缴纳企业所得税。非居民企业在中国境内未设立机构、场所的，或者虽设立机构、场所但取得的所得与其所设机构、场所没有实际联系的，应当就其来源于中国境内的所得缴纳企业所得税。

（3）来源于中国境内、境外所得的确定原则

来源于中国境内、境外的所得，按照以下原则确定：

1）销售货物所得，按照交易活动发生地确定；

2）提供劳务所得，按照劳务发生地确定；

3）转让财产所得，不动产转让所得按照不动产所在地确定，动产转让所得按照转让动产的企业或者机构、场所所在地确定，权益性投资资产转让所得按照被投资企业所在地确定；

4）股息、红利等权益性投资所得，按照分配所得的企业所在地确定；

5）利息所得、租金所得、特许权使用费所得，按照负担、支付所得的企业或者机构、场所所在地确定，或者按照负担、支付所得的个人的住所地确定；

6）其他所得，由国务院财政、税务主管部门确定。

3. 企业所得税的税率

（1）基本税率

企业所得税的基本税率为25%，适用于居民企业和在中国境内设有机构、场所且所得与机构、场所有联系的非居民企业。

（2）优惠税率

1）对符合条件的小型微利企业，按20%的税率征收企业所得税。

2）对国家需要重点扶持的高新技术企业，减按15%的税率征收企业所得税。

3）非居民企业在中国境内未设立机构、场所的，或者虽设立机构、场所但取得的所得与其所设机构、场所没有实际联系的所得，适用税率为20%，但实际征税时减按10%的税率征收企业所得税，以支付人为扣缴义务人。

4. 企业所得税应纳税所得额

企业所得税应纳税所得额是企业所得税的计税依据。应纳税所得额为企业每一个纳税年度的收入总额减去不征税收入、免税收入、各项扣除，以及允许弥补的以前年度亏损之后的余额。其计算公式如下：

应纳税所得额=收入总额-不征税收入额-免税收入额-
各项扣除额-允许弥补的以前年度亏损额

（1）收入总额

企业以货币形式和非货币形式从各种来源取得的收入，为收入总额，包括销售货物收入、提供劳务收入、转让财产收入、股息红利等权益性投资收益、利息收入、租金收入、特许权使用费收入、接受捐赠收入以及其他收入。

（2）不征税收入

收入总额中的下列收入为不征税收入：

1）财政拨款。财政拨款是指各级人民政府对纳入预算管理的事业单位、社会团体等组织拨付的财政资金，但国务院和国务院财政、税务主管部门另有规定的除外。

2）依法收取并纳入财政管理的行政事业性收费、政府性基金。行政事业性收费是指依照法律、法规等有关规定，按照国务院规定程序批准，在实施社会公共管理，以及在向公民、法人或者其他组织提供特定公共服务的过程中，向特定对象收取并纳入财政管理的费用。政府性基金是指企业依照法律、行政法规等有关规定，代政府收取的具有专项用途的财政资金。

3）国务院规定的其他不征税收入。国务院规定的其他不征税收入是指企业取得的，由国务院财政、税务主管部门规定专项用途并经国务院批准的财政性资金。财政性资金是指企业取得的来源于政府及其有关部门的财政补助、补贴、贷款贴息以及其他各类财政专项资金，包括直接减免的增值税和即征即退、先征后退、先征后返的各种税收，但不包括企业按规定取得的出口退税款。

【练一练】根据企业所得税法律法规的规定，企业的下列收入中，属于不征税收入的是（ ）。

A. 产品销售收入　　B. 租金收入　　C. 财政拨款　　D. 国债利息收入

【解析】答案为C。企业所得税法律法规规定，财政拨款和依法收取并纳入财政管理的行政事业性收费、政府性基金为不征税收入。选项A、选项B、选项D均不属于此范围。

（3）免税收入

1）国债利息收入。为鼓励企业积极购买国债，支援国家建设项目，税法规定，企业因购买国债所得的利息收入，免征企业所得税。

2）特定的股息、红利等权益性投资收益。具体包括：

①符合条件的居民企业之间的股息、红利等权益性投资收益（指居民企业直接投资

于其他居民企业取得的投资收益）。

②在中国境内设立机构、场所的非居民企业从居民企业取得与该机构、场所有实际联系的股息、红利等权益性投资收益。该收益不包括连续持有居民企业公开发行并上市流通的股票不足12个月取得的投资收益。

③符合条件的非营利组织的收入。《中华人民共和国企业所得税法》（以下简称《企业所得税法》）所称符合条件的非营利组织的收入，不包括非营利组织从事营利性活动取得的收入，但国务院财政、税务主管部门另有规定的除外。

（4）准予扣除项目

税前扣除项目包括成本、费用、税金、损失和其他支出。

1）成本是指企业在生产经营活动中发生的销售成本、销货成本、业务支出以及其他耗费。

2）费用是指企业在生产经营活动中发生的销售费用、管理费用和财务费用，已经计入成本的有关费用除外。

3）税金是指企业发生的除企业所得税和允许抵扣的增值税以外的各项税金及其附加。

4）损失是指企业在生产经营活动中发生的固定资产和存货的盘亏、毁损、报废损失，转让财产损失，呆账损失，坏账损失，自然灾害等不可抗力因素造成的损失以及其他损失。企业发生的损失，减除责任人赔偿和保险赔款后的余额，依照国务院财政、税务主管部门的规定扣除。企业已经作为损失处理的资产，在以后纳税年度又全部收回或者部分收回时，应当计入当期收入。

5）其他支出是指除成本、费用、税金、损失外，企业在生产经营活动中发生的与生产经营活动有关的、合理的支出。

（5）不得扣除项目

1）向投资者支付的股息、红利等权益性投资收益款项。

2）企业所得税税款。

3）税收滞纳金。

4）罚金、罚款和被没收财物的损失。

5）企业发生的公益性捐赠支出以外的捐赠支出。但企业发生的公益性捐赠支出，在年度利润总额12%以内的部分，准予在计算应纳税所得额时扣除。

6）赞助支出。

7）未经核定的准备金支出。具体是指不符合国务院财政、税务主管部门规定的各项资产减值准备、风险准备等准备金支出。

8）企业之间支付的管理费、企业内营业机构之间支付的租金和特许权使用费，以及非银行企业内营业机构之间支付的利息。

9）与取得收入无关的其他支出。

【练一练】根据企业所得税法律法规的规定，下列各项中，在计算企业所得税应纳税所得额时不得扣除的有（　　）。

A. 向投资者支付的红利　　B. 企业内部营业机构之间支付的租金

C. 未经核定的准备金支出　　D. 企业内部营业机构之间支付的特许权使用费

【解析】答案为ABCD。企业所得税法律法规规定向投资者支付的股息、红利等权益性投资收益款项，企业内营业机构之间支付的租金和特许权使用费，不符合国务院财政、税务主管部门规定的各项资产减值准备、风险准备等准备金支出等，在计算企业所得税应纳税所得额时不得扣除。

（6）职工福利费、工会经费、职工教育经费的税前扣除

1）企业发生的职工福利费支出，不超过工资薪金总额14%的部分准予扣除。

2）企业拨缴的工会经费，不超过工资薪金总额2%的部分准予扣除。

3）除国务院财政、税务主管部门另有规定外，企业发生的职工教育经费支出，不超过工资薪金总额8%的部分准予扣除，超过部分准予结转以后纳税年度扣除。

（7）业务招待费、广告费和业务宣传费的税前扣除

企业发生的与其生产、经营业务有关的业务招待费支出，按照实际发生额的60%扣除，但最高不得超过当年销售（营业）收入的5‰。

企业发生的符合条件的广告费和业务宣传费支出，除国务院财政、税务主管部门另有规定外，不超过当年销售（营业）收入15%的部分，准予扣除；超过部分，准予结转以后纳税年度扣除。

（8）亏损弥补

亏损是指企业依照《企业所得税法》及其实施条例的规定，将每一个纳税年度的收入总额减除不征税收入、免税收入和各项扣除后小于零的数额。税法规定，企业某一纳税年度发生的亏损可以用下一年度的所得弥补，下一年度的所得不足以弥补的，可以逐年延续弥补，但最长不得超过5年。企业在汇总计算缴纳企业所得税时，其境外营业机构的亏损不得抵减境内营业机构的盈利。

5. 企业所得税应纳税额的计算

企业所得税应纳税额的计算公式为：

应纳税额＝应纳税所得额×适用税率－减免税额－抵免税额

其中的减免税额和抵免税额，是指依照《企业所得税法》和国务院的税收优惠规定减征、免征和抵免的应纳税额。

企业取得的下列所得已在境外缴纳的所得税税额，可以从其当期应纳税额中抵免，抵免限额为该项所得依照规定计算的应纳税额；超过抵免限额的部分，可以在以后5个年度内，用每年抵免限额抵免当年应抵税额后的余额进行抵补：

（1）居民企业来源于中国境外的应税所得；

（2）非居民企业在中国境内设立机构、场所，取得发生在中国境外但与该机构、场所有实际联系的应税所得。

已在境外缴纳的所得税税额是指企业来源于中国境外的所得依照中国境外税收法律以及相关规定应当缴纳并已经实际缴纳的企业所得税性质的税款。

抵免限额是指企业来源于中国境外的所得，依照规定计算的应纳税额。

5个年度是指从企业取得的来源于中国境外的所得，已经在中国境外缴纳的企业所得税性质的税额超过抵免限额的当年的次年起连续5个纳税年度。

自2017年7月1日起，企业可以选择按国别（地区）分别计算［即“分国（地区）不分项”］，或者不按国别（地区）汇总计算［即“不分国（地区）不分项”］，其来源于境外的应纳税所得额，按照规定的税率，分别计算其可抵免境外所得税税额和抵免限额。上述方式一经选择，5年内不得改变。

居民企业从其直接或间接控制的外国企业分得的来源于中国境外的股息、红利等权益性投资收益，外国企业在境外实际缴纳的所得税税额中属于该项所得负担的部分，可以作为该居民企业的可抵免境外所得税税额，在规定的抵免限额内抵免。

直接控制是指居民企业直接持有外国企业20%以上股份，间接控制是指居民企业以间接持股方式持有外国企业20%以上股份。在计算企业境外股息所得的可抵免所得税税额和抵免限额时，由企业直接或者间接持有20%以上股份的外国企业，限于按照相关法规规定的持股方式确定的五层外国企业。企业按规定抵免企业所得税税额时，应当提供中国境外税务机关出具的税款所属年度的有关纳税凭证。

6. 企业所得税的征收管理

（1）纳税地点

1）除税收法律、行政法规另有规定外，居民企业以企业登记注册地为纳税地点；但登记注册地在境外的，以实际管理机构所在地为纳税地点。

2）居民企业在中国境内设立不具有法人资格的营业机构的，应当由该居民企业汇总计算并缴纳企业所得税。

（2）纳税期限

企业所得税按年（自公历1月1日起到12月31日止）计征，分月或者分季预缴，年终汇算清缴（年终后5个月内进行），多退少补。

企业在一个纳税年度的中间开业，或者由于合并、关闭等原因终止经营活动，使该

纳税年度的实际经营期不足12个月的，应当以其实际经营期为一个纳税年度。

（3）纳税申报

按月或按季预缴的，应当自月份或者季度终了之日起15日内，向税务机关报送预缴企业所得税纳税申报表，预缴税款。

企业在纳税年度内无论盈利或者亏损，都应当依照规定期限，向税务机关报送预缴企业所得税纳税申报表、年度企业所得税纳税申报表、财务会计报告和税务机关规定应当报送的其他有关资料。

企业所得税以人民币计算。所得以人民币以外的货币计算的，应当折合成人民币计算并缴纳税款。

企业所得以人民币以外的货币计算的，预缴企业所得税时，应当按照月度或者季度最后1日的人民币汇率中间价，折合成人民币计算应纳税所得额。

年度终了汇算清缴时，对已经按照月度或者季度预缴税款的，不再重新折合计算，只就该纳税年度内未缴纳企业所得税的部分，按照纳税年度最后一日的人民币汇率中间价，折合成人民币计算应纳税所得额。

经税务机关检查确认，企业少计或者多计前述规定的所得的，应当按照检查确认补税或者退税时的上一个月最后一日的人民币汇率中间价，将少计或者多计的所得折合成人民币计算应纳税所得额，再计算应补缴或者应退的税款。

四、个人所得税

1. 个人所得税的概念

个人所得税是以个人取得的各项应税所得为征税对象所征收的一种税。

知识链接

1980年9月10日第五届全国人民代表大会第三次会议通过《中华人民共和国个人所得税法》（以下简称《个人所得税法》），此后全国人民代表大会常务委员会分别于1993年10月31日、1999年8月30日、2005年10月27日、2007年6月29日、2007年12月29日、2011年6月30日、2018年8月31日对《个人所得税法》作出七次修正。1994年1月28日国务院公布《中华人民共和国个人所得税法实施条例》（以下简称《个人所得税法实施条例》），此后国务院分别于2005年12月19日、2008年2月18日、2011年7月19日、2018年12月18日作出修订。国家财政、税务主管部门还制定了一系列部门规章和规范性文件。这些法律法规、部门规章及规范性文件构成了我国的个人所得税法律制度。

2. 个人所得税纳税义务人

个人所得税纳税义务人，以住所和居住时间为标准，分为居民个人和非居民个人。

（1）居民个人

在中国境内有住所，或者无住所而一个纳税年度内在中国境内居住累计满183天的个人，为居民个人。居民个人从中国境内和境外取得的所得，依照《个人所得税法》规定缴纳个人所得税。

（2）非居民个人

在中国境内无住所又不居住，或者无住所而一个纳税年度内在中国境内居住累计不满183天的个人，为非居民个人。仅就其从中国境内取得的所得缴纳个人所得税。

3. 个人所得税的应税项目和税率

个人所得税的征税范围包括个人取得的各项应税所得。《个人所得税法》列举了9项内容，如图3-3所示。

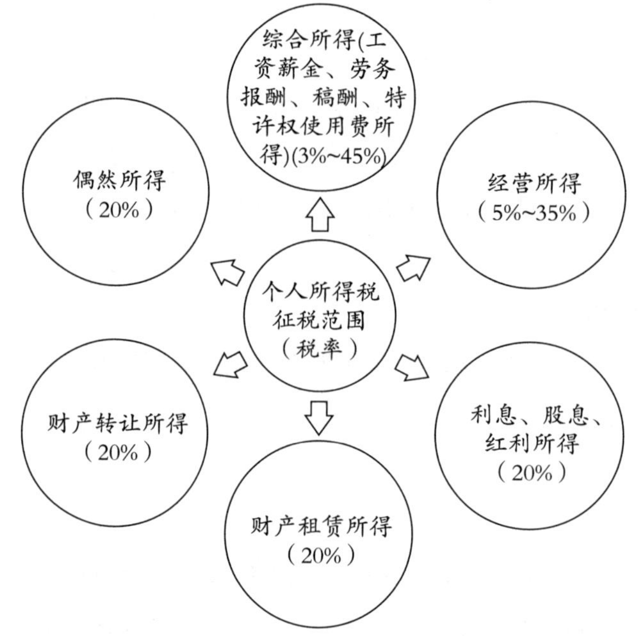

图3-3　个人所得税的应税项目

（1）个人所得税的应税项目

1）工资、薪金所得。工资、薪金所得是指个人因任职或者受雇而取得的工资、薪金、奖金、年终加薪、劳动分红、津贴、补贴以及与任职或者受雇有关的其他所得。

2）劳务报酬所得。劳务报酬所得是指个人从事劳务取得的所得。

3）稿酬所得。稿酬所得是指个人因其作品以图书、报刊等形式出版、发表而取得的所得。

4）特许权使用费所得。特许权使用费所得是指个人提供专利权、商标权、著作权、

非专利技术以及其他特许权的使用权取得的所得。提供著作权的使用权取得的所得，不包括稿酬所得。

5）经营所得。经营所得包括：①个体工商户从事生产经营活动取得的所得，个人独资企业投资人、合伙企业的个人合伙人来源于境内注册的个人独资企业、合伙企业生产经营的所得；②个人依法从事办学、医疗、咨询以及其他有偿服务活动取得的所得；③个人对企业、事业单位承包经营、承租经营以及转包、转租取得的所得；④个人从事其他生产经营活动取得的所得。

6）利息、股息、红利所得。利息、股息、红利所得是指个人拥有债权、股权而取得的利息、股息、红利所得。

7）财产租赁所得。财产租赁所得是指个人出租不动产、机器设备、车船及其他财产取得的所得。

8）财产转让所得。财产转让所得是指个人转让有价证券、股权、合伙企业中的财产份额、不动产、机器设备、车船以及其他财产取得的所得。

9）偶然所得。偶然所得是指个人得奖、中奖、中彩及其他偶然性质的所得。

（2）个人所得税的税率

1）工资、薪金所得，劳务报酬所得，稿酬所得，特许权使用费所得等个人所得税的预扣率（预扣预缴）

①居民个人工资、薪金所得预扣预缴个人所得税的预扣率见表3-12。

表3-12　居民个人工资、薪金所得预扣预缴个人所得税的预扣率

级数	累计预扣预缴应纳税所得额	预扣率（%）	速算扣除数（元）
1	不超过36 000元的部分	3	0
2	超过36 000元至144 000元的部分	10	2 520
3	超过144 000元至300 000元的部分	20	16 920
4	超过300 000元至420 000元的部分	25	31 920
5	超过420 000元至660 000元的部分	30	52 920
6	超过660 000元至960 000元的部分	35	85 920
7	超过960 000元的部分	45	181 920

②居民个人劳务报酬所得预扣预缴个人所得税的预扣率见表3-13。

表3-13　居民个人劳务报酬所得预扣预缴个人所得税的预扣率

级数	预扣预缴应纳税所得额	预扣率（%）	速算扣除数（元）
1	不超过20 000元的部分	20	0
2	超过20 000元至50 000元的部分	30	2 000
3	超过50 000元的部分	40	7 000

③居民个人稿酬所得、特许权使用费所得适用20%的比例预扣率。

2）工资、薪金所得，劳务报酬所得，稿酬所得，特许权使用费所得个人所得税的适用税率（非预扣预缴）

①工资、薪金所得，劳务报酬所得，稿酬所得，特许权使用费所得统称为综合所得。居民个人综合所得，适用3%～45%的超额累进税率。居民个人综合所得个人所得税的税率表与居民个人工资、薪金所得预扣预缴个人所得税的预扣率表相同。

②非居民个人工资、薪金所得，劳务报酬所得，稿酬所得，特许权使用费所得个人所得税的税率见表3-14（依照表3-12按月换算后）。

表3-14　非居民个人工资、薪金所得，劳务报酬所得，稿酬所得，特许权使用费所得个人所得税的税率

级数	应纳税所得额	税率（%）	速算扣除数（元）
1	不超过3 000元的	3	0
2	超过3 000元至12 000元的部分	10	210
3	超过12 000元至25 000元的部分	20	1 410
4	超过25 000元至35 000元的部分	25	2 660
5	超过35 000元至55 000元的部分	30	4 410
6	超过55 000元至80 000元的部分	35	7 160
7	超过80 000元的部分	45	15 160

③经营所得，适用5%～35%的超额累进税率。经营所得适用的个人所得税税率见表3-15。

表3-15　经营所得个人所得税的税率

级数	全年应纳税所得额	税率（%）	速算扣除数（元）
1	不超过30 000元的	5	0
2	超过30 000元至90 000元的部分	10	1 500
3	超过90 000元至300 000元的部分	20	10 500
4	超过300 000元至500 000元的部分	30	40 500
5	超过500 000元的部分	35	65 500

④财产租赁所得，财产转让所得，利息、股息、红利所得和偶然所得，适用比例税率，税率为20%。

4. 个人所得税应纳税额的计算

（1）工资、薪金所得

扣缴义务人向居民个人支付工资、薪金所得时，应当按照累计预扣法计算预扣税款，并按月办理扣缴申报。累计预扣法，是指扣缴义务人在一个纳税年度内预扣预缴税款时，

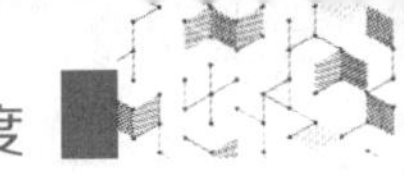

以纳税人在本单位截至当前月份工资、薪金所得累计收入减除累计免税收入、累计减除费用、累计专项扣除、累计专项附加扣除和累计依法确定的其他扣除后的余额为累计预扣预缴应纳税所得额，适用居民个人工资、薪金所得预扣预缴个人所得税的预扣率（见表3-12），计算累计应预扣预缴税额，再减除累计减免税额和累计已预扣预缴税额，其余额为本期应预扣预缴税额。余额为负值时，暂不退税。纳税年度终了后余额仍为负值时，由纳税人通过办理综合所得年度汇算清缴，税款多退少补。

具体计算公式为：

本期应预扣预缴税额=（累计预扣预缴应纳税所得额×预扣率-速算扣除数）-累计减免税额-累计已预扣预缴税额

累计预扣预缴应纳税所得额=累计收入-累计免税收入-累计减除费用-累计专项扣除-累计专项附加扣除-累计依法确定的其他扣除

其中：累计减除费用，按照5 000元/月乘以纳税人当年截至本月在本单位的任职受雇月份数计算。

（2）个体工商户的生产经营所得

个体工商户的生产经营所得，以一个纳税年度的收入总额，减除成本、费用以及损失后的余额，为应纳税所得额。应纳税额计算公式为：

应纳税额=应纳税所得额×适用税率-速算扣除数

=(全年收入总额-成本、费用、税金、损失、其他支出以及允许弥补的以前年度亏损后的余额）×适用税率-速算扣除数

（3）对企事业单位的承包经营、承租经营所得

对企事业单位的承包经营、承租经营所得，以一个纳税年度的收入总额，减除必要费用后的余额，为应纳税所得额。应纳税额计算公式为：

应纳税额=应纳税所得额×适用税率-速算扣除数

=（纳税年度收入总额-必要费用）×适用税率-速算扣除数

（4）劳务报酬所得

每次收入不超过4 000元的，减除费用800元；4 000元以上的，减除20%的费用，其余额为预扣预缴应纳税所得额。对劳务报酬所得，其个人所得税预扣预缴应纳税额的计算公式为：

每次收入不足4 000元的

应纳税额=应纳税所得额×适用税率=（每次收入额-800）×20%

每次收入在4 000元以上的

应纳税额=每次收入额×（1-20%）×20%

每次收入的应纳税所得额超过20 000元的

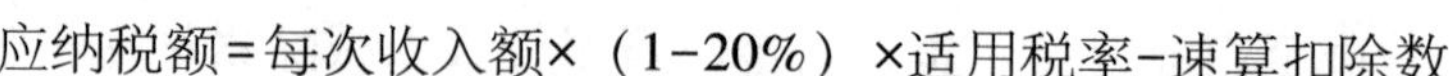

应纳税额=每次收入额×（1-20%）×适用税率-速算扣除数

（5）稿酬所得

稿酬所得预扣预缴应纳税额的计算公式为：

每次收入不足4 000元的

应纳税额=应纳税所得额×适用税率×（1-30%）
=（每次收入额-800）×20%×（1-30%）

每次收入在4 000元以上的

应纳税额=应纳税所得额×适用税率×（1-30%）
=每次收入额×（1-20%）×20%×（1-30%）

（6）财产转让所得

财产转让所得应纳税额的计算公式为：

应纳税额=应纳税所得额×适用税率
=（收入总额-财产原值-合理税费）×20%

（7）利息、股息、红利所得，偶然所得和其他所得

利息、股息、红利所得，偶然所得和其他所得，以每次收入额为应纳税所得额。其应纳税额的计算公式为：

应纳税额=应纳税所得额×适用税率=每次收入额×20%

5. 个人所得税的征收管理

个人所得税的纳税办法有自行申报纳税和代扣代缴两种。

（1）自行申报

有下列情形之一的，纳税人应当依法办理纳税申报：

1）取得综合所得需要办理汇算清缴；

2）取得应税所得没有扣缴义务人；

3）取得应税所得，扣缴义务人未扣缴税款；

4）取得境外所得；

5）因移居境外注销中国户籍；

6）非居民个人在中国境内从两处以上取得工资、薪金所得；

7）国务院规定的其他情形。

纳税人取得经营所得，按年计算个人所得税，由纳税人在月度或者季度终了后15日内向税务机关报送纳税申报表，并预缴税款，在取得所得的次年3月31日前办理汇算清缴。

纳税人取得利息、股息、红利所得，财产租赁所得，财产转让所得和偶然所得，按月或者按次计算个人所得税；有扣缴义务人的，由扣缴义务人按月或者按次代扣代缴税款。

（2）代扣代缴

凡支付个人应纳税所得的企业、事业单位、社会团体、军队、驻华机构（不含依法享有外交特权和豁免权的驻华使领馆、联合国及其国际组织驻华机构）、个体户等单位或者个人，为个人所得税的扣缴义务人。

第三节 税收征收管理

一、税务登记

税务登记是税务机关依据税法规定，对纳税人的生产经营活动进行登记管理的一项法定制度，也是纳税人依法履行纳税义务的法定手续。税务登记的种类包括：①开业登记；②变更登记；③停业、复业登记；④注销登记；⑤外出经营报验登记；⑥纳税人税种登记；⑦扣缴义务人扣缴税款登记。图3-4所示为税务登记证。

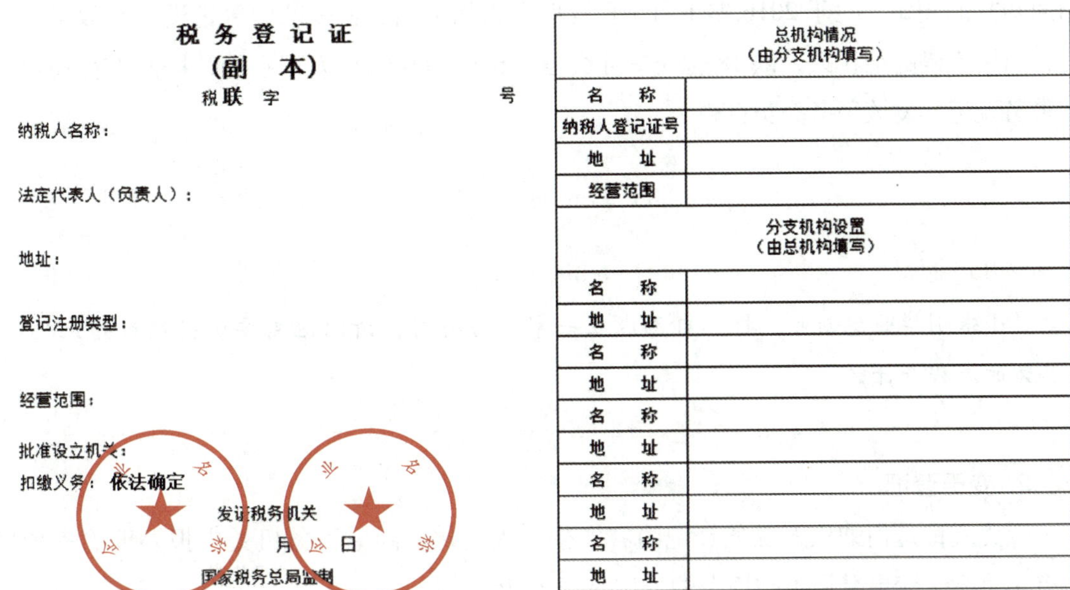

税 务 登 记 证

（副 本）

税联 字 号

纳税人名称：

法定代表人（负责人）：

地址：

登记注册类型：

经营范围：

批准设立机关：

扣缴义务：依法确定

发证税务机关

月 日

国家税务总局监制

总机构情况（由分支机构填写）	
名 称	
纳税人登记证号	
地 址	
经营范围	
分支机构设置（由总机构填写）	
名 称	
地 址	
名 称	
地 址	
名 称	
地 址	
名 称	
地 址	
名 称	
地 址	

图3-4 税务登记证

1. 开业登记

开业登记是指从事生产、经营的纳税人，经国家市场监督管理部门批准开业后办理的纳税登记。

（1）开业登记的对象

开业登记的纳税人分以下两类：一类是领取营业执照从事生产、经营的纳税人；另一类是其他纳税人。根据有关法规的规定，不从事生产、经营活动，但依照法律、法规的规定负有纳税义务的单位和个人，除临时取得应税收入或发生应税行为，以及只缴纳

个人所得税、车船税的外，都应按规定向税务机关办理税务登记。

（2）开业登记的时间和地点

从事生产、经营的纳税人，应当自领取营业执照之日起30日内，持有关证件，向生产、经营地或者纳税义务发生地的主管税务机关申报办理登记。

（3）开业登记的程序

纳税人办理开业登记，应认真填写“税务登记表”，并提供相关的证件、资料。企业在外地的分支机构或者从事生产、经营的场所，在办理税务登记时，还应当提供由总机构所在地税务机关出具的在外地设立分支机构的证明。税务机关对纳税人填报的“税务登记表”、提供的证件和资料，应当在收到申报的当日审核完毕。纳税人提交的证件和资料齐全且“税务登记表”的填写内容符合规定的，税务机关应当日办理并发放税务登记证件。纳税人提交的证件和资料不齐全或“税务登记表”的填写内容不符合规定的，税务机关应当场通知其补正或重新填报。

根据《关于明确社会组织等纳税人使用统一社会信用代码及办理税务登记有关问题的通知》的规定，对于2016年1月1日以后在机构编制、民政部门登记设立并取得统一社会信用代码的纳税人，以18位统一社会信用代码为其纳税人识别号，按照现行规定办理税务登记，发放税务登记证件。

动动脑

小张刚毕业想创业，打算自己成立一家广告公司，请问他需要进行纳税登记吗？具体的流程是什么？

2. 变更登记

变更登记是指纳税人税务登记内容发生重大变化，向原税务机关申报办理的一种税务登记手续。变更登记不同情况的处理见表3-16。

表3-16　变更登记不同情况的处理

项目	处理
涉及内容变化	税务登记情形发生变化，涉及改变税务登记证件内容的纳税人，向原主管税务机关办理变更税务登记，更换税务登记证件
不涉及内容变化	税务登记情形发生变化，但不涉及改变税务登记证件内容的纳税人，向原主管税务机关办理变更税务登记，录入变更信息即可

动动脑

小张开办的广告公司由于竞争压力大，收益不好，他听从朋友的建议将公司的营业范围拓展到装饰装潢设计上，请问他要重新办理税务登记吗？

3. 停业、复业登记

实行定期、定额征收方式的纳税人需要停业的，在停业前应向主管税务机关申报办理停业登记。纳税人停业期满不能及时恢复生产经营的，应当在停业期满到主管税务机关申报办理延长停业登记。

动动脑

小张的公司由于资金链断裂申请了停业，请问他需要申请停业登记吗？

4. 注销登记

纳税人发生以下情形的，应向主管税务机关申报办理注销税务登记：

（1）因解散、破产、撤销以及其他情形，依法终止纳税义务的。

（2）按规定不需要在市场监督管理机关或者其他机关办理注销登记，但经有关机关批准或者宣告终止的。

（3）被市场监督管理机关吊销营业执照或者被其他机关予以撤销登记的。

（4）因住所、经营地点变动，涉及改变税务登记机关的。

（5）外国企业常驻代表机构驻在期届满或者提前终止业务活动的。

（6）境外企业在中华人民共和国境内承包建筑、安装、装配、勘探工程和提供劳务，项目完工离开中国的。

（7）非境内注册居民企业经国家税务总局确认终止居民身份的。

5. 外出经营报验登记

纳税人到外县（市）临时从事生产经营活动的，应当在外出前向主管税务机关申请开具“外出经营活动税收管理证明”（简称“外管证”）。

税务机关按照一地一证的原则核发“外管证”，“外管证”的有效期限一般为 30 日，最长不得超过 180 日。

纳税人应当在“外管证”注明地进行生产经营前向当地税务机关报验登记，并提交

税务登记证件副本和“外管证”。

纳税人外出经营活动结束，应当向经营地税务机关填报“外出经营活动情况申报表”，并结清税款，缴销发票。

纳税人应当在“外管证”有效期届满后10日内，持“外管证”回原税务登记地税务机关办理“外管证”缴销手续。

6. 纳税人税种登记

纳税人税种登记是指在对纳税人进行开业登记后，税务机关根据纳税人的生产经营范围及税法的有关规定，对纳税人的纳税事项和应税项目进行核定，即税种核定。

7. 扣缴义务人扣缴税款登记

扣缴义务人应当自扣缴义务发生之日起30日内，向所在地的主管税务机关申报办理扣缴税款登记，领取扣缴税款登记证件。

税务机关对已办理税务登记的扣缴义务人，可以只在其税务登记证件上登记扣缴税款事项，不再发给扣缴税款登记证件。

二、发票的开具与管理

发票是指在购销商品，提供或者接受服务以及从事其他经营活动中，开具、收取的收付款凭证。国家税务总局统一负责全国发票管理工作。

1. 发票的种类

发票种类繁多，主要是按行业特点和纳税人的生产经营项目分类，每种发票都有特定的使用范围。

（1）增值税专用发票

增值税专用发票（以下简称专用发票）通常只限于增值税一般纳税人领购使用，除特殊情况外，增值税小规模纳税人一般不得领购使用。

增值税专用发票由基本联次或者基本联次附加其他联次构成。基本联次为三联：记账联、抵扣联和发票联。记账联，是销售方核算销售收入和增值税销项税额的记账凭证；抵扣联，是购买方报送主管税务机关认证和留存备查的凭证；发票联，是购买方核算采购成本和增值税进项税额的记账凭证。其他联次的用途，由纳税人自行确定。增值税专用发票如图3–5所示。

（2）增值税普通发票

增值税普通发票主要由增值税小规模纳税人使用，增值税一般纳税人在不能开具专用发票的情况下也可使用增值税普通发票。

增值税普通发票（折叠票）由基本联次或者基本联次附加其他联次构成，分为两联版和五联版两种。基本联次为两联：第一联为记账联，是销售方的记账凭证；第二联为发票联，是购买方的记账凭证。其他联次的用途，由纳税人自行确定。增值税普通发票

如图 3-6 所示。

增值税电子普通发票的开票方和受票方需要纸质发票的，可以自行打印增值税电子普通发票的版式文件，其法律效力、基本用途、基本使用规定等与税务机关监制的增值税普通发票相同。

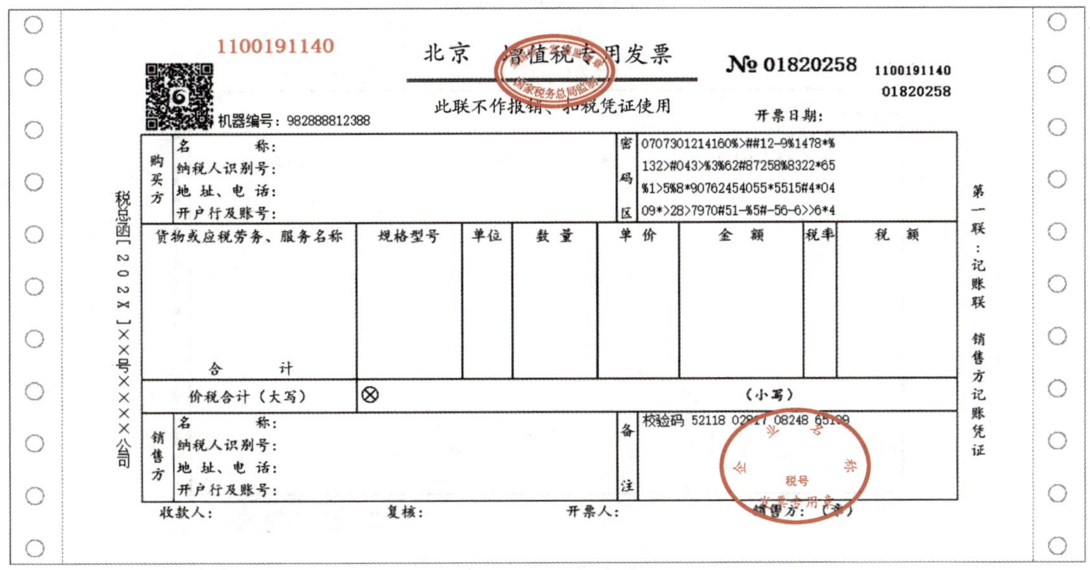

1100191140

北京　增值税专用发票

№ 01820258　1100191140　01820258

此联不作报销、扣税凭证使用

机器编号：982888812388

开票日期：

购买方	名　　称： 纳税人识别号： 地　址、电　话： 开户行及账号：	密码区	0707301214160%>##12-9%1478*% 132>#043>%3%62#87258%8322*65 %1>5%8*90762454055*5515#4*04 09*>28>7970#51-%5#-56-6>>6*4

货物或应税劳务、服务名称	规格型号	单位	数量	单价	金额	税率	税额
合　　计							
价税合计（大写）	⊗				（小写）		

销售方	名　　称： 纳税人识别号： 地　址、电　话： 开户行及账号：	备注	校验码 52118 02817 08248 65199

收款人：　　复核：　　开票人：　　销售方：（章）

税总函〔202X〕××号×××公司

第一联：记账联　销售方记账凭证

图 3-5　增值税专用发票

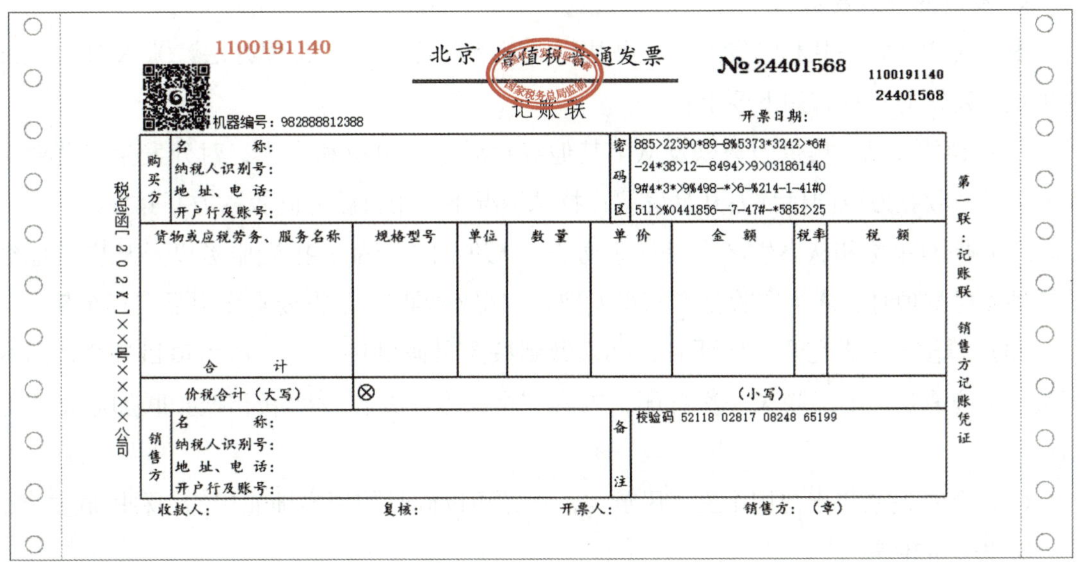

1100191140

北京　增值税普通发票

№ 24401568　1100191140　24401568

记账联

机器编号：982888812388

开票日期：

购买方	名　　称： 纳税人识别号： 地　址、电　话： 开户行及账号：	密码区	885>22390*89-8%5373*3242>*6# -24*38>12—8494>>9>031861440 9#4*3*>9%498-*>6-%214-1-41#0 511>%0441856—7-47#-*5852>25

货物或应税劳务、服务名称	规格型号	单位	数量	单价	金额	税率	税额
合　　计							
价税合计（大写）	⊗				（小写）		

销售方	名　　称： 纳税人识别号： 地　址、电　话： 开户行及账号：	备注	校验码 52118 02817 08248 65199

收款人：　　复核：　　开票人：　　销售方：（章）

税总函〔202X〕××号×××公司

第一联：记账联　销售方记账凭证

图 3-6　增值税普通发票

（3）专业发票

专业发票是指国有金融、保险企业的存货、汇兑、转账凭证、保险凭证，国有邮政、电信企业的邮票、邮单、话务、电报收据，国有铁路、民用航空企业和交通部门、国有公路、水上运输企业的客票、货票等。经国家税务总局或者国家税务总局省、自治区、

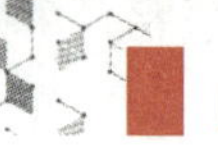

直辖市分局批准，专业发票可由国务院有关主管部门或者省、自治区、直辖市人民政府有关主管部门自行管理，不套印税务机关的统一发票监制章，也可根据税收征管的需要纳入统一发票管理。图 3-7 所示为专业发票。

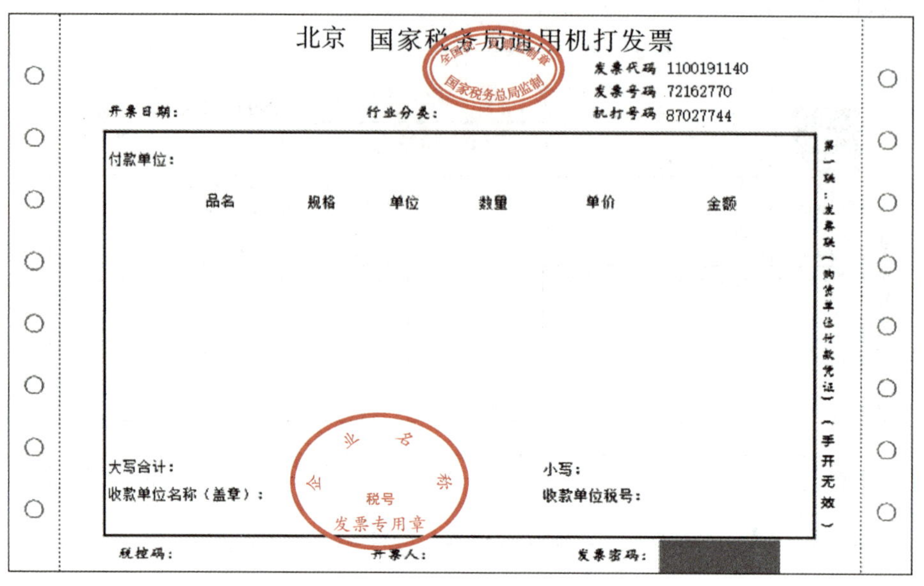

北京 国家税务局通用机打发票

发票代码 1100191140
发票号码 72162770
机打号码 87027744

开票日期： 行业分类：

付款单位：

品名	规格	单位	数量	单价	金额

大写合计： 小写：

收款单位名称（盖章）： 收款单位税号：

税控码： 开票人： 发票密码：

第一联：发票联（购货单位付款凭证）（手开无效）

图 3-7 专业发票

2. 发票的开具要求

根据《中华人民共和国发票管理办法》（以下简称《发票管理办法》）及其实施细则规定，发票的开具有如下要求：

（1）销售商品、提供服务以及从事其他经营活动的单位和个人，对外发生经营业务收取款项，收款方应向付款方开具发票；特殊情况下，由付款方向收款方开具发票。

（2）所有单位和从事生产、经营活动的个人在购买商品、接受服务以及从事其他经营活动支付款项时，应当向收款方取得发票。取得发票时，不得要求变更品名和金额。

（3）单位和个人在开具发票时，必须做到按照号码顺序填开，填写项目齐全，内容真实，字迹清楚，全部联次一次打印，内容完全一致，并在发票联和抵扣联加盖发票专用章。

（4）开具发票应当使用中文。民族自治地方可以同时使用当地通用的一种民族文字。

3. 发票的保管

开具发票的单位和个人应当按照税务机关的规定存放和保管发票，不得擅自损毁。已经开具的发票存根联和发票登记簿，应当保存 5 年。保存期满，报经税务机关查验后销毁。如果开具的发票丢失，应于丢失当日书面报告主管税务机关，并登报声明作废。

4. 违反发票管理法规的法律责任

（1）违反《发票管理办法》的规定，有下列情形之一的，由税务机关责令改正，可

以处1万元以下的罚款；有违法所得的予以没收：

1）应当开具而未开具发票，或者未按照规定的时限、顺序、栏目，全部联次一次性开具发票，或者未加盖发票专用章的；

2）使用税控装置开具发票，未按期向主管税务机关报送开具发票的数据的；

3）使用非税控电子器具开具发票，未将非税控电子器具使用的软件程序说明资料报主管税务机关备案，或者未按照规定保存、报送开具发票的数据的；

4）拆本使用发票的；

5）扩大发票使用范围的；

6）以其他凭证代替发票使用的；

7）跨规定区域开具发票的；

8）未按照规定缴销发票的；

9）未按照规定存放和保管发票的。

（2）跨规定的使用区域携带、邮寄、运输空白发票，以及携带、邮寄或者运输空白发票出入境的，由税务机关责令改正，可以处1万元以下的罚款；情节严重的，处1万元以上3万元以下的罚款；有违法所得的予以没收。

（3）违反《发票管理办法》第二十二条第二款的规定虚开发票的，由税务机关没收违法所得；虚开金额在1万元以下的，可以并处5万元以下的罚款；虚开金额超过1万元的，并处5万元以上50万元以下的罚款；构成犯罪的，依法追究刑事责任。

（4）有下列情形之一的，由税务机关处1万元以上5万元以下的罚款；情节严重的，处5万元以上50万元以下的罚款；有违法所得的予以没收：

1）转借、转让、介绍他人转让发票、发票监制章和发票防伪专用品的；

2）知道或者应当知道是私自印制、伪造、变造、非法取得或者废止的发票而受让、开具、存放、携带、邮寄、运输的。

三、纳税申报

纳税申报是指纳税人、扣缴义务人按照税法规定的期限和内容向税务机关提交有关纳税事项书面报告的法律行为，是纳税人履行纳税义务、承担法律责任的主要依据，是税务机关税收管理信息的主要来源和税务管理的一项重要制度。纳税申报的主要形式如图3-8所示。

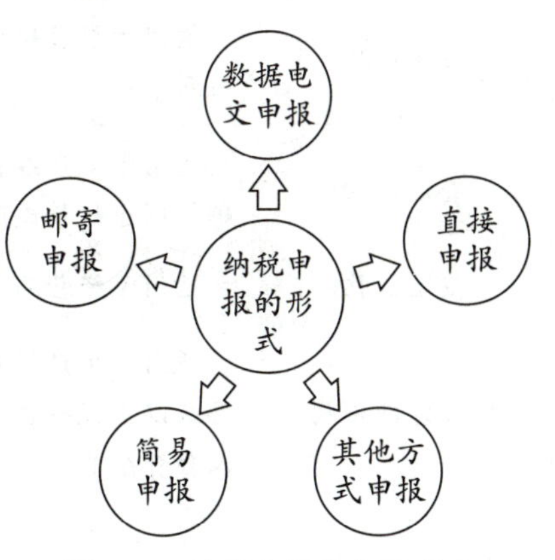

图3-8　纳税申报的主要形式

1. 直接申报

直接申报是指纳税人和扣缴义务人自行到税务机关办理纳税申报。这是一种传统的申报方式。

2. 邮寄申报

邮寄申报是指经税务机关批准的纳税人和扣缴义务人使用统一规定的纳税申报特快专递专用信封，通过邮政部门办理交寄手续，并向邮政部门索取收据作为申报凭据的方式。邮寄申报以寄出的邮戳日期为实际申报日期。

3. 数据电文申报

数据电文申报是指以税务机关确定的电话语音、电子数据交换和网络传输等电子方式进行纳税申报。目前纳税人的网上申报，就是数据电文申报方式的一种。纳税人、扣缴义务人采取数据电文方式办理纳税申报，收件人指定特定系统接收数据电文的，该数据进入该特定系统的时间，视为申报、报送到达的时间；未指定特定系统的，该数据电文进入收件人的任何系统的首次时间，视为到达时间。

4. 简易申报

简易申报是指实行定期定额缴纳税款的纳税人在法律、行政法规规定的期限内或税务机关依据法律规定确定的期限内缴纳税款的，税务机关可以视同申报。

5. 其他方式申报

除上述方式外，实行定期定额缴纳税款的纳税人，可以实行简并征期等申报纳税方式。“简并征期”是指实行定期定额缴纳税款的纳税人，经税务机关批准，可以采取将纳税期限合并为按季、半年、年的方式缴纳税款。

四、税款征收

税款征收是税收征收管理工作的中心环节，是全部税收征管工作的目的和归宿，在整个税收工作中占据着极其重要的地位。

1. 税款征收方式

税款征收方式分为直接征收和间接征收两类。直接征收又分为 4 类，见表 3-17。

表 3-17　税款直接征收方式

征收方式	适用范围
查账征收	适用于经营规模较大、财务会计制度较为健全、能够认真履行纳税义务的单位和个人
查定征收	适用于生产经营规模较小、产品零星、税源分散、会计核算不够健全，但能够控制原材料或进销货的小型厂矿或作坊
查验征收	适用于经营品种比较单一，经营地点、时间和商品来源不固定的纳税单位
定期定额征收	适用于生产经营规模小，确实没有建账能力，经过主管税务机关审核，报经县级以上税务机关批准，可以不设置账簿或者暂缓建账的个体工商户（包括个人独资企业）

间接征收包括代扣代缴、代收代缴、委托代征。

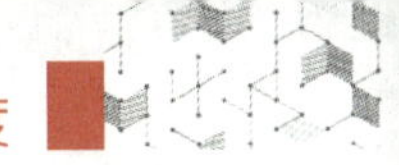

（1）代扣代缴

代扣代缴是依照税法规定负有缴税义务的单位和个人，在向纳税人支付款项时，从所支付的款项中依法直接扣收税款并代为缴纳。

（2）代收代缴

代收代缴是指按照税法规定，负有收缴税款的法定义务人，负责对纳税人应纳的税款进行代收代缴，即由与纳税人有经济业务往来的单位和个人在向纳税人收取款项时依法收取税款。这种方式一般是指税收网络覆盖不到或者很难管控的领域，如消费税中的委托加工由受托方代收加工产品的税款。

代扣代缴和代收代缴的区别是：代扣代缴义务人直接持有纳税人的收入，从中直接扣除纳税人的应纳税款；代收代缴义务人是在与纳税人的经济往来中收取纳税人的应纳税款并代为缴纳。

（3）委托代征

委托代征税款是指税务机关委托代征人以税务机关的名义征收税款，并将税款缴入国库的方式。这种方式一般适用于小额、零散税源的征收。

小提示

代收代缴——法定义务

代扣代缴——法定义务

委托代征——非法定义务，税务机关与代征单位需要签署委托代征协议

2. 税收保全措施与税收强制执行

税收保全措施是指税务机关对可能由于纳税人的行为或者某种客观原因，致使以后税款的征收不能保证或难以保证的案件，采取限制纳税人处理或转移商品、货物或其他财产的措施。

（1）税收保全措施适用情形

《中华人民共和国税收征收管理法》（以下简称《税收征收管理法》）第三十八条规定：税务机关有根据认为从事生产、经营的纳税人有逃避纳税义务行为的，可以在规定的纳税期之前，责令限期缴纳应纳税款；在限期内发现纳税人有明显的转移、隐匿其应纳税的商品、货物以及其他财产或者应纳税的收入的迹象的，税务机关可以责成纳税人提供纳税担保。如果纳税人不能提供纳税担保，经县以上税务局（分局）局长批准，税务机关可以采取税收保全措施。

（2）税收保全的措施

1）书面通知纳税人开户银行或者其他金融机构冻结纳税人的金额相当于应纳税款的

存款。

2）扣押、查封纳税人的价值相当于应纳税款的商品、货物或者其他财产。“其他财产”包括纳税人的房地产、现金、有价证券等不动产和动产。

（3）税收保全的解除

纳税人在规定的限期内已缴纳税款的，税务机关必须立即解除税收保全措施。限期期满仍未缴纳税款的，经县以上税务局（分局）局长批准，税务机关可以书面通知纳税人开户银行或者其他金融机构，从其冻结的存款中扣缴税款，或者依法拍卖或者变卖所扣押、查封的商品、货物或者其他财产，以拍卖或者变卖所得抵缴税款。

（4）不适用税收保全的财产

个人及其所扶养家属维持生活必需的住房和用品，不在税收保全措施的范围之内。

（5）税收强制执行

税收强制执行措施是指纳税人、扣缴义务人未按照规定的期限缴纳或解缴税款，纳税担保人未按照规定的期限缴纳所担保的税款，税务机关采用法定的强制手段，强迫当事人履行义务的行为。

税务机关采取强制执行措施时，对纳税人、扣缴义务人、纳税担保人未缴纳的滞纳金同时强制执行。

3. 税款的退还与追征

（1）税款的退还

纳税人多缴纳的税款，税务机关发现后应当立即退还；纳税人自结算缴纳税款之日起3年内发现的，可以向税务机关要求退还多缴的税款并加算银行同期存款利息，税务机关及时查实后应当立即退还。纳税人在结算缴纳税款之日起3年后向税务机关提出退还多缴税款要求的，税务机关不予受理。

（2）税款的追征

因税务机关的责任，致使纳税人、扣缴义务人未缴或者少缴税款的，税务机关在3年内可以要求纳税人、扣缴义务人补缴税款，但是不得加收滞纳金；因纳税人、扣缴义务人计算错误等失误，未缴或者少缴税款的，税务机关在3年内可以追征税款，并加收滞纳金；有特殊情况的（即数额在10万元以上的），追征期可以延长到5年。

小提示

对因纳税人、扣缴义务人和其他当事人偷税、抗税、骗税等原因而造成未缴或者少缴的税款，或骗取的退税款，税务机关可以无限期追征。

五、税务代理

1. 税务代理的概念

税务代理是指代理人接受纳税主体的委托，在法定的代理范围内依法代其办理相关税务事宜的行为。税务代理人在其权限内，以纳税人（含扣缴义务人）的名义代为办理纳税申报，申办、变更、注销税务登记证，申请减免税，设置保管账簿凭证，进行税务行政复议和诉讼等纳税事项服务活动。

2. 税务代理的特征

税务代理作为民事代理中的一种委托代理，表现为以下五个方面特征。

（1）公正性

税务代理机构不是税务行政机关，而是征纳双方的中介机构，因而只能站在公正的立场上，客观地评价被代理人的经济行为；同时代理人必须在代理权限内依据法律法规为被代理人办理税收事宜，独立、公正地执行业务，既维护国家利益，又保护委托人的合法权益。

（2）自愿性

税务代理的选择一般有单向选择和双向选择。但无论哪种选择，都是建立在双方自愿的基础上的。

（3）有偿性

税务代理机构是社会中介组织，它不是国家行政机关的附属机构，因此，同其他企事业单位一样要自负盈亏，实行有偿服务，通过代理取得收入，获得利润。

（4）独立性

税务代理机构与国家行政机关、纳税人或扣缴义务人等没有行政隶属关系，既不受税务行政部门的干预，也不受纳税人、扣缴义务人左右，独立代办税务事宜。

（5）确定性

税务代理人的税务代理业务范围，是以法律、行政法规和行政规章的形式确定的。因此，税务代理人不得超越规定的内容从事代理活动。除税务机关按照法律、行政法规规定委托其代理外，代理人不得代理应由税务机关行使的行政职权。

3. 税务代理的业务范围

税务代理的业务范围是指按照国家有关法律的规定，允许税务代理人从事的业务内容。尽管世界各国所规定的税务代理业务不尽相同，但其基本原则是大致相同的，即税务代理的业务范围主要是纳税人、扣缴义务人所委托的各项涉税事宜。

六、税务检查

税务机关有权依照税收法律、行政法规的规定，对纳税人、扣缴义务人履行纳税义务、扣缴义务及其他有关税务事项开展审查、核实、监督活动。

纳税人、扣缴义务人必须接受税务机关依法进行的税务检查，如实反映情况，提供

有关资料，不得拒绝、隐瞒。

七、税收法律责任

税收法律责任，是指税务法律关系中的主体由于其行为违法，按照法律规定必须承担的消极法律后果。根据税收征收管理的性质和特点，税收违法行为承担的法律责任形式包括行政法律责任和刑事法律责任两大类。税收违法的行政处罚形式主要有责令限期改正、罚款、没收财产、收缴未使用发票和暂停供应发票、停止出口退税权等。税收违法的刑事处罚形式主要有拘役、判处徒刑、罚金和没收财产等。

《税收征收管理法》规定了税收违法行为应承担的法律责任，见表 3-18。

表 3-18　税收违法行为应承担的法律责任

类别	违法事项	处罚措施
对纳税人违反税务管理基本规定行为的处罚	①未按照规定的期限申报办理税务登记、变更或者注销登记的； ②未按照规定设置、保管账簿或者保管记账凭证和有关资料的； ③未按照规定将财务、会计制度或者财务、会计处理办法和会计核算软件报送税务机关备查的； ④未按照规定将其全部银行账号向税务机关报告的； ⑤未按照规定安装、使用税控装置，或者损毁或者擅自改动税控装置的； ⑥纳税人未按照规定办理税务登记证件验证或者换证手续的	责令限期改正，可以处 2 000 元以下的罚款；情节严重的，处 2 000 元以上 10 000 元以下的罚款
对纳税人不办理税务登记、违反税务登记行为的处罚	不办理税务登记的	责令限期改正；逾期不改正的，经税务机关提请，由市场监督管理机关吊销其营业执照
	未按照规定使用税务登记证件，或者转借、涂改、损毁、买卖、伪造税务登记证件的	处 2 000 元以上 10 000 元以下的罚款；情节严重的，处 10 000 元以上 50 000 元以下的罚款
对扣缴义务人违反账簿、凭证管理的处罚	未按照规定设置、保管代扣代缴、代收代缴税款账簿或者保管代扣代缴、代收代缴税款记账凭证及有关资料的	责令限期改正，可以处 2 000 元以下的罚款；情节严重的，处 2 000 元以上 5 000 元以下的罚款
对纳税人、扣缴义务人未按照规定进行纳税申报的处罚	纳税人未按照规定的期限办理纳税申报和报送纳税资料的，或者扣缴义务人未按照规定的期限向税务机关报送代扣代缴、代收代缴税款报告表和有关资料的	责令限期改正，可以处 2 000 元以下的罚款；情节严重的，可以处 2 000 元以上 10 000 元以下的罚款

续表

类别	违法事项	处罚措施
对纳税人偷税、逃避追缴欠税、骗税、抗税行为的处罚	纳税人伪造、变造、隐匿、擅自销毁账簿、记账凭证，或者在账簿上多列支出或者少列、不列收入，或经税务机关通知申报而拒不申报或者进行虚假的纳税申报、不缴或者少缴应纳税款的，是偷税	追缴其不缴或少缴的税款、滞纳金，并处不缴或少缴的税款50%以上5倍以下的罚款；构成犯罪的，依法追究刑事责任
	纳税人欠缴税款，采取转移或隐匿财产的手段，妨碍税务机关追缴欠缴的税款的	追缴欠缴的税款、滞纳金，并处欠缴税款50%以上5倍以下的罚款；构成犯罪的，依法追究刑事责任
对纳税人偷税、逃避追缴欠税、骗税、抗税行为的处罚	以假报出口或者其他欺骗手段骗取国家出口退税的	追缴其骗取的退税款，并处骗取税款1倍以上5倍以下的罚款；构成犯罪的，依法追究刑事责任
	以暴力、威胁方法拒不缴纳税款的，是抗税	除追缴其拒缴的税款、滞纳金外，依法追究刑事责任。情节轻微，未构成犯罪的，追缴其拒缴的税款、滞纳金，并处拒缴税款1倍以上5倍以下的罚款
对纳税人、扣缴义务人在规定期限内不缴或少缴税款的处罚	在规定期限内不缴或者少缴应纳或应解缴税款	责令限期缴纳，逾期仍未缴纳的，按规定采取强制执行措施追缴其不缴或少缴的税款外，可以处不缴或者少缴税款50%以上5倍以下的罚款
对扣缴义务人不履行扣缴义务的处罚	应扣未扣、应收而不收税款的	追缴税款，对扣缴义务人处应扣未扣、应收未收税款50%以上3倍以下的罚款

八、税务行政复议

纳税人、扣缴义务人对税务机关所作出的决定，享有陈述权、申辩权，依法享有申请行政复议、提起行政诉讼、请求国家赔偿等权利。

1. 行政复议范围

（1）征税行为。包括确认纳税主体、征税对象、征税范围、减税、免税、退税、抵扣税款、适用税率、计税依据、纳税环节、纳税期限、纳税地点和税款征收方式等具体行政行为，征收税款、加收滞纳金，扣缴义务人、受税务机关委托的单位和个人作出的代扣代缴、代收代缴、代征行为等。

（2）行政许可、行政审批行为。

（3）发票管理行为，包括发售、收缴、代开发票等。

（4）税收保全措施、强制执行措施。

（5）行政处罚行为，包括罚款、没收财物和违法所得、停止出口退税权。

（6）不依法履行下列职责的行为：①颁发税务登记；②开具、出具完税凭证、外出经营活动税收管理证明；③行政赔偿；④行政奖励；⑤其他不依法履行职责的行为。

（7）资格认定行为。

（8）不依法确认纳税担保行为。

（9）政府信息公开工作中的具体行政行为。

（10）纳税信用等级评定行为。

（11）通知出入境管理机关阻止出境行为。

（12）其他具体行政行为。

2. 行政复议管辖

对各级国家税务局的具体行政行为不服的，可向其上一级国家税务局申请行政复议。对国家税务总局的具体行政行为不服的，可向国家税务总局申请行政复议。对行政复议决定不服，申请人可以向人民法院提起行政诉讼，也可以向国务院申请裁决。国务院的裁决为最终裁决。

对各级地方税务局的具体行政行为不服的，可以选择向其上一级地方税务局申请行政复议或者该税务局的本级人民法院提起行政诉讼。

3. 行政复议决定

行政复议机关应当自受理申请之日起60日内作出行政复议决定。行政复议决定书一经送达，即发生法律效力。

思考与练习

1. 简述税收的作用。

2. 税收与其他财政收入形式相比具有哪些特征？

3. 按照税法法律效力划分，税法可分为哪几种？

4. 增值税不得抵扣的进项税额有哪些？

5. 消费税纳税义务发生时间如何确定？

6. 案例分析：某实木地板公司某月取得销售收入100万元，采购货物、服务支出20万元，支付员工薪酬20万元。那么，该公司该月需要缴纳哪些税呢？

第四章
劳动合同与社会保险法律制度

学习目标

知识目标

1. 了解劳动关系与劳动合同的概念。
2. 掌握劳动合同的类型和主要内容。
3. 掌握劳动合同订立、履行、变更、解除与终止的有关规定。
4. 熟悉社会保险的类型及含义。

能力目标

1. 能根据劳动合同法维护自身的合法权益。
2. 能按照社会保险不同类型的缴纳规定维护自身的合法权益。

思维导图

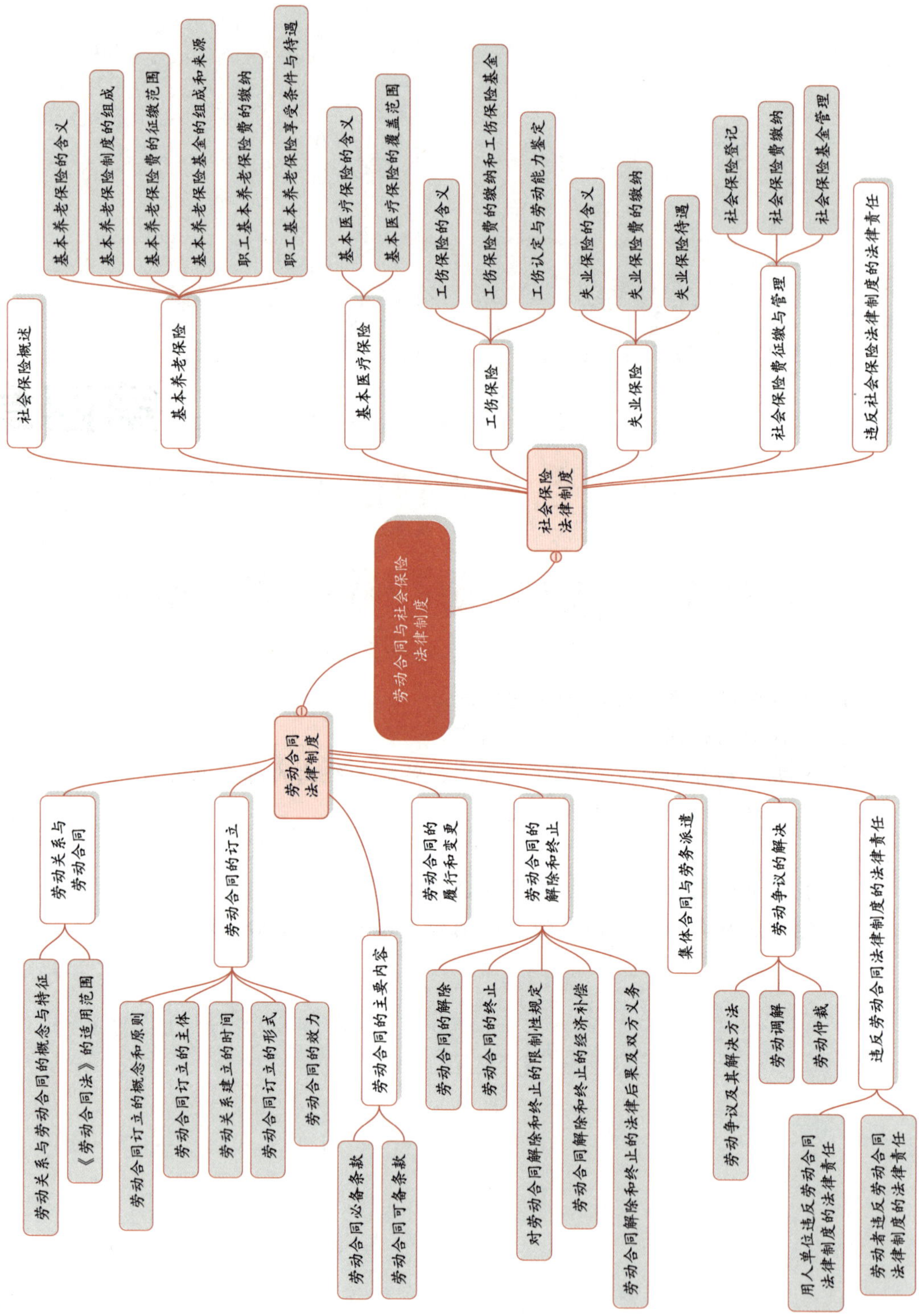

- 劳动合同与社会保险法律制度
  - 劳动合同法律制度
    - 劳动关系与劳动合同
      - 劳动关系与劳动合同的概念与特征
      - 《劳动合同法》的适用范围
    - 劳动合同的订立
      - 劳动合同订立的概念和原则
      - 劳动合同订立的主体
      - 劳动关系建立的时间
      - 劳动合同订立的形式
      - 劳动合同的效力
    - 劳动合同的主要内容
      - 劳动合同必备条款
      - 劳动合同可备条款
    - 劳动合同的履行和变更
    - 劳动合同的解除和终止
      - 劳动合同的解除
      - 劳动合同的终止
      - 对劳动合同解除和终止的限制性规定
      - 劳动合同解除和终止的经济补偿
      - 劳动合同解除和终止的法律后果及双方义务
    - 集体合同与劳务派遣
    - 劳动争议的解决
      - 劳动争议及其解决方法
      - 劳动调解
      - 劳动仲裁
    - 违反劳动合同法律制度的法律责任
      - 用人单位违反劳动合同法律制度的法律责任
      - 劳动者违反劳动合同法律制度的法律责任
  - 社会保险法律制度
    - 社会保险概述
    - 基本养老保险
      - 基本养老保险的含义
      - 基本养老保险制度的组成
      - 基本养老保险费的征缴范围
      - 基本养老保险基金的组成和来源
      - 职工基本养老保险费的缴纳
      - 职工基本养老保险享受条件与待遇
    - 基本医疗保险
      - 基本医疗保险的含义
      - 基本医疗保险的覆盖范围
    - 工伤保险
      - 工伤保险的含义
      - 工伤保险费的缴纳和工伤保险基金
      - 工伤认定与劳动能力鉴定
    - 失业保险
      - 失业保险的含义
      - 失业保险费的缴纳
      - 失业保险待遇
    - 社会保险费征缴与管理
      - 社会保险登记
      - 社会保险费缴纳
      - 社会保险基金管理
    - 违反社会保险法律制度的法律责任

劳动合同与社会保险同普通劳动者的日常工作和生活紧密相关，按照法律规定，用人单位与劳动者订立劳动合同后就要为劳动者缴纳社会保险。本章我们将对劳动合同的定义、劳动合同的内容以及社会保险的种类等知识展开学习。

第一节　劳动合同法律制度

一、劳动关系与劳动合同

1. 劳动关系与劳动合同的概念与特征

（1）劳动关系与劳动合同的概念

劳动关系是指劳动者与用人单位之间依法确立的劳动过程中的权利义务关系。劳动者接受用人单位的管理，从事用人单位安排的工作，成为用人单位的成员，从用人单位领取劳动报酬、享受劳动保护。

劳动合同是劳动者和用人单位之间依法确立劳动关系，明确双方权利义务的协议。

为规范劳动关系，我国陆续颁布了一系列相关法律、法规和规章，如 1994 年 7 月 5 日第八届全国人民代表大会常务委员会第八次会议通过、2009 年 8 月和 2018 年 12 月先后两次修正的《中华人民共和国劳动法》（以下简称《劳动法》），2007 年 6 月 29 日第十届全国人民代表大会常务委员会第二十八次会议通过、2012 年 12 月 28 日第十一届全国人民代表大会常务委员会第三十次会议修正的《中华人民共和国劳动合同法》（以下简称《劳动合同法》），2007 年 12 月 29 日第十届全国人民代表大会常务委员会第三十一次会议通过的《中华人民共和国劳动争议调解仲裁法》（以下简称《劳动争议调解仲裁法》），以及 2008 年 9 月 18 日国务院令第 535 号发布的《中华人民共和国劳动合同法实施条例》（以下简称《劳动合同法实施条例》）、2007 年 12 月 7 日国务院令第 514 号发布的《职工带薪年休假条例》，等等。这些法律法规构成了我国劳动法律制度的主要内容。

（2）劳动关系的特征

与一般的民事关系不同，劳动关系有其自身独有的特征：

1）劳动关系的主体具有特定性。劳动关系主体的一方是劳动者，另一方是用人单位。

2）劳动关系的内容具有较强的法定性。劳动关系涉及财产和人身关系，劳动者在签订劳动合同后，就会隶属于用人单位，受到用人单位的管理。为保护处于弱势的劳动者权益，法律规定了较多的强制性规范，当事人签订劳动合同不得违反强制性规定，否则劳动合同无效。

3）劳动关系兼有平等关系和隶属关系。劳动者与用人单位在建立劳动关系时，遵循平等、自愿、协商一致的原则，双方法律地位是平等的；一旦双方确立了劳动关系，在劳动过程中，用人单位和劳动者就具有了支配与被支配、管理与服从的从属关系。

2.《劳动合同法》的适用范围

中华人民共和国境内的企业、个体经济组织、民办非企业单位等组织，与劳动者建

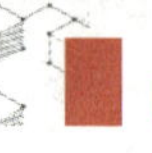

立劳动关系，订立、履行、变更、解除或者终止劳动合同，适用《劳动合同法》。依法成立的会计师事务所、律师事务所等合伙组织和基金会，也属于《劳动合同法》规定的用人单位。国家机关、事业单位、社会团体和与其建立劳动关系的劳动者，订立、履行、变更、解除或者终止劳动合同，依照《劳动合同法》执行。

地方各级人民政府及县级以上人民政府有关部门为安置就业困难人员提供的给予岗位补贴和社会保险补贴的公益性岗位，其劳动合同不适用《劳动合同法》有关无固定期限劳动合同的规定以及支付经济补偿的规定。

二、劳动合同的订立

1. 劳动合同订立的概念和原则

劳动合同的订立是指劳动者和用人单位经过相互选择与平等协商，就劳动合同的各项条款达成一致意见，并以书面形式明确规定双方权利、义务的内容，从而确立劳动关系的法律行为。订立劳动合同，应当遵循合法、公平、平等自愿、协商一致、诚实信用的原则。

2. 劳动合同订立的主体

（1）劳动合同订立主体的资格要求

1）劳动者有劳动权利能力和行为能力。《劳动法》规定，禁止用人单位招用未满 16 周岁的未成年人。文艺、体育和特种工艺单位招用未满 16 周岁的未成年人，必须遵守国家有关规定，并保障其接受义务教育的权利。

劳动者就业，不因民族、种族、性别、宗教信仰不同而受歧视。妇女享有与男子平等的就业权利。在录用职工时，除国家规定的不适合妇女的工种或者岗位外，不得以性别为由拒绝录用妇女或者提高对妇女的录用标准。残疾人、少数民族、退出现役的军人的就业，法律、法规有特别规定的，从其规定。

2）用人单位有用人权利能力和行为能力。用人单位是指具有用人权利能力和用人行为能力，运用劳动力组织生产劳动，且向劳动者支付工资等劳动报酬的单位。用人单位设立的分支机构，依法取得营业执照或者登记证书的，可以作为用人单位与劳动者订立劳动合同；未依法取得营业执照或者登记证书的，受用人单位委托可以与劳动者订立劳动合同。

（2）劳动合同订立主体的义务

1）用人单位的义务和责任。用人单位招用劳动者时，应当如实告知劳动者工作内容、工作条件、工作地点、职业危害、安全生产状况、劳动报酬，以及劳动者要求了解的其他情况。

用人单位招用劳动者，不得扣押劳动者的居民身份证和其他证件，不得要求劳动者提供担保或者以其他名义向劳动者收取财物。

用人单位违反《劳动合同法》规定，扣押劳动者居民身份证等证件的，由劳动行政部门责令限期退还劳动者本人，并依照有关法律规定给予处罚。用人单位以担保或者其

他名义向劳动者收取财物的，由劳动行政部门责令限期退还劳动者本人，并以每人500元以上2 000元以下的标准处以罚款；给劳动者造成损害的，应当承担赔偿责任。

2）劳动者的义务。用人单位有权了解劳动者与劳动合同直接相关的基本情况，劳动者应当如实说明。

3. 劳动关系建立的时间

用人单位自用工之日起即与劳动者建立劳动关系。用人单位与劳动者在用工前订立劳动合同的，劳动关系自用工之日起建立。

用人单位应当建立职工名册备查。职工名册应当包括劳动者姓名、性别、公民身份证号码、户籍地址及现住址、联系方式、用工形式、用工起始时间、劳动合同期限等内容。用人单位违反劳动合同法有关建立职工名册规定的，由劳动行政部门责令限期改正；逾期不改正的，由劳动行政部门处2 000元以上2万元以下的罚款。

4. 劳动合同订立的形式

（1）书面形式

建立劳动关系，应当订立书面劳动合同。已建立劳动关系，未同时订立书面劳动合同的，应当自用工之日起1个月内订立书面劳动合同。

实践中，有的用人单位和劳动者虽已建立劳动关系，但却迟迟未能订立书面劳动合同，这不利于劳动关系的法律保护。为此，《劳动合同法》及其实施条例区分不同情况作出以下规范：

1）自用工之日起1个月内，经用人单位书面通知后，劳动者不与用人单位订立书面劳动合同的，用人单位应当书面通知劳动者终止劳动关系，无须向劳动者支付经济补偿，但是应当依法向劳动者支付其实际工作时间的劳动报酬。

2）用人单位自用工之日起超过1个月不满1年未与劳动者订立书面劳动合同的，应当向劳动者每月支付2倍的工资，并与劳动者补订书面劳动合同。劳动者不与用人单位订立书面劳动合同的，用人单位应当书面通知劳动者终止劳动关系，并按规定支付经济补偿。用人单位向劳动者每月支付2倍工资的起算时间为用工之日起满1个月的次日，截止时间为补订书面劳动合同的前一日。

动动脑

小张毕业后应聘到一家新媒体公司做文员，但试用期满后公司并未主动找他签订劳动合同，小张找到领导询问，领导总是说不着急。请问该公司的做法合理吗？你觉得公司应该怎么做？

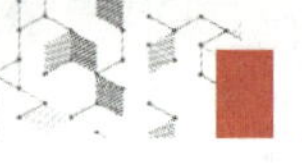

3）用人单位自用工之日起满1年未与劳动者订立书面劳动合同的，自用工之日起满1个月的次日至满1年的前一日应当向劳动者每月支付2倍的工资，并视为自用工之日起满1年的当日已经与劳动者订立无固定期限劳动合同，应当立即与劳动者补订书面劳动合同。

4）用人单位违反《劳动合同法》规定不与劳动者订立无固定期限劳动合同的，自应当订立无固定期限劳动合同之日起向劳动者每月支付2倍的工资。

《劳动合同法》及其实施条例对不订立劳动合同情况的规范见表4-1。

表4-1　《劳动合同法》及其实施条例对不订立劳动合同情况的规范

用工时间	劳动者不签订劳动合同应承担责任	用人单位不签订劳动合同应承担责任
1个月内	①终止劳动关系 ②支付劳动报酬 ③不支付经济补偿	—
1个月至1年	①终止劳动关系 ②支付经济补偿	①每月支付2倍工资 ②补偿时间：用工之日起满一个月的次日至补签劳动合同的前一日 ③补签劳动合同
满一年	—	①每月支付2倍工资（11个月） ②视为签订无固定期限劳动合同（满一年的当日）
工作时间超出应当签订无固定期限劳动合同的时间	—	①每月支付2倍工资 ②补偿时间：自应当订立无固定期限劳动合同之日起

（2）口头形式

非全日制用工双方当事人可以订立口头协议。

非全日制用工，是指以小时计酬为主，劳动者在同一用人单位一般平均每日工作时间不超过4小时，每周工作时间累计不超过24小时的用工形式。

从事非全日制用工的劳动者可以与一个或者一个以上用人单位订立劳动合同；但是，后订立的劳动合同不得影响先订立劳动合同的履行。非全日制用工双方当事人不得约定试用期。

非全日制用工双方当事人中任何一方都可以随时通知对方终止用工。终止用工，用人单位不向劳动者支付经济补偿。

5. 劳动合同的效力

（1）劳动合同的生效

劳动合同由用人单位与劳动者协商一致，并经用人单位与劳动者在劳动合同文本上

签字或者盖章生效。劳动合同文本由用人单位和劳动者各执一份。

如果用人单位不履行劳动合同，没有给劳动者提供约定的工作岗位，劳动者可以要求用人单位提供约定的工作岗位或者承担违约责任；如果劳动者不履行劳动合同，用人单位可以要求劳动者提供约定的劳动或者承担违约责任。如果因一方不履行劳动合同，造成另一方损失的，违约方还应赔偿对方相应的损失。

（2）无效劳动合同

无效劳动合同是指由用人单位和劳动者签订成立，而国家不予承认其法律效力的劳动合同。劳动合同虽然已经成立，但因违反了平等自愿、协商一致、诚实信用、公平等原则和法律、行政法规的强制性规定，可使其全部或者部分条款归于无效。下列劳动合同无效或者部分无效：

1）以欺诈、胁迫的手段或者乘人之危，使对方在违背真实意思的情况下订立或者变更劳动合同的；

2）用人单位免除自己的法定责任、排除劳动者权利的；

3）违反法律、行政法规强制性规定的。

对劳动合同的无效或者部分无效有争议的，由劳动争议仲裁机构或者人民法院确认。

小提示

无效劳动合同，从订立时起就没有法律约束力。劳动合同部分无效，不影响其他部分效力的，其他部分仍然有效。

三、劳动合同的主要内容

1. 劳动合同必备条款

劳动合同必备条款是指劳动合同必须具备的内容。劳动合同应当具备以下条款：

（1）用人单位的名称、住所和法定代表人或者主要负责人

用人单位的名称是指用人单位注册登记时所登记的名称，是代表用人单位的符号。用人单位的住所是用人单位发生法律关系的中心区域。劳动合同文本中要标明用人单位的具体地址。用人单位有两个以上办事机构的，以主要办事机构所在地为住所。具有法人资格的用人单位，要注明单位的法定代表人；不具有法人资格的用人单位，必须在劳动合同中写明该单位的主要负责人。

（2）劳动者的姓名、住址和居民身份证或者其他有效身份证件号码

劳动者的姓名以户籍登记，也即身份证上所载为准。劳动者的住址，以其户籍所在的居住地为住址，其经常居住地与户籍所在地不一致的，以经常居住地为住址。

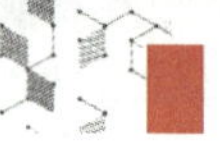

（3）劳动合同期限

劳动合同分为固定期限劳动合同、无固定期限劳动合同和以完成一定工作任务为期限的劳动合同。

1）固定期限劳动合同。是指用人单位与劳动者明确约定合同终止时间的劳动合同。劳动合同期限届满，劳动关系即告终止。如果双方协商一致，还可以续订劳动合同。

2）无固定期限劳动合同。是指用人单位与劳动者约定无确定终止时间的劳动合同。无确定终止时间，是指劳动合同没有一个确切的终止时间，劳动合同的期限长短不能确定，只要没有出现法定解除情形或者双方协商一致解除的，双方当事人就要继续履行劳动合同。但这并不是没有终止时间，一旦出现了法定情形或者双方协商一致解除的，无固定期限劳动合同同样也能够解除。

另外，用人单位自用工之日起满 1 年不与劳动者订立书面劳动合同的，视为用人单位自用工之日起满 1 年的当日已经与劳动者订立无固定期限劳动合同。

3）以完成一定工作任务为期限的劳动合同。是指用人单位与劳动者约定以某项工作的完成为合同期限的劳动合同。一般在以下几种情况下，用人单位与劳动者可以签订以完成一定工作任务为期限的劳动合同：①以完成单项工作任务为期限的劳动合同；②以项目承包方式完成承包任务的劳动合同；③因季节原因用工的劳动合同；④其他双方约定的以完成一定工作任务为期限的劳动合同。

（4）工作内容和工作地点

工作内容包括劳动者从事劳动的工种、岗位和劳动定额、产品质量标准的要求等。这是劳动者判断自己是否胜任该工作、是否愿意从事该工作的关键信息。

工作地点是指劳动者可能从事工作的具体地理位置。劳动者为用人单位提供劳动是在工作地点，劳动者生活是在居住地点，这两个地方的距离，决定着劳动者上下班所需时间，进而影响劳动者的生活，关系到劳动者的切身利益。这也是劳动者判断是否订立劳动合同必不可少的信息，是用人单位必须告知劳动者的内容。

（5）工作时间和休息、休假

1）工作时间。工作时间通常是指劳动者在一昼夜或一周内从事生产或工作的时间，也就是劳动者每天应工作的时数或每周应工作的天数。目前我国实行的工时制度主要有标准工时制、不定时工作制和综合计算工时制三种类型，见表 4-2。

表 4-2　工时制度分类

类型	内容
标准工时制	指法律统一规定的劳动者从事工作或劳动的时间。国家实行劳动者每日工作 8 小时、每周工作 40 小时的标准工时制度。有些企业因工作性质和生产特点不能实行标准工时制度，应保证劳动者每天工作不超过 8 小时，每周工作不超过 40 小时，每周至少休息 1 天

续表

类型	内容
不定时工作制	指没有固定工作时间限制的工作制度，主要适用于一些因工作性质或工作条件不受标准工作时间限制的工作岗位
综合计算工时制	指用人单位根据生产和工作的特点分别以周、月、季、年等为周期，综合计算劳动者工作时间，但其平均日工作时间和平均周工作时间仍与法定标准工作时间基本相同的工时形式

2）休息、休假。休息是指劳动者在任职期间，在国家规定的法定工作时间以外，无须履行劳动义务而自行支配的时间，包括工作日内的间歇时间、工作日之间的休息时间和公休假日（即周休息日，是职工工作满一个工作周以后的休息时间）。

休假是指劳动者无须履行劳动义务且一般有工资保障的法定休息时间，包括：①法定假日，是指由法律统一规定的用以开展纪念、庆祝活动的休息时间，包括元旦、春节、清明节、劳动节、端午节、中秋节、国庆节等。②年休假，是指职工工作满一定年限，每年可享有的保留工作岗位、带薪连续休息的时间。

小提示

根据2008年9月18日人力资源和社会保障部令第1号《企业职工带薪年休假实施办法》，职工新进用人单位且符合享受带薪年休假条件的，当年度年休假天数按照在本单位剩余日历天数折算确定，折算后不足1整天的部分不享受年休假。

（6）劳动报酬

1）劳动报酬与支付。劳动报酬是指用人单位根据劳动者劳动的数量和质量，以货币形式支付给劳动者的工资、奖金等全部报酬。这是劳动者为用人单位提供劳动获得的直接回报，是劳动者提供劳动的直接目的，是劳动者的生活来源。

根据国家有关规定，工资应当以法定货币支付，不得以实物及有价证券替代货币支付。工资必须在用人单位与劳动者约定的日期支付。如遇节假日或休息日，则应提前在最近的工作日支付。工资至少每月支付一次，实行周、日、小时工资制的可按周、日、小时支付工资。对完成一次性临时劳动或某项具体工作的劳动者，用人单位应按有关协议或合同规定在其完成劳动任务后即支付工资。

用人单位安排加班不支付加班费的，由劳动行政部门责令限期支付加班费；逾期不支付的，责令用人单位按应付金额50%以上100%以下的标准向劳动者加付赔偿金。

2）最低工资制度。《劳动法》规定，国家实行最低工资保障制度。最低工资的具体

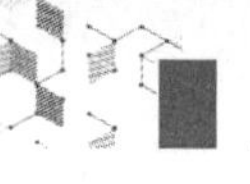

标准由省、自治区、直辖市人民政府规定，报国务院备案。用人单位支付劳动者的工资不得低于当地最低工资标准。

最低工资标准是指劳动者在法定工作时间或依法签订的劳动合同约定的工作时间内提供了正常劳动的前提下，用人单位依法应支付的最低劳动报酬。最低工资不包括延长工作时间的工资报酬，以货币形式支付的住房补贴和用人单位支付的伙食补贴，中班、夜班、高温、低温、井下、有毒、有害等特殊工作环境和劳动条件下的津贴，以及国家法律、法规、规章规定的社会保险福利待遇。

因劳动者本人原因给用人单位造成经济损失的，用人单位可按照劳动合同的约定要求其赔偿经济损失。经济损失的赔偿，可从劳动者本人的工资中扣除。但每月扣除的部分不得超过劳动者当月工资的20%。若扣除后的剩余工资部分低于当地月最低工资标准，则按最低工资标准支付。

（7）社会保险

社会保险包括基本养老保险、基本医疗保险、失业保险、工伤保险等。参加社会保险、缴纳社会保险费是用人单位与劳动者的法定义务，双方都必须履行。

（8）劳动保护、劳动条件和职业危害防护

劳动保护是指用人单位保护劳动者在工作过程中不受伤害的具体措施。劳动条件指用人单位为劳动者提供正常工作所必需的条件，包括劳动场所和劳动工具。职业危害防护是用人单位对工作过程中可能产生的影响劳动者身体健康的危害的防护措施。劳动保护、劳动条件和职业危害防护，是劳动合同中保护劳动者身体健康和安全的重要条款。

（9）法律、法规规定应当纳入劳动合同的其他事项

用人单位与劳动者订立劳动合同时，应当将工作过程中可能产生的职业病危害及其后果、职业病防护措施和待遇等如实告知劳动者，并在劳动合同中写明，不得隐瞒或者欺骗。

用人单位提供的劳动合同文本未载明《劳动合同法》规定的劳动合同必备条款或者用人单位未将劳动合同文本交付劳动者的，由劳动行政部门责令改正；给劳动者造成损害的，应当承担赔偿责任。

2. 劳动合同可备条款

除劳动合同必备条款外，用人单位与劳动者还可以在劳动合同中约定试用期、培训、保守秘密、补充保险和福利待遇等其他事项。但约定事项不能违反法律、行政法规的强制性规定，否则该约定无效。

（1）试用期

试用期是指用人单位和劳动者双方为相互了解、确定对方是否符合自己的招聘条件或求职意愿而约定的考察期限。根据《劳动合同法》的规定，劳动合同期限3个月以上不满1年的，试用期不得超过1个月；劳动合同期限1年以上不满3年的，试用期不得超

过2个月；3年以上固定期限和无固定期限的劳动合同，试用期不得超过6个月。这里的1年以上包括1年，3年以上包括3年。

同一用人单位与同一劳动者只能约定一次试用期。以完成一定工作任务为期限的劳动合同或者劳动合同期限不满3个月的，不得约定试用期。试用期包含在劳动合同期限内。劳动合同仅约定试用期的，该试用期不成立，该期限为劳动合同期限。用人单位违反规定与劳动者约定试用期的，由劳动行政部门责令改正；违法约定的试用期已经履行的，由用人单位以劳动者试用期满月工资为标准，按已经履行的超过法定试用期的期间向劳动者支付赔偿金。

劳动者在试用期的工资不得低于本单位相同岗位最低档工资或者劳动合同约定工资的80%，并不得低于用人单位所在地的最低工资标准。劳动合同约定工资，是指该劳动者与用人单位订立的劳动合同中约定的劳动者试用期满后的工资。

动动脑

甲公司与孙某签订劳动合同，约定合同期限为一年，月工资为2 000元，试用期3个月，试用期工资为月工资的60%。当地最低工资标准为1 500元/月。试分析该劳动合同中上述条款是否有效？

（2）服务期

服务期是指劳动者因享受用人单位给予的特殊待遇而做出的关于劳动履行期限的承诺。《劳动合同法》规定，用人单位为劳动者提供专项培训费用，对其进行专业技术培训的，可以与该劳动者订立协议，约定服务期。

劳动合同期满，但是用人单位与劳动者约定的服务期尚未到期的，劳动合同应当续延至服务期满；双方另有约定的，从其约定。

劳动者违反服务期约定的，应当按照约定向用人单位支付违约金。违约金的数额不得超过用人单位提供的培训费用。用人单位要求劳动者支付的违约金不得超过服务期尚未履行部分所应分摊的培训费用。

（3）保守商业秘密和竞业限制

商业秘密，是指不为公众所知悉、能为权利人带来经济利益、具有实用性并经权利人采取保密措施的技术信息和经营信息，包括非专利技术和经营信息两部分。用人单位与劳动者可以在劳动合同中约定保守用人单位的商业秘密和与知识产权相关的保密事项。

竞业限制又称竞业禁止，是对与权利人有特定关系的义务人的特定竞争行为的禁止。在用人单位和劳动者之间的劳动关系解除和终止后，限制劳动者一定时期的择业权，对因此约定给劳动者造成的损害，用人单位给予劳动者相应的经济补偿。

《劳动合同法》规定，对负有保密义务的劳动者，用人单位可以在劳动合同或者保密协议中与劳动者约定竞业限制条款，并约定在解除或者终止劳动合同后，在竞业限制期限内按月给予劳动者经济补偿。劳动者违反竞业限制约定的，应当按照约定向用人单位支付违约金。在解除或者终止劳动合同后，竞业限制人员到与本单位生产或者经营同类产品、从事同类业务的有竞争关系的其他用人单位工作，或者自己开业生产或者经营同类产品、从事同类业务的竞业限制期限，不得超过2年。

小提示

竞业限制的人员限于用人单位的高级管理人员、高级技术人员和其他负有保密义务的人员，而不是所有的劳动者。

四、劳动合同的履行和变更

1. 劳动合同的履行

劳动合同的履行是指劳动合同生效后，当事人双方按照劳动合同的约定，完成各自承担的义务和实现各自享受的权利，使当事人双方订立合同的目的得以实现的法律行为。用人单位与劳动者应当按照劳动合同的约定，全面履行各自的义务。

（1）用人单位应当按照劳动合同的约定和国家规定，向劳动者及时足额支付劳动报酬。用人单位拖欠或者未足额支付劳动报酬的，劳动者可以依法向当地人民法院申请支付令，人民法院应当依法发出支付令。用人单位未按照劳动合同的约定和国家规定及时足额支付劳动者劳动报酬的，由劳动行政部门责令限期支付；逾期不支付的，责令用人单位按应付金额50%以上100%以下的标准向劳动者加付赔偿金。

（2）用人单位应当严格执行劳动定额标准，不得强迫或者变相强迫劳动者加班。用人单位安排加班的，应当按照国家有关规定向劳动者支付加班费。

（3）劳动者拒绝用人单位管理人员违章指挥、强令冒险作业的，不视为违反劳动合同。劳动者对危害生命安全和身体健康的劳动条件，有权对用人单位提出批评、检举和控告。

（4）用人单位变更名称、法定代表人、主要负责人或者投资人等事项，不影响劳动合同的履行。

（5）用人单位发生合并或者分立等情况，原劳动合同继续有效，劳动合同由承继其权利和义务的用人单位继续履行。

2. 劳动合同的变更

劳动合同的变更是指劳动合同依法订立后，在合同尚未履行或者尚未履行完毕之前，

经用人单位和劳动者双方当事人协商同意，对劳动合同内容作部分修改、补充或者删减的法律行为。

用人单位与劳动者协商一致，可以变更劳动合同约定的内容。变更劳动合同，应当采用书面形式。变更后的劳动合同文本由用人单位和劳动者各执一份。

变更劳动合同未采用书面形式，但已经实际履行了口头变更的劳动合同超过 1 个月，且变更后的劳动合同内容不违反法律、行政法规、国家政策以及公序良俗，当事人以未采用书面形式为由主张劳动合同变更无效的，人民法院不予支持。

动动脑

小张入职的新媒体公司由于法定代表人的更换，公司名称也进行了更改，于是小张就想需不需要重新找公司签订劳动合同呢？你能帮帮他吗？

五、劳动合同的解除和终止

1. 劳动合同的解除

（1）劳动合同解除的概念

劳动合同解除是指在劳动合同订立后，劳动合同期限届满之前，因双方协商提前结束劳动关系，或因出现法定的情形，一方单方通知对方结束劳动关系的法律行为。劳动合同解除分为协商解除和法定解除两种情况。

（2）协商解除

协商解除，又称合意解除、意定解除，是指劳动合同订立后，双方当事人因某种原因，在完全自愿的基础上协商一致，提前终止劳动合同，结束劳动关系。《劳动合同法》规定，用人单位与劳动者协商一致，可以解除劳动合同。由用人单位提出解除劳动合同而与劳动者协商一致的，必须依法向劳动者支付经济补偿；由劳动者主动辞职或与用人单位协商一致解除劳动合同的，用人单位无须向劳动者支付经济补偿。

（3）法定解除

法定解除是指在出现国家法律、法规或劳动合同规定的可以解除劳动合同的情形时，不需当事人协商一致，一方当事人即可决定解除劳动合同，劳动合同效力可以自然终止或由单方提前终止。在这种情况下，主动解除劳动合同的一方一般负有主动通知对方的义务。法定解除又可分为劳动者的单方解除和用人单位的单方解除。

知识链接

用人单位裁减人员后，在6个月内重新招用人员的，应当通知被裁减的人员，并在同等条件下优先招用被裁减的人员。

2. 劳动合同的终止

劳动合同终止是指用人单位与劳动者之间的劳动关系因某种法律事实的出现归于消灭，或导致劳动关系的继续履行成为不可能而不得不消灭的情形。劳动合同终止一般不涉及用人单位与劳动者的意思表示，只要法定事实出现，一般情况下都会导致双方劳动关系的消灭。

3. 对劳动合同解除和终止的限制性规定

一般来说，劳动合同期满，劳动合同即终止，但也有例外。根据《劳动合同法》的规定，劳动者有下列情形之一的，用人单位既不得适用无过失性辞退或经济性裁员解除劳动合同的情形解除劳动合同，也不得终止劳动合同，劳动合同应当续延至相应的情形消失时终止：

（1）从事接触职业病危害作业的劳动者未进行离岗前职业健康检查，或者疑似职业病病人在诊断或者医学观察期间的；

（2）在本单位患职业病或者因工负伤并被确认丧失或者部分丧失劳动能力的；

（3）患病或者非因工负伤，在规定的医疗期内的；

（4）女职工在孕期、产期、哺乳期的；

（5）在本单位连续工作满15年，且距法定退休年龄不足5年的；

（6）法律、行政法规规定的其他情形。

4. 劳动合同解除和终止的经济补偿

（1）经济补偿的概念

劳动合同法律关系中的经济补偿是指按照劳动合同法律制度的规定，在劳动者无过错的情况下，用人单位与劳动者解除或者终止劳动合同时，应给予劳动者经济上的补助，也称经济补偿金。

经济补偿金与违约金、赔偿金是不同的。经济补偿金是法定的，主要是针对劳动关系的解除和终止，在劳动者无过错的情况下，用人单位应给予劳动者一定数额的经济上的补偿。

违约金是约定的，是指劳动者违反了服务期和竞业限制的约定而向用人单位支付的违约补偿。《劳动合同法》第二十五条明确规定，禁止用人单位对劳动合同服务期和竞业限制之外的其他事项与劳动者约定由劳动者承担违约金。

赔偿金是指用人单位和劳动者由于自己的过错给对方造成损害时，所应承担的不利的法律后果。

经济补偿金的支付主体是用人单位，违约金的支付主体是劳动者，赔偿金的支付主体既可能是用人单位，也可能是劳动者。

不同经济补偿方法的比较见表 4-3。

表 4-3　不同经济补偿方法的比较

项目	适用条件	支付主体
经济补偿金	①劳动关系解除和终止 ②劳动者无过错	用人单位
违约金	劳动者违反劳动合同服务期和竞业限制的规定	劳动者
赔偿金	由于自己的过错给对方造成损害	过错方

（2）用人单位应当向劳动者支付经济补偿的情形

1）劳动者符合随时通知解除和不需事先通知即可解除劳动合同规定情形而解除劳动合同的；

2）由用人单位提出解除劳动合同并与劳动者协商一致而解除劳动合同的；

3）用人单位符合提前 30 日以书面形式通知劳动者本人或者额外支付劳动者 1 个月工资后，可以解除劳动合同的规定情形而解除劳动合同的；

4）用人单位符合可裁减人员规定而解除劳动合同的；

5）除用人单位维持或者提高劳动合同约定条件续订劳动合同，劳动者不同意续订的情形外，劳动合同期满终止固定期限劳动合同的；

6）用人单位被依法宣告破产或者被吊销营业执照、责令关闭、撤销或者用人单位决定提前解散而终止劳动合同的；

7）以完成一定工作任务为期限的劳动合同因任务完成而终止的；

8）法律、行政法规规定的其他情形。

（3）经济补偿的支付

根据劳动者在用人单位的工作年限和工资标准来计算经济补偿的具体金额，并以货币形式支付给劳动者。经济补偿金的计算公式为：

经济补偿金 = 劳动合同解除或者终止前劳动者在本单位的工作年限 × 每工作 1 年应得的经济补偿

或者简写为：

经济补偿金 = 工作年限 × 月工资

1）关于补偿年限的计算标准

根据《劳动合同法》的规定，经济补偿按劳动者在本单位工作的年限，每满 1 年支

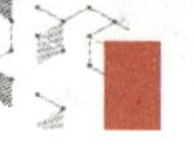

付 1 个月工资的标准向劳动者支付。6 个月以上不满 1 年的，按 1 年计算；不满 6 个月的，向劳动者支付半个月工资的经济补偿。

劳动者非因本人原因从原用人单位被安排到新用人单位工作的，劳动者在原用人单位的工作年限合并计入新用人单位的工作年限。原用人单位已经向劳动者支付经济补偿的，新用人单位在依法解除、终止劳动合同计算支付经济补偿的工作年限时，不再计算劳动者在原用人单位的工作年限。

2）关于补偿基数的计算标准

月工资是指劳动者在劳动合同解除或者终止前 12 个月的平均工资。月工资按照劳动者应得工资计算，包括计时工资或者计件工资以及奖金、津贴和补贴等货币性收入。

劳动者在劳动合同解除或者终止前 12 个月的平均工资低于当地最低工资标准的，按照当地最低工资标准计算。即：

经济补偿金=工作年限×月最低工资标准

劳动者工作不满 12 个月的，按照实际工作的月数计算平均工资。

劳动者月工资高于用人单位所在直辖市、设区的市级人民政府公布的本地区上年度职工月平均工资 3 倍的，向其支付经济补偿的标准按职工月平均工资 3 倍的数额支付，向其支付经济补偿的年限最高不超过 12 年。即：

经济补偿金=工作年限（最高不超过 12 年）×当地上年度职工月平均工资 3 倍

知识链接

对于《劳动合同法》施行之日已存续的劳动合同，在《劳动合同法》施行后解除或者终止，依照《劳动合同法》规定应当支付经济补偿的，经济补偿年限自《劳动合同法》施行之日（2008 年 1 月 1 日）起计算；《劳动合同法》施行前按照当时有关规定，用人单位应当向劳动者支付经济补偿的，按照当时有关规定执行。也就是经济补偿的计发办法分两段计算：2008 年 1 月 1 日前的，按当时当地的有关规定执行；2008 年 1 月 1 日以后的，按新法执行；两段补偿合并计算。

5. 劳动合同解除和终止的法律后果及双方义务

（1）劳动合同解除和终止后，用人单位和劳动者双方不再履行劳动合同，劳动关系消灭。劳动者应当按照双方约定，办理工作交接。

（2）劳动合同解除或终止的，用人单位应当在解除或者终止劳动合同时出具解除或者终止劳动合同的证明，并在 15 日内为劳动者办理档案和社会保险关系转移手续。用人单位出具的解除、终止劳动合同的证明，应当写明劳动合同期限、解除或者终止劳动合

同的日期、工作岗位、在本单位的工作年限。用人单位对已经解除或者终止的劳动合同的文本，至少保存2年备查。

用人单位未向劳动者出具解除或者终止劳动合同的书面证明，由劳动行政部门责令改正；给劳动者造成损害的，应当承担赔偿责任。

劳动者依法解除或者终止劳动合同，用人单位扣押劳动者档案或者其他物品的，由劳动行政部门责令限期退还劳动者本人，并以每人500元以上2 000元以下的标准处以罚款；给劳动者造成损害的，应当承担赔偿责任。

（3）解除或者终止劳动合同，用人单位未能按照《劳动合同法》的规定向劳动者支付经济补偿的，由劳动行政部门责令限期支付经济补偿；逾期不支付的，责令用人单位按应付金额50%以上100%以下的标准向劳动者加付赔偿金。

（4）用人单位违反规定解除或者终止劳动合同，劳动者要求继续履行劳动合同的，用人单位应当继续履行；劳动者不要求继续履行劳动合同或者劳动合同已经不能继续履行的，用人单位应当依照《劳动合同法》规定的经济补偿标准的2倍向劳动者支付赔偿金。用人单位支付了赔偿金的，不再支付经济补偿。赔偿金的计算年限自用工之日起计算。

（5）劳动者违反《劳动合同法》规定解除劳动合同，给用人单位造成损失的，应当承担赔偿责任。

动动脑

小张所在的新媒体公司由于经营不善、效益低下致使他的工资不高。小张的朋友告诉他可以跳槽，并给他介绍了别的公司，可是小张的劳动合同还没有到期，小张可以跳槽吗？他应该怎么做呢？

六、集体合同与劳务派遣

1. 集体合同

（1）集体合同的概念和种类

集体合同是工会代表企业职工一方与企业签订的以劳动报酬、工作时间、休息休假、劳动安全卫生、保险福利等为主要内容的书面协议。尚未建立工会的用人单位，可以由上级工会指导劳动者推举的代表与用人单位订立集体合同。

（2）集体合同的订立

集体合同内容由用人单位和职工各自派出集体协商代表，通过集体协商（会议）的方式协商确定。集体协商双方的代表人数应当对等，每方至少3人，并各确定1名首席

代表。

经双方协商代表协商一致的集体合同草案或专项集体合同草案应当提交职工代表大会或者全体职工讨论。职工代表大会或者全体职工讨论集体合同草案，应当有2/3以上职工代表或者职工出席，且须经全体职工代表半数以上或者全体职工半数以上同意，方获通过。集体合同草案或专项集体合同草案经职工代表大会或者职工大会通过后，由集体协商双方首席代表签字。

（3）集体合同纠纷和法律救济

用人单位违反集体合同，侵犯职工劳动权益的，工会可以依法要求用人单位承担责任；因履行集体合同发生争议，经协商解决不成的，工会可以依法申请仲裁、提起诉讼。

2. 劳务派遣

（1）劳务派遣的概念和特征

劳务派遣是指由劳务派遣单位与劳动者订立劳动合同，与用工单位订立劳务派遣协议，将被派遣劳动者派往用工单位工作。劳动合同关系存在于劳务派遣单位与被派遣劳动者之间，但劳动力给付的事实则发生于被派遣员工与用工单位之间，也即劳动力的雇佣与劳动力使用分离，被派遣劳动者不与用工单位签订劳动合同，发生劳动关系。这是劳务派遣最显著的特征。

（2）劳务派遣的适用范围

劳动合同用工是我国企业基本用工形式，劳务派遣用工是补充形式，只能在临时性、辅助性或者替代性的工作岗位上实施。临时性工作岗位是指存续时间不超过6个月的岗位；辅助性工作岗位是指为主营业务岗位提供服务的非主营业务岗位；替代性工作岗位是指用工单位的劳动者因脱产学习、休假等原因无法工作的一定期间内，可以由其他劳动者替代工作的岗位。

（3）劳务派遣单位、用工单位与劳动者的权利和义务

劳务派遣单位是用人单位，应当履行用人单位对劳动者的义务。劳务派遣单位与被派遣劳动者订立的劳动合同，除应当载明劳动合同必备的条款外，还应当载明被派遣劳动者的用工单位以及派遣期限、工作岗位等情况。劳务派遣单位应当与被派遣劳动者订立2年以上的固定期限劳动合同，按月支付劳动报酬；被派遣劳动者在无工作期间，劳务派遣单位应当按照所在地人民政府规定的最低工资标准，向其按月支付报酬。

七、劳动争议的解决

1. 劳动争议及其解决方法

（1）劳动争议的概念

劳动争议是指劳动关系当事人之间因实现劳动权利、履行劳动义务发生分歧而引起

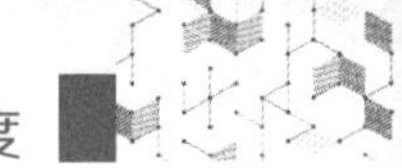

的争议，也称劳动纠纷、劳资争议。具体包括：

1）因确认劳动关系发生的争议；

2）因订立、履行、变更、解除和终止劳动合同发生的争议；

3）因除名、辞退和辞职、离职发生的争议；

4）因工作时间、休息休假、社会保险、福利、培训以及劳动保护发生的争议；

5）因劳动报酬、工伤医疗费、经济补偿或者赔偿金等发生的争议；

6）法律、法规规定的其他劳动争议。

（2）劳动争议的解决原则和方法

1）劳动争议解决的基本原则

解决劳动争议，应当根据事实，遵循合法、公正、及时、着重调解的原则，依法保护当事人的合法权益。

2）劳动争议解决的基本方法

劳动争议解决的方法有协商、调解、仲裁和诉讼。发生劳动争议，劳动者可以与用人单位协商，也可以请工会或者第三方共同与用人单位协商，达成和解协议；当事人不愿协商、协商不成或者达成和解协议后不履行的，可以向调解组织申请调解；不愿调解、调解不成或者达成调解协议后不履行的，可以向劳动争议仲裁机构申请仲裁；对仲裁裁决不服的，除《劳动争议调解仲裁法》另有规定的以外，可以向人民法院提起诉讼。

劳动争议的调解是指在劳动争议调解组织的主持下，在双方当事人自愿的基础上，通过宣传法律、法规、规章和政策，劝导当事人化解矛盾，自愿就争议事项达成协议，使劳动争议及时得到解决的一种活动。

劳动仲裁是指劳动争议仲裁机构对劳动争议当事人争议的事项，根据劳动法律、法规规章和政策等的规定，依法作出裁决，从而解决劳动争议的一项劳动法律制度。

劳动仲裁不同于一般经济纠纷的仲裁，除法律依据和适用范围不同外，还有以下几点区别：

①申请程序不同。一般经济纠纷的仲裁，当事人必须在事先或事后达成仲裁协议，才能据此向仲裁机构提出仲裁申请。而劳动争议的仲裁，则不要求当事人达成仲裁协议，只要一方当事人提出申请，有关仲裁机构即可受理。

②裁决的效力不同。一般经济纠纷的仲裁实行“一裁终局”制度，即仲裁裁决作出后，当事人就同一纠纷再申请仲裁或者向人民法院起诉的，仲裁委员会或者人民法院不予受理。而劳动争议仲裁，当事人对裁决不服的，除《劳动争议调解仲裁法》规定的几类特殊劳动争议外，可以向人民法院起诉。因此，劳动争议的裁决一般不是终局的。

知识链接

举证责任是指民事案件当事人对自己提出的主张有收集或提供证据的义务。当事人因客观原因不能自行收集的证据，或者人民法院认为审理案件需要的证据，人民法院应当调查收集。法律直接规定的侵权诉讼案件，举证责任倒置。对刑事案件，人民检察院负举证责任；对刑事自诉案件，自诉人负举证责任。

2. 劳动调解

（1）劳动争议调解组织

可受理劳动争议的调解组织有：

1）企业劳动争议调解委员会。企业劳动争议调解委员会由职工代表和企业代表组成。职工代表由工会成员担任或者由全体职工推举产生，企业代表由企业负责人指定。企业劳动争议调解委员会主任由工会成员或者双方推举的人员担任。

2）依法设立的基层人民调解组织。

3）在乡镇、街道设立的具有劳动争议调解职能的组织。

（2）劳动争议调解程序

1）当事人申请劳动争议调解可以书面申请，也可以口头申请。口头申请的，调解组织应当当场记录申请人基本情况、申请调解的争议事项、理由和时间。

2）调解劳动争议，应当充分听取双方当事人对事实和理由的陈述，耐心疏导，帮助其达成协议。

3）经调解达成协议的，应当制作调解协议书。调解协议书由双方当事人签名或者盖章，经调解员签名并加盖调解组织印章后生效。调解协议书对双方当事人具有约束力，当事人应当履行。

自劳动争议调解组织收到调解申请之日起 15 日内未达成调解协议的，当事人可以依法申请仲裁。

4）达成调解协议后，一方当事人在协议约定期限内不履行调解协议的，另一方当事人可以依法申请仲裁。因支付拖欠劳动报酬、工伤医疗费经济补偿或者赔偿金事项达成调解协议，用人单位在协议约定期限内不履行的，劳动者可以持调解协议书依法向人民法院申请支付令。人民法院应当依法发出支付令。

3. 劳动仲裁

劳动仲裁机构是劳动人事争议仲裁委员会。仲裁委员会按照统筹规划、合理布局和适应实际需要的原则设立，不按行政区划层层设立。仲裁委员会下设实体化的办事机构，

称为劳动人事争议仲裁院（以下简称“仲裁院”）。

劳动争议仲裁不收费。仲裁委员会的经费由财政予以保障。

劳动争议申请仲裁的时效期间为1年。仲裁时效期间从当事人知道或者应当知道其权利被侵害之日起计算。劳动关系存续期间因拖欠劳动报酬发生争议的，劳动者申请仲裁不受1年仲裁时效期间的限制；但是，劳动关系终止的，应当自劳动关系终止之日起1年内提出。

劳动仲裁时效，因当事人一方向对方当事人主张权利（即一方当事人通过协商、申请调解等方式向对方当事人主张权利的），或者向有关部门请求权利救济（即一方当事人通过向有关部门投诉、向仲裁委员会申请仲裁、向人民法院起诉或者申请支付令等方式请求权利救济的），或者对方当事人同意履行义务而中断，从中断时起，仲裁时效期间重新计算。这里的中断时起，应理解为中断事由消除时起。如权利人申请调解的，经调解达不成协议的，应自调解不成之日起重新计算；如达成调解协议，自义务人应当履行义务的期限届满之日起计算。因不可抗力或者有其他正当理由（无民事行为能力或者限制民事行为能力劳动者的法定代理人未确定等），当事人不能在仲裁时效期间申请仲裁的，仲裁时效中止。从中止时效的原因消除之日起，仲裁时效期间继续计算。

小提示

劳动争议仲裁中的“3日”“5日”“10日”指工作日，“15日”“45日”指自然日。

动动脑

小张在职期间因公负伤，找到公司要求赔偿时，公司说由于他们还没有签订劳动合同，所以公司不存在赔偿的义务。小张非常愤怒，屡次和公司协商没有结果，请问他还有哪些途径可以保护自己的合法权益？

八、违反劳动合同法律制度的法律责任

1. 用人单位违反劳动合同法律制度的法律责任

（1）用人单位规章制度违反法律

1）用人单位直接涉及劳动者切身利益的规章制度违反法律、法规规定的，由劳动行政部门责令改正，给予警告；给劳动者造成损害的，应当承担赔偿责任。

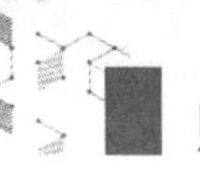

2）用人单位违反劳动合同法有关建立职工名册规定的，由劳动行政部门责令改正；逾期不改正的，由劳动行政部门处 2 000 元以上 20 000 元以下的罚款。

（2）用人单位订立劳动合同违反法律

1）用人单位提供的劳动合同文本未载明劳动合同必备条款或者用人单位未将劳动合同文本交付劳动者的，由劳动行政部门责令改正；给劳动者造成损害的，应当承担赔偿责任。

2）用人单位自用工之日起超过 1 个月不满 1 年未与劳动者订立书面劳动合同的，应当向劳动者每月支付 2 倍的工资。

3）用人单位违反劳动合同法规定不与劳动者订立无固定期限劳动合同的，自应当订立无固定期限劳动合同之日起向劳动者每月支付 2 倍的工资。

4）用人单位违反劳动合同法规定与劳动者约定试用期的，由劳动行政部门责令改正；违法约定的试用期已经履行的，由用人单位以劳动者试用期满月工资为标准，按已经履行的超过法定试用期的期间向劳动者支付赔偿金。

5）用人单位违反劳动合同法规定，扣押劳动者居民身份证等证件的，由劳动行政部门责令限期退还劳动者本人，并依照有关法律规定给予处罚。

6）用人单位违反劳动合同法规定，以担保或者其他名义向劳动者收取财物的，由劳动行政部门责令限期退还劳动者本人，并以每人 500 元以上 2 000 元以下的标准处以罚款；给劳动者造成损害的，应当承担赔偿责任。

7）劳动合同依照法律规定被确认无效，给劳动者造成损害的，用人单位应当承担赔偿责任。

（3）用人单位履行劳动合同违反法律

1）用人单位有下列情形之一的，依法给予行政处罚；构成犯罪的，依法追究刑事责任；给劳动者造成损害的，应当承担赔偿责任：

①以暴力、威胁或者非法限制人身自由的手段强迫劳动的；

②违章指挥或者强令冒险作业危及劳动者人身安全的；

③侮辱、体罚、殴打、非法搜查或者拘禁劳动者的；

④劳动条件恶劣、环境污染严重，给劳动者身心健康造成严重损害的。

2）用人单位有下列情形之一的，由劳动行政部门责令限期支付劳动报酬、加班费；劳动报酬低于当地最低工资标准的，应当支付其差额部分；逾期不支付的，责令用人单位按应付金额 50%以上 100%以下的标准向劳动者加付赔偿金：

①未按照劳动合同的约定或者国家规定及时足额支付劳动者劳动报酬的；

②低于当地最低工资标准支付劳动者工资的；

③安排加班不支付加班费的。

3）用人单位依照劳动合同法规定应当向劳动者每月支付2倍的工资或者应当向劳动者支付赔偿金而未支付的，劳动行政部门应当责令用人单位支付。

（4）用人单位违反法律规定解除和终止劳动合同

1）用人单位违反劳动合同法规定解除或者终止劳动合同的，应当依照劳动合同法规定的经济补偿标准的2倍向劳动者支付赔偿金。

2）用人单位解除或者终止劳动合同，未依照劳动合同法规定向劳动者支付经济补偿的，由劳动行政部门责令限期支付经济补偿；逾期不支付的，责令用人单位按应付金额50%以上100%以下的标准向劳动者加付赔偿金。

3）用人单位违反劳动合同法规定未向劳动者出具解除或者终止劳动合同的书面证明，由劳动行政部门责令改正；给劳动者造成损害的，应当承担赔偿责任。

4）劳动者依法解除或者终止劳动合同，用人单位扣押劳动者档案或者其他物品的，由劳动行政部门责令限期退还劳动者本人，并以每人500元以上2 000元以下的标准处以罚款；给劳动者造成损害的，应当承担赔偿责任。

（5）其他法律责任

1）用人单位招用与其他用人单位尚未解除或者终止劳动合同的劳动者，给其他用人单位造成损失的，应当承担连带赔偿责任。

2）劳务派遣单位、用工单位违反劳动合同法有关劳务派遣规定的，由劳动行政部门责令限期改正；逾期不改正的，以每人5 000元以上10 000元以下的标准处以罚款，对劳务派遣单位，吊销其劳务派遣业务经营许可证。用工单位给被派遣劳动者造成损害的，劳务派遣单位与用工单位承担连带赔偿责任。

3）对不具备合法经营资格的用人单位的违法犯罪行为，依法追究法律责任；劳动者已经付出劳动的，该单位或者其出资人应当依照劳动合同法的有关规定向劳动者支付劳动报酬、经济补偿、赔偿金；给劳动者造成损害的，应当承担赔偿责任。

4）个人承包经营违反劳动合同法规定招用劳动者，给劳动者造成损害的，发包的组织与个人承包经营者承担连带赔偿责任。

2. 劳动者违反劳动合同法律制度的法律责任

（1）劳动合同被确认无效，给用人单位造成损失的，有过错的劳动者应当承担赔偿责任。

（2）劳动者违反劳动合同法规定解除劳动合同，给用人单位造成损失的，应当承担赔偿责任。

（3）劳动者违反劳动合同中约定的保密义务或者竞业限制，劳动者应当按照劳动合同的约定，向用人单位支付违约金；给用人单位造成损失的，应当承担赔偿责任。

（4）劳动者违反培训协议，未满服务期解除或者终止劳动合同的，或者因劳动者严

重违纪，用人单位与劳动者解除约定服务期的劳动合同的，劳动者应当按照劳动合同的约定，向用人单位支付违约金。

第二节 社会保险法律制度

一、社会保险概述

社会保险是指国家依法建立的，由国家、用人单位和个人共同筹集资金建立基金，使个人在年老（退休）、患病、工伤（因工伤残或者患职业病）、失业、生育等情况下获得物质帮助和补偿的一种社会保障制度。这种保障是依靠国家立法强制实行的社会化保险。所谓社会化保险，一是指资金来源的社会化，社会保险基金中既有用人单位和个人缴纳的保险费，也有国家财政给予的补助；二是指管理的社会化，国家设置专门机构，实行统一规划和管理，统一承担保险金的发放等。

目前我国的社会保险项目主要有基本养老保险、基本医疗保险、工伤保险、失业保险和生育保险，如图 4-1 所示。2019 年 3 月 6 日，国务院办公厅印发了《关于全面推进生育保险和职工基本医疗保险合并实施的意见》，全面推进生育保险和职工基本医疗保险合并实施。

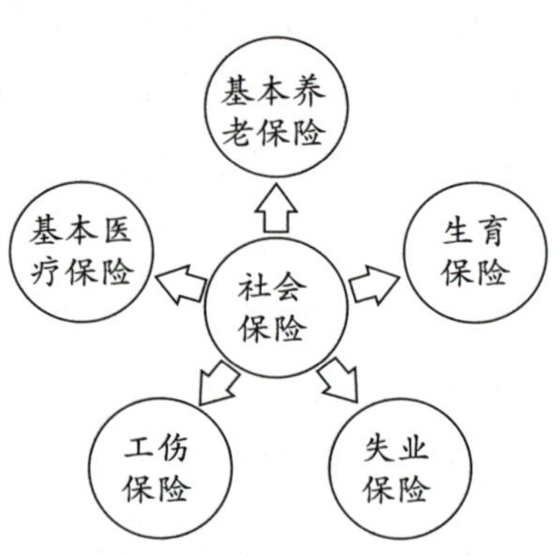

图 4-1　我国的社会保险项目

二、基本养老保险

1. 基本养老保险的含义

基本养老保险制度，是指缴费达到法定期限并且个人达到法定退休年龄后，国家和社会提供物质帮助以保证因年老而退出劳动领域者稳定、可靠的生活来源的社会保险制度。基本养老保险是社会保险体系中最重要、实施最广泛的一项制度。

2. 基本养老保险制度的组成

根据《社会保险法》的规定，基本养老保险制度由三个部分组成：职工基本养老保险制度、新型农村社会养老保险制度（以下简称“新农保”）、城镇居民社会养老保险制度（以下简称“城居保”），如图 4-2 所示。省、自治区、直辖市人民政府根据实际情况，可以将城镇居民社会养老保险和新型农村社会养老保险合并实施。2014 年 2 月 26 日国务院发布了《关于建立统一的城乡居民基本养老保险制度的意见》（国发〔2014〕8 号），决定将新农保和城居保两项制度合并实施，在全国范围内建立统一的城乡居民基本养老保险制度。

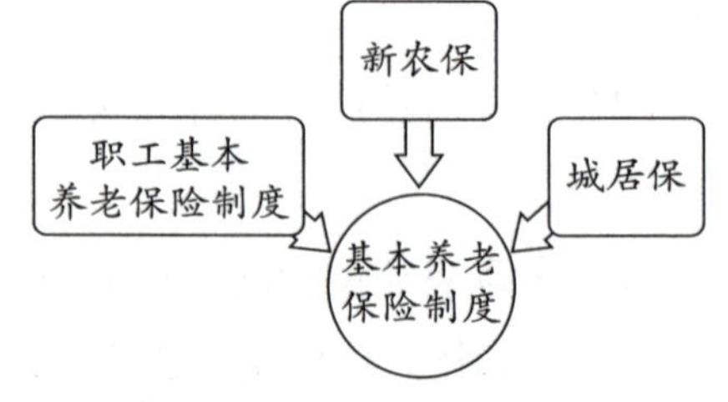

图 4-2　基本养老保险制度

3. 基本养老保险费的征缴范围

职工基本养老保险费的征缴范围包括：国有企业、城镇集体企业、外商投资企业、城镇私营企业和其他城镇企业及其职工，实行企业化管理的事业单位及其职工。这是职工基本养老保险的主体部分。职工基本养老保险费由用人单位和职工共同缴纳。无雇工的个体工商户、未在用人单位参加职工基本养老保险的非全日制从业人员以及其他灵活就业人员可以参加基本养老保险，由个人缴纳基本养老保险费。

4. 基本养老保险基金的组成和来源

基本养老保险基金由用人单位和个人缴费以及政府补贴等组成。基本养老保险实行社会统筹与个人账户相结合。基本养老金由统筹养老金和个人账户养老金组成。

个人账户不得提前支取，记账利率不得低于银行定期存款利率，免征利息税。参加基本养老保险的个人死亡后，其个人账户中的余额可以全部依法继承。个人跨统筹地区就业的，其基本养老保险关系随本人转移，缴费年限累计计算。个人达到法定退休年龄时，基本养老金分段计算、统一支付。

5. 职工基本养老保险费的缴纳

自 2019 年 5 月 1 日起，降低城镇职工基本养老保险（包括企业和机关事业单位基本养老保险）单位缴费比例。单位缴费比例高于 16%的，可降至 16%。按照现行政策，职工个人按照本人工资的 8%缴费，记入个人账户。

6. 职工基本养老保险享受条件与待遇

（1）职工基本养老保险享受条件

1）年龄条件：达到法定退休年龄。目前国家实行的法定企业职工退休年龄是：男性年满 60 周岁，女性年满 50 周岁，女干部年满 55 周岁；从事井下、高温、高空、特别繁重体力劳动或其他有害身体健康工作的，退休年龄为男性年满 55 周岁，女性年满 45 周岁；因病或非因工致残，由医院证明并经劳动鉴定委员会确认完全丧失劳动能力的，退休年龄为男性年满 50 周岁，女性年满 45 周岁。

2）缴费条件：累计缴费满 15 年。参加职工基本养老保险的个人，达到法定退休年龄时累计缴费满 15 年的，按月领取基本养老金。

（2）职工基本养老保险待遇

1）职工基本养老金。对符合基本养老保险享受条件的人员，国家按月支付基本养老金。

2）丧葬补助金和遗属抚恤金。参加基本养老保险的个人，因病或者非因工死亡的，其遗属可以领取丧葬补助金和遗属抚恤金，所需资金从基本养老保险基金中支付。但如果个人死亡同时符合领取基本养老保险丧葬补助金、工伤保险丧葬补助金和失业保险丧葬补助金条件的，其遗属只能选择领取其中的一项。

3）病残津贴。参加基本养老保险的个人，在未达到法定退休年龄时因病或者非因工致残完全丧失劳动能力的，可以领取病残津贴，所需资金从基本养老保险基金中支付。

三、基本医疗保险

1. 基本医疗保险的含义

基本医疗保险制度，是指按照国家规定缴纳一定比例的医疗保险费，参保人因患病和意外伤害而就医诊疗，由医疗保险基金支付其一定医疗费用的社会保险制度。

2. 基本医疗保险的覆盖范围

（1）职工基本医疗保险

职工应当参加职工基本医疗保险，由用人单位和职工按照国家规定共同缴纳基本医疗保险费。职工基本医疗保险费的征缴范围包括：国有企业、城镇集体企业、外商投资企业、城镇私营企业和其他城镇企业及其职工，国家机关及其工作人员，事业单位及其职工，民办非企业单位及其职工，社会团体及其专职人员。

无雇工的个体工商户、未在用人单位参加职工基本医疗保险的非全日制从业人员以及其他灵活就业人员可以参加职工基本医疗保险，由个人按照国家规定缴纳基本医疗保险费。

（2）城乡居民基本医疗保险

2016 年 1 月 3 日国务院印发了《关于整合城乡居民基本医疗保险制度的意见》，整合城镇居民基本医疗保险和新型农村合作医疗两项制度，建立统一的城乡居民基本医疗保险制度。城乡居民基本医疗保险制度覆盖范围包括：现有城镇居民基本医疗保险制度和新型农村合作医疗所有应参保（合）人员，即覆盖除职工基本医疗保险应参保人员以外的其他所有城乡居民，统一保障待遇。

知识链接

根据国务院办公厅 2019 年 3 月 6 日印发的《关于全面推进生育保险和职工基本医疗保险合并实施的意见》，推进两项保险合并实施，统一参保登记，即参加职工基本医疗保险的在职职工同步参加生育保险。统一基金征缴和管理，生育保险基金并入职工基本医疗保险基金，按照用人单位参加生育保险和职工基本医疗保险的缴费比例之和确定新的用人单位职工基本医疗保险费率，个人不缴纳生育保险费。两项保险合并实施后实行统一定点医疗服务管理，统一经办和信息服务，并确保职工生育期间的生育保险待遇不变。

四、工伤保险

1. 工伤保险的含义

工伤保险，是指劳动者在职业工作中或规定的特殊情况下遭遇意外伤害或职业病，导致暂时或永久丧失劳动能力以及死亡时，劳动者或其遗属能够从国家和社会获得物质帮助的社会保险制度。

2. 工伤保险费的缴纳和工伤保险基金

（1）工伤保险费的缴纳

职工应当参加工伤保险，由用人单位缴纳工伤保险费，职工不缴纳工伤保险费。中华人民共和国境内的企业、事业单位、社会团体、民办非企业单位、基金会、律师事务所、会计师事务所等组织和有雇工的个体工商户（以下简称“用人单位”）应当依照《工伤保险条例》的规定参加工伤保险，为本单位全部职工或者雇工（以下简称“职工”）缴纳工伤保险费。用人单位的职工或者雇工，均有依照规定享受工伤保险待遇的权利。

（2）工伤保险基金

工伤保险基金由用人单位缴纳的工伤保险费、工伤保险基金的利息和依法纳入工伤保险基金的其他资金构成。工伤保险基金存入社会保障基金财政专户，用于《工伤保险条例》规定的工伤保险待遇、劳动能力鉴定、工伤预防的宣传与培训等费用，以及法律、法规规定的用于工伤保险的其他费用的支付。任何单位或者个人不得将工伤保险基金用于投资运营、兴建或者改建办公场所、发放奖金，或者挪作其他用途。

3. 工伤认定与劳动能力鉴定

（1）工伤认定

职工有下列情形之一的，应当认定为工伤：

1）在工作时间和工作场所内，因工作原因受到事故伤害的；

2）工作时间前后在工作场所内，从事与工作有关的预备性或收尾性工作受到事故伤害的；

3）在工作时间和工作场所内，因履行工作职责受到暴力等意外伤害的；

4）患职业病的；

5）因工外出期间，由于工作原因受到伤害或者发生事故下落不明的；

6）在上下班途中，受到非本人主要责任的交通事故或者城市轨道交通、客运轮渡、火车事故伤害的；

7）法律、行政法规规定应当认定为工伤的其他情形。

（2）视同工伤的情形

职工有下列情形之一的，视同工伤：

1）在工作时间和工作岗位，突发疾病死亡或者在48小时内经抢救无效死亡的；

2）在抢险救灾等维护国家利益、公共利益活动中受到伤害的；

3）原在军队服役，因战、因公负伤致残，已取得革命伤残军人证，到用人单位后旧伤复发的。

（3）不认定为工伤的情形

职工因下列情形之一导致本人在工作中伤亡的，不认定为工伤：

1）故意犯罪；

2）醉酒或者吸毒；

3）自残或者自杀。

动动脑

小张骑着电动车上班，在上班的路上被违章驾驶的机动车撞伤，请问这属于工伤吗？

五、失业保险

1. 失业保险的含义

失业是指处于法定劳动年龄阶段的劳动者，有劳动能力和劳动愿望，但却没有劳动岗位的一种状态。失业保险是指国家通过立法强制实行的，由社会集中建立基金，保障因失业而暂时中断生活来源的劳动者的基本生活，并通过职业培训、职业介绍等措施促进其再就业的社会保险制度。

2. 失业保险费的缴纳

职工应当参加失业保险，由用人单位和职工按照国家规定共同缴纳失业保险费。失业保险费的征缴范围包括：国有企业、城镇集体企业、外商投资企业、城镇私营企业和其他城镇企业（统称城镇企业）及其职工，事业单位及其职工。

根据《失业保险条例》的规定，城镇企业事业单位按照本单位工资总额的2%缴纳失业保险费，职工按照本人工资的1%缴纳失业保险费。为减轻企业负担，促进就业，人力资源社会保障部、财政部多次降低失业保险费率，将用人单位和职工失业保险缴费比例总和从3%阶段性降至1%，个人费率不得超过单位费率。

职工跨统筹地区就业的，其失业保险关系随本人转移，缴费年限累计计算。

3. 失业保险待遇

（1）失业保险待遇的享受条件

失业人员符合下列条件的，可以申请领取失业保险金并享受其他失业保险待遇：

1）失业前用人单位和本人已经缴纳失业保险费满1年的。

2）非因本人意愿中断就业的，包括以下情形：①终止劳动合同的；②被用人单位解除劳动合同的；③被用人单位开除、除名和辞退的；④用人单位以暴力、威胁或者非法限制人身自由的手段强迫劳动，劳动者解除劳动合同的；⑤用人单位未按照劳动合同约定支付劳动报酬或者提供劳动条件，劳动者解除劳动合同的；⑥法律、行政法规另有规定的。

3）已经进行失业登记，并有求职要求的。

（2）失业保险金的领取期限

用人单位应当及时为失业人员出具终止或者解除劳动关系的证明，并将失业人员的名单自终止或者解除劳动关系之日起7日内报受理其失业保险业务的经办机构备案。失业人员应当持本单位为其出具的终止或者解除劳动关系的证明，及时到指定的公共就业服务机构办理失业登记。失业人员应在终止或者解除劳动合同之日起60日内到受理其单位失业保险业务的经办机构申领失业保险金。失业人员失业前用人单位和本人累计缴费满1年不足5年的，领取失业保险金的期限最长为12个月；累计缴费满5年不足10年的，领取失业保险金的期限最长为18个月；累计缴费10年以上的，领取失业保险金的期限最长为24个月。重新就业后，再次失业的，缴费时间重新计算，领取失业保险金的期限与前次失业应当领取而尚未领取的失业保险金的期限合并计算，但最长不超过24个月。失业人员因当期不符合失业保险金领取条件的，原有缴费时间予以保留，重新就业并参保的，缴费时间累计计算。

小提示

社会保险的缴纳和领取条件

社会保险种类 缴纳和领取条件	基本养老保险	基本医疗保险	工伤保险	失业保险
单位缴纳	16%	6%	规定比例	2%
个人缴费	8%	2%	—	1%
计入个人账户	个人部分	单位缴纳的30%+个人缴纳部分	—	—
领取条件	①达到法定退休年龄 ②缴费满15年	①在定点医院或者目录内医疗机构治疗 ②在区间内按比例领取	因公受伤、致残、死亡等	①缴费满1年 ②非因本人意愿中断就业 ③已办理失业登记，并有求职要求

动动脑

小张在广告公司工作7年了，因劳动合同终止而失业。他在有关部门办理了失业登记并有求职要求，请问他可以领取失业保险金吗？他领取失业保险金的最长期限是多少？

六、社会保险费征缴与管理

1. 社会保险登记

（1）用人单位的社会保险登记

根据《社会保险费征缴暂行条例》的规定，企业在办理注册登记时，同步办理社会保险登记。企业以外的缴费单位应当自成立之日起 30 日内，向当地社会保险经办机构申请办理社会保险登记。

（2）个人的社会保险登记

用人单位应当自用工之日起 30 日内为其职工向社会保险经办机构申请办理社会保险登记。自愿参加社会保险的无雇工的个体工商户、未在用人单位参加社会保险的非全日制从业人员以及其他灵活就业人员，应当向社会保险经办机构申请办理社会保险登记。

2. 社会保险费缴纳

用人单位应当自行申报、按时足额缴纳社会保险费，非因不可抗力等法定事由不得缓缴、减免。

职工应当缴纳的社会保险费由用人单位代扣代缴，用人单位应当按月将缴纳社会保险费的明细情况告知职工本人。

无雇工的个体工商户、未在用人单位参加社会保险的非全日制从业人员以及其他灵活就业人员，可以直接向社会保险费征收机构缴纳社会保险费。

为提高社会保险资金征管效率，将基本养老保险费、基本医疗保险费、失业保险费等各项社会保险费交由税务部门统一征收。根据国务院办公厅 2019 年 4 月 1 日《关于印发降低社会保险费率综合方案的通知》的规定，企业职工基本养老保险和企业职工其他险种缴费，原则上暂按现行征收体制继续征收，稳定缴费方式，“成熟一省、移交一省”；机关事业单位社保费和城乡居民社保费征管职责如期划转。

3. 社会保险基金管理

除基本医疗保险基金与生育保险基金合并建账及核算外，其他各项社会保险基金按照社会保险险种分别建账，分账核算，执行国家统一的会计制度。社会保险基金专款专用，任何组织和个人不得侵占或者挪用。

社会保险基金存入财政专户，按照统筹层次设立预算，通过预算实现收支平衡。除基本医疗保险基金与生育保险基金预算合并编制外，其他社会保险基金预算按照社会保险项目分别编制。县级以上人民政府在社会保险基金出现支付不足时，给予补贴。社会保险经办机构应当定期向社会公布参加社会保险情况以及社会保险基金的收入、支出、结余和收益情况。

社会保险基金在保证安全的前提下，按照国务院规定投资运营实现保值增值。不得违规投资运营，不得用于平衡其他政府预算，不得用于兴建、改建办公场所和支付人员经费、运行费用、管理费用，或者违反法律、行政法规规定挪作其他用途。

七、违反社会保险法律制度的法律责任

表 4-4 列举了违反社会保险法律制度的有关法律责任。

表 4-4　违反社会保险法律制度的有关法律责任

违法行为		法律责任
用人单位	不办理社会保险登记	责令限期改正；逾期不改正的，处应缴社会保险费数额 1 倍以上 3 倍以下的罚款；对直接负责的主管人员及其他直接责任人处 500 元以上 3 000 元以下的罚款
	未按时足额缴纳	责令限期缴纳，并按日加收 0.05% 的滞纳金；逾期仍不缴纳的，处欠缴数额 1 倍以上 3 倍以下的罚款
	不出具终止或解除劳动关系证明	责令改正；给劳动者造成损害的，应当承担赔偿责任
骗保		责令退回；处骗取金额 2 倍以上 5 倍以下罚款

思考与练习

1. 简述劳动关系的特征。

2. 简述劳动合同应当具备的必备条款。

3. 订立劳动合同应当遵循哪些原则？

4. 社会保险的类型有哪些？

5. 案例分析：小张毕业后去某物流公司工作，该公司说工作 7 天内不发工资，试用期半年后再签订劳动合同，公司只上工伤保险，其他保险自愿上，需员工自己全额承担。如果员工主动辞职则扣一个月工资。该公司这样的规定合法吗？

第五章
会计职业道德

学习目标

知识目标

1. 理解会计职业道德的概念与特征。
2. 了解会计职业道德的功能与作用。
3. 掌握会计职业道德规范的主要内容。
4. 熟悉加强会计职业道德教育的途径和会计职业道德的检查与奖惩机制。

能力目标

1. 能正确认识会计职业道德与会计法律制度的关系。
2. 能熟记会计职业道德规范的八项内容，树立职业荣誉感与责任感。

思维导图

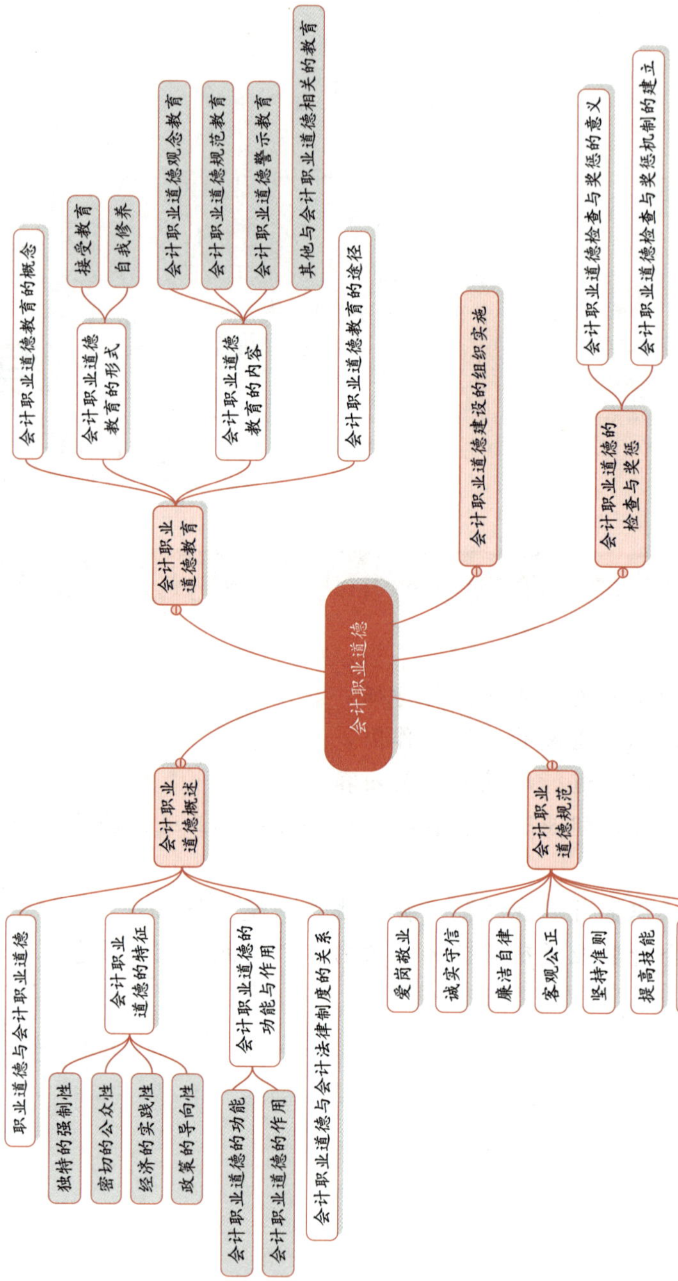

- 会计职业道德
  - 会计职业道德概述
    - 职业道德与会计职业道德
    - 会计职业道德的特征
      - 独特的强制性
      - 密切的公众性
      - 经济的实践性
      - 政策的导向性
    - 会计职业道德的功能与作用
      - 会计职业道德的功能
      - 会计职业道德的作用
    - 会计职业道德与会计法律制度的关系
  - 会计职业道德规范
    - 爱岗敬业
    - 诚实守信
    - 廉洁自律
    - 客观公正
    - 坚持准则
    - 提高技能
    - 参与管理
    - 强化服务
  - 会计职业道德教育
    - 会计职业道德教育的概念
    - 会计职业道德教育的形式
      - 接受教育
      - 自我修养
    - 会计职业道德教育的内容
      - 会计职业道德观念教育
      - 会计职业道德规范教育
      - 会计职业道德警示教育
      - 其他与会计职业道德相关的教育
    - 会计职业道德教育的途径
  - 会计职业道德建设的组织实施
  - 会计职业道德的检查与奖惩
    - 会计职业道德检查与奖惩的意义
    - 会计职业道德检查与奖惩机制的建立

会计职业道德规范是根据会计职业的特点，要求会计人员在会计活动中应普遍遵循的职业道德要求，它贯穿于整个会计规范体系之中。本章将对会计职业道德规范的主要内容、会计职业道德教育、会计职业道德建设等知识展开学习。

第一节 会计职业道德概述

一、职业道德与会计职业道德

职业道德是指在一定职业活动中应遵循的、体现一定职业特征的、调整一定职业关系的职业行为准则和规范。不同职业的人员在特定的职业活动中形成了特殊的职业关系，包括职业主体与职业服务对象之间的关系、职业团体之间的关系、同一职业团体内部人与人之间的关系，以及职业劳动者、职业团体与国家之间的关系等。为了协调这些复杂的、特殊的社会关系，除了采用政治的、行政的、法律的、经济的规范和手段之外，还应从思想情操和道德品质上内化为职业者自觉按照职业特点调整和规范自己的行为，由此形成了不同职业从业人员的道德规范，即职业道德。例如，军人的职业道德是服从命令、不怕牺牲；医生的职业道德是救死扶伤、治病救人；商人的职业道德是买卖公平、童叟无欺；法官的职业道德是清正廉明、刚直不阿；而会计从业人员的职业道德是独立、客观、公正。这些职业道德规范用来指导和约束职业行为，确保职业活动的正常进行。

会计职业道德是指会计人员在会计职业活动中应当遵循的、体现会计职业特征的、调整会计职业关系的职业行为准则和规范的总称。会计职业道德是调整会计职业活动中各种利益关系的手段，具有相对稳定性和广泛的社会性。

二、会计职业道德的特征

会计作为社会经济活动中的一种特殊职业，会计职业道德除了具有职业道德的一般特征外，还具有以下鲜明特征：

1. 独特的强制性

法律是具有强制性的，它要求人们“必须这样或那样做”，如果违背将受到惩处；而道德要求人们“应该这样或那样做”，是通过思想意识、社会舆论引导和约束人们的行为，一般不具有强制性。但在我国，会计职业道德和其他职业道德不一样，会计职业道德规范的许多内容都直接纳入了会计法律制度，如《中华人民共和国会计法》《会计基础工作规范》等都规定了会计职业道德的内容和要求。因此，会计职业道德是一种“思想立法”，它已经超出“应该怎样做”的界限，而纳入“必须这样做”的范畴。

会计职业道德的这种独特的强制性，是由会计工作在市场经济活动中的特殊地位所

决定的。当然，会计职业道德的许多非强制性内容仍然存在，而且也在发挥着作用。例如，会计职业道德中的提高技能、强化服务、参与管理、奉献社会等内容虽然是非强制性要求，但其直接影响从业人员专业胜任能力、会计信息质量和会计职业的声誉，也要求会计人员加以遵守。

2. 密切的公众性

会计职业的一个显著特征是会计职业活动与社会公众利益密切联系。在会计工作中，会计确认、计量、记录和报告的程序、标准和方法，在选择和运用上发生任何变化，都会直接影响与经济主体有关的各方经济利益。由于会计人员自身的经济利益往往与其所处的经济主体的利益一致，当经济主体利益与国家利益和社会公众利益发生矛盾时，会计人员的利益指向如果偏向经济主体，那么国家利益和社会公众利益就会受损，便会产生会计职业道德危机。正是因为会计职业的这一特殊性，所以对会计职业道德提出了更高的要求，要求会计人员必须客观公正，在会计职业活动中发生道德冲突时，要坚持准则，把社会公众利益放在第一位。

小提示

会计作为社会经济活动中的一种特殊职业，除了具有职业道德的一般特征外，其自身所具有的特征更是我们需要注意的问题，它的强制性要求从业人员要严格遵守会计职业道德规范。

3. 经济的实践性

会计职业活动与社会经济的实践活动密切联系在一起。会计人员直接与钱财打交道或者管理钱财，因此其思想意识、行为动机和内心信念更受其道德水平的考验，经常会面临着经济利益的诱惑和道德观念的斗争。会计职业道德能指导会计人员自身的言行，要求会计人员保持廉洁奉公、独立公正的职业品德，这也是会计职业道德区别于其他职业道德的显著特征。可以说，凡是有经济活动的地方，就有会计工作，就要求会计人员具备会计职业道德。

会计职业道德还具有较强的实践操作性。会计职业道德并不是纯理性的意识认识，它与会计人员的职业活动密切相关，会计人员的职业道德水平如何，在其职业活动中会立即表现出来。会计人员的职业行为受其职业道德水平的支配，其职业行为是廉洁还是腐败、是公正还是偏袒、是真实还是虚假、是客观还是主观，都会在会计实践活动中得到验证，甚至对整个经济实践活动都会产生影响。

4. 政策的导向性

会计职业道德规范不同于会计法律、行政法规，具有强制性与命令性。会计职业道德规范是根据会计职业道德的原则和会计职业的特点，遵循社会客观要求，由人们约定俗成的或由行业组织制定的会计人员行为准则，是一种“软约束”。会计职业道德对会计人员的职业行为进行指导和约束，告诉会计人员在从事会计职业时应该怎样做、不应该怎样做，而不是必须怎样做。在会计行业，这种规范不是法律，但胜似法律。它是从职业的特点出发，内化为会计人员的职业自觉。如果会计人员违反会计职业道德，就会影响其会计职业声誉，也会遭到会计行业的严厉谴责和处罚。

三、会计职业道德的功能与作用

1. 会计职业道德的功能

（1）指导功能

指导功能，即指导会计人员行为的功能。会计职业道德规范作为一种指引或劝诫，反映了社会对会计人员行为的期望和要求，如爱岗敬业、诚实守信、廉洁自律、客观公正等。这种期望和要求如果被会计人员所认同就会转变为会计人员自觉的行为；即使不被会计人员所认同，由于道德舆论的强大压力，也往往会被会计人员接受和遵循。职业道德对会计人员的动机和行为的指导作用是至关重要的。会计人员整天与钱物打交道，稍有私心杂念，就会陷入金钱的泥沼，走上贪赃的邪路。会计职业道德通过对会计的行为动机提出相应的要求，引导会计人员树立正确的职业观念，遵循职业道德要求，从而达到规范会计行为的目的。

（2）评价功能

会计职业道德评价功能就是依据会计职业道德标准对会计人员的会计行为进行善恶、荣辱、正当或不正当等职业道德价值的评判，通过赞扬、褒奖或批评、谴责，激励人们扬善弃恶，以调整会计职业活动中人与人之间以及个人与社会之间的关系。

会计职业道德评价在社会生活中是普遍存在的。人们总是自觉或不自觉地对他人或自己的会计行为进行道德评价。会计职业道德评价是会计职业道德原则和规范发挥作用的杠杆。会计职业道德评价的能力、评价活动的深度和广度，标志着一定的会计职业道德体系原则、规范被人们接受的程度。会计职业道德评价也是会计人员个人职业道德观念、职业道德品质形成的重要因素，它贯穿于职业道德教育、职业道德修养等实践活动中。会计职业道德评价必须依据一定的客观标准，这个标准随着社会经济关系的变化而变化，它是绝对的，又是相对的。例如，在商业化理论趋向一致的今天，保证会计信息的真实、完整已经成为一个普遍共识。

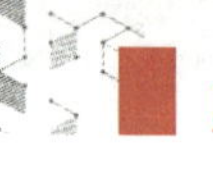

小提示

会计职业道德能够通过“评价—命令”方式，激发会计人员的积极性和主动性，推动会计人员的会计行为从“现有行为”向“应有行为”转化。

（3）教化功能

道德具有引导人的行为的功能，这种引导的特点是劝善戒恶，并辅之以社会舆论的赞扬或谴责，进而作用于人的道德良心和道德情感。会计职业道德对于会计人员的思想、感情和行为，具有一种潜移默化的塑造作用，不但能够影响会计人员当下的动机和行为，而且能够改造会计人员的道德品质，提高会计人员的道德境界。

小提示

会计法律与会计职业道德的根本目的是一致的，会计职业道德是会计法律实施的思想基础，会计法律是会计职业道德规范形成的制度保障。因此，遵守会计法律制度是会计职业道德的最低要求。

2. 会计职业道德的作用

（1）会计职业道德是规范会计行为的基础

动机是行为的先导，有什么样的动机就有什么样的行为。会计职业道德对会计的行为动机提出了相应的要求，如诚实守信、客观公正等。会计职业道德引导、规范、约束会计人员树立正确的职业观念，建立良好的职业品行，从而达到规范会计行为的目的。

（2）会计职业道德是实现会计目标的重要保证

从会计职业关系角度讲，会计目标就是为会计职业关系中的各个服务对象提供真实、可靠的会计信息。由于会计职业活动既是技术性的处理过程，同时又涉及对多种经济利益关系的调整，因而，会计目标能否顺利实现，既取决于会计人员专业技能水平，也取决于会计人员能否严格履行职业行为准则。如果会计人员提供了不真实、不可靠的会计信息，就会导致服务对象的决策失误，甚至导致社会经济秩序混乱。因此，依靠会计职业道德规范约束会计从业者的职业行为，是实现会计目标的重要保证。

（3）会计职业道德是对会计法律制度的重要补充

会计法律制度是会计职业道德的最低要求。会计职业道德是对会计法律规范的重要补充，其作用是其他会计法律制度所不能替代的。在现实生活中，人们的很多行为很难都由法律作出规定。例如，会计法律只能对会计人员不得违反的行为作出规定，而不宜对他们如何爱岗敬业、诚实守信、提高技能等提出具体要求，但是，如果会计人员缺乏爱岗敬业的热情和态度，缺乏诚实守信的做人准则，没有必要的职业技能，则很难保证会计信息达到真实、完整的法定要求。很显然，会计职业道德可以对此起到很重要的辅助和补充作用。

（4）会计职业道德是会计人员提高职业素养的内在要求

社会的进步和发展对于会计人员的素质要求越来越高，会计职业道德是会计人员素质的重要体现。一个高素质的会计人员应当做到爱岗敬业、提高专业胜任能力，这不仅是会计职业道德的主要内容，也是会计人员遵循会计职业道德的可靠保证。倡导会计职业道德、加强会计职业道德教育，并结合会计职业活动，引导会计人员进一步加强自我修养、提高专业胜任能力，有助于促进会计人员整体素质的不断提高。

知识链接

会计职业道德的形成和发展

职业道德来源于职业实践，会计亦是如此。会计职业道德的形成取决于会计职业的产生。“会计”一词起源于我国西周时期，当时设司会之职主管会计，为计官之长，其下属职务有会计与出纳之分。“会”与“计”均含计量之意，并且都有汇总计算的意思。伴随生产发展，会计从简单计算、记录的萌芽状态，从生产过程中一种必要的附带工作，逐步成为一种专门的工作。随着生产力和社会分工的日益发展，会计职业实践活动日益丰富和深化，人们对会计职业活动的客观要求也日益明确、完善。

四、会计职业道德与会计法律制度的关系

会计职业道德与会计法律制度有着共同的目标、相同的调整对象，承担着同样的职责，会计法律制度中含有部分会计职业道德规范的内容。同时，会计职业道德规范中也包含会计法律制度的某些条款。会计职业道德与会计法律制度的关系见表5-1。

表 5-1　会计职业道德与会计法律制度的关系

项目		会计法律制度	会计职业道德
联系		1. 作用上相互补充协调 2. 内容上相互渗透、相互重叠 3. 地位上相互转化、相互吸收 4. 实施上相互作用、相互促进	
区别	性质不同	国家机器强制执行，具有很强的他律性	主要依靠会计人员的自觉性，自愿地执行，基本上是非强制执行的，具有很强的自律性
	作用范围不同	侧重于调整会计人员的外在行为和结果的合法化，具有较强的客观性	不仅调整会计人员的外在行为，还要调整会计人员内在的精神世界，具有较强的主观性
	表现形式不同	表现形式是具体的、明确的，正式形成文字的成文规定	既有明确的成文规定，也有不成文规范
	实施保障机制不同	是一种权利和义务的规定，是由国家强制力保障实施的	既有国家法律的相关要求，又需要会计人员的自觉遵守

小提示

会计法律制度的各种规定是会计职业关系得以维系的最基本条件，是对会计人员行为的最低限度的要求，因此违反会计法律制度一定会违背会计职业道德，但违背了会计职业道德不一定会违反会计法律制度。

第二节　会计职业道德规范

会计职业道德规范是指在一定社会经济条件下，对会计职业行为以及职业活动的规范性要求，它是社会道德体系的一个重要组成部分，是职业道德在会计职业行为和会计职业活动中的具体体现。《中华人民共和国会计法》《会计基本工作规范》《中国注册会计师职业道德规范指导意见》等都对会计职业道德提出了明确要求。我国会计职业道德规范的主要内容可以概括为：爱岗敬业、诚实守信、廉洁自律、客观公正、坚持准则、提高技能、参与管理和强化服务，如图 5-1 所示。

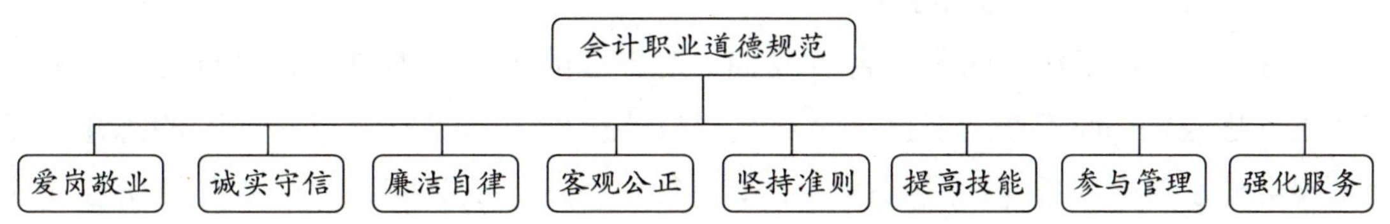

图 5-1　我国会计职业道德规范的主要内容

一、爱岗敬业

1. 爱岗敬业的含义

爱岗敬业是指忠于职守的事业精神，这是会计职业道德的基础。爱岗就是要求会计人员热爱自己的本职工作，安心于本职岗位，恪尽职守地做好本职工作。爱岗是对人们工作态度的一种普遍要求，具体表现为会计人员对自己应承担的责任和义务所表现的一种责任感和义务感。敬业就是用一种严肃的态度对待自己的工作，勤勤恳恳、兢兢业业、忠于职守、尽心尽责，将身心与本职工作融为一体。

爱岗和敬业互为前提，相互支持、相辅相成。“爱岗”是“敬业”的基石，“敬业”是“爱岗”的升华，不爱岗就很难做到敬业，不敬业也很难说是真正的爱岗。会计人员应当充分认识到本职工作在社会经济活动中的地位和作用，认识到本职工作的社会意义和道德价值，从而热爱自己从事的会计工作，具有会计职业的荣誉感和自豪感，在职业活动中具有高度的劳动热情和创造性，以强烈的事业心、责任感从事会计工作。

2. 爱岗敬业的基本要求

爱岗敬业是会计人员干好本职工作的基础和条件，是其应具备的基本道德素质。爱岗敬业不仅是一种观念、一种精神、一句口号，它更需要有具体的行动来实践，要求会计人员既要树立良好的职业责任感和荣誉感，安心从事会计工作，又要有献身会计事业的工作热情，严肃认真的工作态度，勤学苦练、勇于革新的钻研精神和忠于职守的工作作风。爱岗敬业的基本要求如下。

（1）正确认识会计职业

会计人员只有正确认识会计的性质和会计工作的重要性，爱岗敬业才有坚实的思想基础，这是做到爱岗敬业的前提，也是首要要求。爱岗敬业精神自始至终都是以人们对职业的认识程度以及所采取的态度作为行动的指导并体现在实际工作中的。如果会计人员对所从事的会计职业缺乏正确的认识，认为会计不过是简单的“写写算算”“收收支支”的琐碎工作，或者有“会计难当、职权难用、成绩难见、违纪难免”的想法，则必然会自觉或不自觉地把这些意识反映到工作中，给会计职业及声誉造成不良影响。

（2）热爱会计工作，敬重会计职业

各行各业先进工作者的事迹告诉我们，对自己的工作足够热爱，对自己的岗位足够敬重，是做好本职工作的前提。会计人员只要树立了“干一行爱一行”的思想，就会发现会计职业中的乐趣；只有树立“干一行爱一行”的思想，才会刻苦钻研会计业务技能，才会努力学习会计业务知识，才会发现在会计核算、企业理财领域有许多值得人们去研究探索的东西。有了对本职工作的热爱，就会激发出一种敬业精神，自觉自愿地执行职业道德的各种规范，不断改进自己的工作，在平凡的岗位上做出不平凡的业绩。

（3）安心工作，任劳任怨

安心本职工作，就是以从事会计工作为“乐”，而不是“这山望着那山高”。只有安心本职工作，才能潜下心来“勤学多思、勤问多练”，才能认真探索和研究会计工作中不断出现的新问题，才能真正做到敬业。任劳任怨，就是要求会计人员具有不怕吃苦的精神和不计较个人得失的思想境界，会计职业道德要求会计人员既任劳也任怨。

（4）严肃认真，一丝不苟

从业者对自己本职工作的热爱，必定会体现在对职业技能的态度上，体现在对自己工作成果的追求上，这就是对工作严肃认真、一丝不苟，对技术精益求精。会计工作是一项严肃细致的工作，没有严肃认真的工作态度和一丝不苟的工作作风，很容易出现偏差。对一切不合法、不合理的业务开支，会计人员都要严肃认真地对待，把好关、守好口。

（5）忠于职守，尽职尽责

忠于职守不仅要求会计人员认真地执行岗位规范，而且要求会计人员在各种复杂的情况下能够抵制各种诱惑，忠实地履行岗位职责。尽职尽责要求会计人员对自己承担的工作表现出一种责任感和义务感，这种责任感和义务感包含两方面的内容：一是社会或他人对会计人员规定的责任；二是会计人员对社会或他人所负的道义责任。

忠于职守和尽职尽责要求会计人员忠实于服务主体、社会公众和国家，切实对服务主体、社会公众和国家负责。会计人员忠实于服务主体，就是要客观真实地记录和反映服务主体的经济活动状况，监督其财产安全，同时，还应筹划其资金的有效运作，积极参与经营决策。会计人员忠实于社会公众，就是要正确、真实地对外提供有关服务主体的会计信息，以便让投资者、债权人及其他社会公众进行正确判断和科学决策。会计人员忠实于国家，就是要对社会整体利益负责，当单位（或雇主）利益与国家、社会公众利益发生冲突时，会计人员应该忠实于国家，忠实于社会公众，承担起维护国家和社会公众的责任。

小提示

在现代经济生活中，不同的岗位要求承担的责任和义务不尽相同。注册会计师接受单位委托对其进行审计、鉴证或咨询，不仅要对委托人负责，维护委托人的权益，保守商业秘密，而且应对广大的信息使用者负责，对被审计单位的财务状况和经营成果做出客观、公允的审计报告。单位内部会计人员不仅要尽职尽责地履行会计职能，客观真实地记录和反映服务主体的经济活动状况，积极参与经营和决策，而且应抵制不当的开支，保护财产安全完整，防止单位资产被侵占。

二、诚实守信

1. 诚实守信的含义

诚实是指言行与内心思想一致，不弄虚作假，不欺上瞒下，做老实人，说老实话，办老实事。守信就是遵守自己所做出的承诺，讲信用，重信用。诚实与守信具有内在的因果联系，有诚无信，道德品质得不到推广和延伸；有信无诚，信就失去了根基，德就失去了依托。诚实守信是做人的基本准则，是公民道德规范的主要内容，也是会计职业道德的精髓。

我国现代会计学之父潘序伦先生认为，“诚信”是会计职业道德的重要内容。朱镕基总理在 2001 年视察国家会计学院时题词：“诚信为本，操守为重，坚持准则，不做假账”。可见，诚信对会计人员具有重要的现实意义。会计人员应坚持诚信为本，立足会计实践，力行诚实守信，树立良好的会计职业道德操守。诚实守信要求会计人员在职业活动中讲求信用，保守秘密，对实际发生的经济业务进行真实、完整的会计核算。

2. 诚实守信的基本要求

诚实守信是会计人员的立身之本，诚实守信的基本要求包括以下几个方面。

（1）做老实人，说老实话，办老实事，不做假账

做老实人，要求会计人员言行一致，表里如一，光明正大。说老实话，要求会计人员说话诚实，不夸大、不缩小、不隐瞒，如实反映和披露单位经济业务事项。办老实事，要求会计人员工作踏踏实实，不弄虚作假，不欺上瞒下。不做假账是指会计人员要按照会计法律、法规的规定做好会计工作，保证会计凭证、会计账簿、财务会计报告等会计信息的质量。

近年来，在财政部进行的会计信息质量抽查中，发现不少假凭证、假账簿、假报表等虚假信息，而这些虚假信息均是出自单位管理层和会计人员之手，严重影响了会计职业的社会信誉。许多贪污受贿、偷税漏税、挪用公款等经济违法犯罪活动以及大量腐败

现象，几乎都与会计人员做假账有一定关系，这已经成为严重危害市场经济秩序的一个“毒瘤”。因此，会计人员要树立良好的职业形象，就必须恪守诚实守信的职业道德准则。

（2）保守秘密，不为利益所诱惑

所谓保守秘密，就是指会计人员在履行自己的职责时，应树立保密观念，做到保守商业秘密，对机密资料不外传、不外泄，守口如瓶。在市场经济中，秘密可以带来经济利益，严守单位的商业秘密是极其重要的，它往往关系到单位的生死存亡。由于会计人员掌握着大量的会计信息，这些信息中有许多是商业秘密，有些信息可以为公众所了解，但有些信息则只能被管理者知晓。如果会计人员泄露了不应公开的信息，轻则使企业利益受损，重则使国家利益受损，甚至影响到国民经济的健康发展。因此，会计人员应依法保守单位秘密，这是会计人员应尽的义务，也是诚实守信的具体体现。

知识链接

《注册会计师法》第十九条规定，注册会计师对在执行业务中知悉的商业秘密，负有保密义务。财政部印发的《会计基础工作规范》第二十三条规定，会计人员应当保守本单位的商业秘密。除法律规定和单位领导人同意外，不能私自向外界提供或者泄露单位的会计信息。

泄密不仅是一种不道德的行为，也是违法行为，是会计职业的大忌。会计人员除得到法律规定或经单位规定程序批准，不能以任何借口或方式把单位商业秘密泄露出去。

（3）执业谨慎，信誉至上

执业谨慎、信誉至上要求会计人员在工作中保持应有的谨慎态度，对服务主体和社会公众尽职尽责，形成“守信光荣、失信可耻”的氛围，以维护职业信誉。会计人员应当按照谨慎性原则选择会计处理方法，进行会计核算，并在日常工作中保持必需的谨慎，如实反映经济信息，既不能夸大事实，也不能缩小事实。

知识链接

2018 年 4 月 19 日，财政部发布了《关于加强会计人员诚信建设的指导意见》，明确了加强会计人员诚信建设的总体要求、增强会计人员诚信意识、加强会计人员信用档案建设、健全会计人员守信联合激励和失信联合惩戒机制以及强化组织实施等方面的内容。

三、廉洁自律

1. 廉洁自律的含义

廉洁就是不贪污钱财，不收受贿赂，保持清白。自律是指自律主体按照一定的标准，自己约束、规范言行和思想的过程。自律是会计职业道德的最高阶段，也是职业道德建设的最高目标。在会计职业中，自律包括两层含义，一是会计行业自律；二是会计人员自律，即会计人员的自我约束。自律的核心就是用道德观念自觉地抵制自己的不良欲望。廉洁自律既是会计职业道德的内在要求，也是会计行业声誉的“试金石”。

会计人员的廉洁是会计职业道德自律的基础，而自律是廉洁的保证，自律性不强就很难做到廉洁，不廉洁就谈不上自律。会计人员只有做到既廉洁又自律，不贪不占，才能处理好方方面面的利益关系。

小提示

会计人员整日与钱财打交道，必须做到两袖清风，不取不义之财，面对金钱不眼红。会计人员只有严格约束自己，做到自身廉洁，才能要求他人廉洁，才能理直气壮地阻止或防止他人侵占单位利益，正确行使核算和监督的会计职能，保证各项经济活动正常进行。

2. 廉洁自律的基本要求

（1）树立正确的人生观和价值观

树立正确的人生观和价值观是廉洁自律的思想基础。人生观是人们对人生的目的和意义的总的观点和看法。价值观是指人们对于价值的根本观点和看法，它是世界观的一个重要组成部分，包括对价值的本质、功能、创造、认识、实现等一系列问题的基本观点和看法。会计人员应树立正确的人生观和价值观，自觉抵制享乐主义、个人主义、拜金主义等错误的思想，彻底摒弃“金钱至上、金钱万能”的人生哲学，在不义之财面前不动心，不利用手中的权力谋取私利。

（2）公私分明，不贪不占

公私分明是指严格划分公与私的界限，公是公，私是私。不贪不占是指会计人员不贪、不占、不收礼、不同流合污。如果公私分明，就能够做到廉洁奉公；如果公私不分，就会出现以权谋私的腐败现象，甚至出现违法违纪行为。廉洁自律的天敌就是“贪”和“欲”。在会计工作中，由于大量的钱财要经过会计人员之手，因此，很容易诱发会计人员的“贪”和“欲”。一些会计人员贪图金钱和物质上的享受，利用职务之便，自觉或不自觉地行“贪”，有的被动受贿，有的主动索贿，有的贪污、挪用公款，有的监守自盗，

有的集体贪污。究其根本原因，是这些会计人员忽视了人生观和价值观的自我改造，放松了道德的自我修养，弱化了职业道德的自律。

小提示

“常在河边走，就是不湿鞋”“理万金分文不沾”“打铁还需自身硬”“宁可清贫自乐，不可浊富多忧”等都是廉洁自律职业道德的生动写照。

（3）遵纪守法，尽职尽责

会计人员要严格执行各项财政方针、政策及财务规章制度，严格遵守各项经费标准，把好开支关，按原则办事，对应开支报销的业务要及时且公正办理，对违反规定及政策要求的经费支出一律不办理，不当老好人，不怕得罪人，不怕打击报复，做遵纪守法的模范。

遵纪守法，正确处理会计职业权利与职业义务的关系，增强抵制行业不正之风的能力，是会计人员廉洁自律的又一个基本要求。会计人员的权利和义务在《会计法》中作出了明确规定，会计人员不仅要遵纪守法，不违法乱纪、以权谋私，做到廉洁自律，而且要敢于、善于运用法律所赋予的权利，尽职尽责，勇于承担职业责任、履行职业义务，做到光明磊落，刚正不阿。

四、客观公正

1. 客观公正的含义

客观是指按照事物的本来面目去反映事实，不掺杂个人的主观意愿，也不被他人的意见左右。公正就是平等、公平、正直，没有偏失，但公正是相对的，世界上没有绝对的公正。客观公正是会计职业道德所追求的理想目标。对于会计职业活动而言，客观主要包含两层含义：一是真实性，即以实际发生的经济业务为依据，对会计事项进行确认、计量、记录和报告；二是可靠性，即会计核算要准确，记录要可靠，凭证要合法。在会计职业活动中，由于涉及对多方利益的协调处理，因此公正就是要求各企事业单位管理层和会计人员不仅应具备诚实的品质，而且应公正地开展会计核算和会计监督工作，即在履行会计职能时，公平公正、不偏不倚地对待有关利益各方。注册会计师在进行审计鉴证时，应以超然独立的姿态，进行公平公正的判断和评价，出具客观、适当的审计意见。

2. 客观公正的基本要求

（1）端正态度

坚持客观公正的基础是会计人员的态度、专业知识和专业技能。如果没有客观公正的态度，会计人员就不可能尊重事实，即使有扎实的理论功底和较强的专业技能，工作也必然会出现失误。

（2）依法办事

依法办事，认真遵守法律法规，是保证会计工作客观公正的前提。当会计人员具备端正的态度和专业知识技能之后，还必须依据各项会计法律、法规和制度的规定进行会计业务处理，并对复杂疑难的经济业务做出客观的会计职业判断。只有熟练掌握并严格遵守会计法律、法规，才能客观公正地处理会计业务。

（3）实事求是，不偏不倚

在实际生活中，要做到客观公正，最根本的是要有实事求是的科学态度。没有实事求是的严谨态度，主观地、片面地、表面地看问题，就无法做到情况明确，也就无法根据客观情况来公正地处理问题。即使主观上想客观公正，客观上也无从实现。

客观公正应贯穿于会计活动的整个过程：一是在处理会计业务的过程中或进行职业判断时，应保持客观公正的态度，实事求是，不偏不倚。二是会计人员对经济业务的处理结果是公正的。总之，会计核算过程和最终结果的客观公正都是十分重要的，没有客观公正的会计核算过程作为前提，结果的客观公正性就难以保证；没有客观公正的结果，业务操作过程的客观公正就没有意义。

（4）保持独立性

客观公正是会计人员的一种工作态度，它要求会计人员对会计业务的处理、对会计政策和会计方法的选择，以及对财务会计报告的编制、披露和评价，都必须独立地进行职业判断，做到客观、公平、理智、诚实。

小提示

《会计法》第五条规定，会计机构、会计人员依照本法规定进行会计核算，实行会计监督。任何单位或者个人不得以任何方式授意、指使、强令会计机构、会计人员伪造、变造会计凭证、会计账簿和其他会计资料，提供虚假财务会计报告。任何单位或者个人不得对依法履行职责、抵制违反本法规定行为的会计人员实行打击报复。所以，会计人员在工作中必须时刻保持工作的独立性，做到实事求是，依法办事，公平理智，绝不受任何单位或者个人指使，时刻做到客观公正。

动动脑

诚实守信和客观公正之间有什么区别？

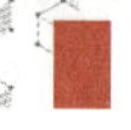

五、坚持准则

1. 坚持准则的含义

坚持准则是指会计人员在处理业务过程中，要严格按照会计法律制度办事，不为主观或他人意志左右。这里所说的“准则”，不仅包括会计准则，而且包括会计法律法规、国家统一的会计制度以及与会计工作相关的法律制度。坚持准则是会计职业道德的核心。会计人员应当熟悉和掌握准则的具体内容，并在会计核算中认真执行，对经济业务事项确认、计量、记录和报告的全部过程应符合国家统一规定的会计制度，为国家、企业、债权人、投资人和其他相关当事人提供真实、完整的会计信息。

现实生活中经常会出现单位、社会公众和国家利益发生冲突的情况。面对不同的情况，会计人员应如何处理呢？国际会计师联合会发布的《职业会计师道德守则》提出了如下建议：

（1）遇到严重的职业道德问题时，首先应遵循所在组织的已有政策加以解决；如果这些政策不能解决道德冲突，则可私下向独立的咨询师或会计职业团体寻求建议，以便采取可能的行动步骤。

（2）若自己无法独立解决，可与最直接的上级一起研究解决这种冲突的办法。

（3）若仍无法解决，则在通知直接上级的情况下，可请教更高一级的管理层。若有迹象表明，上级已卷入这种冲突，职业会计师必须和更高一级的管理层商讨该问题。

国际会计师联合会发布的《职业会计师道德守则》中提出的道德冲突解决途径值得我们借鉴。我国会计人员如果遇到道德冲突时，首先要对发生的事件做出“是”或“非”的判断，如涉及严重的道德冲突时，应维护国家和社会公众的利益。

2. 坚持准则的基本要求

（1）熟悉准则

熟悉准则是指会计人员应了解和掌握会计法律制度、国家统一的会计制度以及与会计工作相关的法律制度，这是遵循准则、坚持准则的前提。只有熟悉准则，才能按准则办事，才能遵纪守法，才能保证会计信息的真实性和完整性。

（2）遵循准则

遵循准则即执行准则。准则是会计人员开展会计工作的外在标准和参照物。会计人员在进行核算和监督时要自觉遵守各项准则，将单位具体的经济业务事项与准则相对照，做出是否合法合规的判断，对不合法的经济业务不予办理。在实际工作中，由于经济的发展和社会环境的变化，会计业务日趋复杂，准则的内容也会不断变化和完善。因此，会计人员不仅要经常学习、掌握准则的最新变化，了解本部门、本单位的实际情况，准确理解和执行准则，还要在面对经济活动中出现的新情况、新问题以及准则未涉及的经济业务或事项时，通过运用所掌握的会计专业理论和技能，做出客观的职业判断，进行妥善处理。

（3）坚持准则

在会计工作中，各种利益常常交织在一起，很容易引起会计人员道德上的冲突。如果会计人员为了个人利益而放弃原则，做“老好人”，就会使会计工作严重偏离准则，会计信息的真实性、完整性就无法保证。

因此，会计人员要认真执行国家统一的会计制度，要依法履行会计监督职责。在实际工作中，会计人员要以准则作为自己的行动指南，当发生道德冲突时，要坚持准则，维护国家利益、社会公众利益和正常的经济秩序。

六、提高技能

1. 提高技能的含义

提高技能是指会计人员通过学习、培训和实践等途径，不断提高自身的职业能力，以达到和维持足够的专业胜任能力。会计是一门不断发展变化的、专业性很强的学科，必须具备过硬的会计专业知识和技能，才能胜任会计工作。不断提高职业技能，既是会计人员的义务，也是在职业活动中做到客观公正、坚持准则的基础，是会计人员参与管理的前提。

会计人员是会计工作的主体。会计工作质量的好坏，一方面受会计人员职业技能水平的影响，另一方面受会计人员道德品行的影响。会计人员的道德品行是会计职业能力的根本和核心，会计人员的职业技能水平是会计人员职业道德水平的体现。

会计人员在对会计事项进行确认、计量、记录和报告以及对单位内部控制制度进行设计的过程中，都需要有扎实的理论功底和丰富的实践经验。在进行具体业务处理时如果没有娴熟的专业技能，是无法开展会计工作、履行会计职责的。特别是我国加入世界贸易组织以后，中国经济逐渐融入全球经济体系，会计准则、会计制度与国际会计惯例充分协调，这就需要会计人员不断地学习新的会计理论和新的准则制度，熟悉和掌握新的法律法规。会计人员只有不断地学习，才能保持持续的专业胜任能力、职业判断能力和交流沟通能力，不断地提高会计专业技能，以适应我国深化会计改革和会计国际化的要求。

小提示

提高技能中的“技能”主要包括会计理论水平、会计实务操作能力、职业判断能力、自动更新知识能力、提供会计信息的能力、沟通交流能力以及会计职业经验等。

谦虚好学、刻苦钻研、锲而不舍，是练就高超的专业技术和过硬本领的唯一途径，也是衡量会计人员职业道德水平高低的重要标志之一。

2. 提高技能的基本要求

（1）具有不断提高会计专业技能的意识和愿望

随着市场经济的发展、全球经济一体化及科学技术的日新月异，会计在经济发展中的作用越来越突出，对会计工作的要求也越来越高，会计人才的竞争也越来越激烈。会计人员要想生存和发展，必须首先具有不断提高会计专业技能的意识和愿望，才能不断进取，才会主动地求知、求学、刻苦钻研，使自身的专业技能不断提高，使自己的知识不断更新，从而掌握过硬的本领，在会计人才的竞争中立于不败之地。

在实际工作中，有些会计人员在思想上不进取，在工作上随意应付，在学习上安于现状，缺乏与时俱进的意识和提高专业技能的愿望。还有一些会计人员认为，会计政策、制度变化快，学那么多知识没有用，过两年又过时了，还不如工作上需要什么就学什么，能够应付日常工作就行，没有强烈的求知欲望和提高技能的意识。这些做法显然违背了会计职业道德“提高技能”的要求。

（2）具有勤学苦练的精神和科学的学习方法

专业技能的学习和提高不是一蹴而就、一劳永逸的，必须持之以恒，不间断地学习、充实和提高，活到老，学到老。只有锲而不舍地勤学，掌握科学的学习方法，在实践中不断锤炼，才能不断地提高自己的业务水平，才能推动会计工作和会计职业向更高水平发展。高超的专业技术和过硬的技能水平是衡量会计人员职业道德水平高低的重要标志之一。

小提示

像“道”之不存，“德”将焉附；“活到老，学到老”“曲不离口，拳不离手”等说法都体现了提高技能的会计职业道德要求。会计人员应当具备专业胜任能力，主要包括相应的经济理论水平、政策法规水平、业务知识水平、操作能力水平和文字表达水平等。会计人员应该做到干一行专一行，不断学习，经常充电，树立终生学习的思想，努力提升自身的技能。

七、参与管理

1. 参与管理的含义

参与管理是指会计人员在做好本职工作的同时，努力钻研相关业务，全面熟悉本单位的经营活动和业务流程，主动提出合理化建议，协助领导决策，积极参与管理。会计管理是企业管理的重要组成部分，在企业管理中具有十分重要的作用。但会计工作的性质决定了会计在企业管理活动中更多的是从事间接管理活动。参与管理就是要求会计人

员积极主动地向单位领导反映本单位的财务、经营状况及存在的问题，主动提出合理化建议，积极地参与市场调研和预测，参与决策方案的制定和选择，参与决策的执行、检查和监督，为领导的经营管理和决策活动当好助手和参谋。如果没有会计人员的积极参与，企业的经营管理就会出现问题，决策就可能出现失误。会计人员特别是会计部门的负责人，必须强化自己参与管理、当好参谋的角色意识和责任意识。

2. 参与管理的基本要求

（1）努力钻研业务，熟悉财经法规和相关制度，提高业务技能，为参与管理打下坚实的基础

娴熟的业务和精湛的技能是会计人员参与管理的前提。会计人员只有努力钻研业务，不断提高业务技能，深刻领会财经法规和相关制度精髓，才能有效地参与管理，为改善经营管理、提高经济效益服务。钻研业务、提高技能，首先要求会计人员能够做好会计核算的各项基础性工作，确保会计信息真实、完整；其次要求会计人员充分利用掌握的大量会计信息，运用各种管理分析方法，对单位的经营管理活动进行分析、预测，找出经营管理中的问题和薄弱环节，提出改进意见和措施，把管理结合在日常工作之中，从而使会计人员的事后反映变为事前的预测和事中的控制，使会计人员真正起到当家理财的作用，成为决策层的参谋助手。

（2）熟悉服务对象的经营活动和业务流程，使管理活动更有针对性和有效性

会计人员应当了解本单位的整体情况，特别是要熟悉本单位的生产经营、业务流程和管理情况，掌握本单位的生产经营能力、技术设备条件、产品市场及资源状况等情况。只有如此，才能充分利用会计工作的优势，更好地满足经营管理的需要，才能在参与管理的活动中有针对性地拟订可行性方案，从而提高经营决策的准确性和科学性，更有效地服务于单位的总体发展目标。

小提示

会计人员应当摒弃会计工作无非是记记账、算算账，公司生产经营决策是领导的事，与自己无关的消极思想。会计人员在做好本职工作的同时，要努力钻研相关业务，全面熟悉本单位经营活动和业务流程，主动提出合理化建议，协助领导做好决策。

八、强化服务

1. 强化服务的含义

强化服务是指会计人员树立服务意识，提高服务质量，努力维护和提升会计职业的良好社会形象。强化服务就是要求会计人员具有文明的服务态度、强烈的服务意识和优

良的服务质量。

强化服务的结果，就是奉献社会。任何单位的利益、劳动者个人的利益都必须服从社会的利益、国家的利益。如果说爱岗敬业是职业道德的出发点，那么强化服务、奉献社会就是职业道德的归宿。

2. 强化服务的基本要求

（1）讲究服务态度

服务态度是服务者的行为表现，“文明服务，以礼待人”，不仅仅是对服务行业提出的道德要求，更是对所有职业活动提出的道德要求。在社会生活中，每个岗位的工作者都处于服务他人和接受他人服务的地位。会计工作虽不能说是“窗口”服务行业，但其涉及面广，往往需要服务对象和其他部门的协作及配合，同时，会计工作的政策性很强，在业务处理中，会计人员很容易同其他部门及服务对象产生利益冲突或意见分歧。因此，会计人员待人处世的态度直接关系会计工作能否顺利开展。这就要求会计人员在工作中应热情、耐心、诚恳、礼貌，充分尊重服务对象和其他部门的意见，做到大事讲原则、小事讲风格、沟通讲策略、用语讲准确、建议看场合。

（2）强化服务意识

会计人员要树立强烈的服务意识，为管理者服务、为投资者服务、为社会公众服务、为人民服务。不论服务对象的地位高低，都要摆正自己的工作位置，管钱管账是自己的工作职责，参与管理是自己的义务。只有树立了强烈的服务意识，才能做好会计工作，履行会计职能，为提高经营效益和社会经济的发展做出应有的贡献。

强化服务意识要求会计人员谦虚谨慎，时刻将自己放在与其他人员平等的位置上，充分尊重别人的意见，做到态度和蔼、语言文明、以诚相待、尊重事实、团队协作、以和为贵。

（3）提高服务质量

强化服务的关键是提高服务质量。单位会计人员服务质量的好坏表现为：①是否真实地记录单位的经济活动，向有关方面提供可靠的会计信息；②是否积极主动地向单位领导反映经营活动情况和存在的问题，并提出合理化建议，协助领导决策及参与经营管理活动。注册会计师服务质量的好坏体现在：是否以客观、公正的态度正确评价委托单位的财务状况和经营成果，并出具恰当的审计报告，为社会公众及信息使用者服好务。

需要注意的是，在会计工作中提供上乘的服务质量，并非无原则地满足服务主体的需要，而是在坚持原则、坚持准则的基础上尽量满足用户或服务主体的需要。

在市场经济条件下，强化会计的服务职能，不仅有利于会计更好地服务于我国社会主义市场经济建设的实践，而且有利于会计人员自身的职业发展。

小提示

会计职业道德中“强化服务”虽然是非强制性要求，但其直接影响会计人员专业胜任能力、会计信息质量和会计职业的声誉，故要求会计人员遵守。

动动脑

文创电子公司财务部总账会计何梅自2015年入职以来，因工作努力，钻研业务，积极提出合理化建议，多次被评为先进会计工作者。2018年9月，何梅的丈夫在一家民营电子企业出任总经理，在其丈夫的多次请求下，何梅将在工作中接触到的文创公司新产品研发计划及相关会计资料复印件提供给其丈夫，给文创公司造成了一定的损失。请分析何梅违反了会计职业道德规范的哪些要求？

第三节　会计职业道德教育

一、会计职业道德教育的概念

会计职业道德教育是指依据会计职业道德规范的要求，结合会计工作的特点，有目的、有组织、有计划地对会计人员进行系统的职业道德教育活动，培养会计人员形成会计职业道德品质，自觉履行会计职业道德义务。会计职业道德教育的主要任务是帮助和引导会计人员培养会计职业道德情感，树立会计职业道德信念，遵守会计职业道德规范，使会计人员懂得什么是对的，什么是错的；什么是可以做的，什么是不应该做的；什么是必须提倡的，什么是坚决反对的。

二、会计职业道德教育的形式

会计职业道德教育的形式主要包括接受教育和自我修养两种。

1. 接受教育

接受教育即外在教育，是指通过学习或培训，对会计人员进行以职业责任、职业义务为核心内容的正面教育，以规范其职业行为，维护国家和社会公众的利益。会计职业道德教育具有导向作用，会计部门或行业协会通常是会计职业道德教育的组织者。

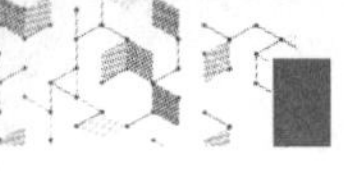

2. 自我修养

自我修养即自我教育、内在教育，是指会计人员通过自我学习、自我改造，加强自身职业道德修养的行为活动。自我修养是把外在的职业道德要求，逐步转变为会计人员内在的职业道德情感、职业道德意志和职业道德信念。要大力提倡和引导会计人员自我教育，在社会实践中不断地加强职业道德修养，养成良好的道德行为，从而实现会计人员道德境界的升华。

（1）自我修养的内容

1）职业义务教育。会计人员应承担起本职工作对社会和国家的道德使命与职责。进行职业义务教育的目的在于，提高会计人员对本职工作社会责任的认识，使会计人员具有强烈的职业道德义务感，在没有社会舆论压力、没有他人监督的情况下，也能很好地履行自己应尽的职业道德义务。

2）职业荣誉教育。通过会计实践活动，使会计人员能够充分认识到本职工作在社会经济活动中的重要地位和会计职业的真正价值，从而逐步形成对自己所从事职业的光荣感、自豪感和幸福感。

3）职业节操教育。节操，也叫志气、气节。进行职业节操教育的目的在于，使会计人员不畏压力、不为利诱，在任何时候、任何情况下都能诚信为本、坚持准则、廉洁自律、严格把关、尽职尽责、客观公正。

（2）加强自我修养的方法

1）自我解剖法。会计人员对自己所做的会计工作要进行自我批评、自我解剖，用会计职业道德这面镜子对照检查，认真找出自己的缺点、差距，并通过主观努力来加以改正，从而使自己的行为符合会计职业道德规范的要求。同时，会计人员要虚心听取别人的意见，虚心接受别人的监督。

2）自重自省法。会计人员应谨言慎行，不断反省自己的缺点，在是非观、价值观、知行观三个层次上进行自我斗争，逐步树立起正确的道德观念，培养高尚的道德品质，提高自己的精神境界。

3）自警自励法。自警就是要随时警醒、告诫自己，要警钟长鸣，防止各种不良思想对自己的侵袭。自励就是要以崇高的会计职业道德理想、信念激励自己、教育自己，经常用会计职业道德规范这把标尺，认真度量自己在工作中的一切言行，从而树立起正确的会计职业道德观。

4）自律慎独法。自律是指遵循法律，并以此为基础进行的自我约束。慎独就是在单独处事、无人监督时，仍然能坚持道德准则，不做任何对国家、对社会、对他人不道德的事情。慎独是自律的表现，也是自律的更高境界。会计人员通过自我约束、自我监督，可以更好地培养、锻炼自己坚强的职业道德信念和意志。

小提示

会计职业道德认知、会计职业道德情感、会计职业道德意志和会计职业道德信念被称为会计职业道德修养的基本环节。

三、会计职业道德教育的内容

1. 会计职业道德观念教育

会计职业道德观念教育就是在社会上广泛宣传会计职业道德基本常识，使广大会计人员懂得什么是会计职业道德，了解会计职业道德对社会经济秩序、会计信息质量的影响，以及违反会计职业道德将受到的惩戒和处罚。同时，会计职业道德观念教育应与社会教育、学校教育、家庭教育结合起来，利用广播电视、报纸杂志、网络媒体等媒介，表彰坚持原则、德才兼备的会计人员，鞭笞违法违纪的会计行为，形成遵守职业道德光荣、违反职业道德可耻的社会氛围。

小提示

会计人员一旦违背会计职业道德，除了受到良心和道义上的谴责外，还会受到行业惩戒和处罚。

2. 会计职业道德规范教育

会计职业道德规范教育是指对会计人员开展以会计职业道德规范为内容的教育。会计职业道德规范的主要内容包括爱岗敬业、诚实守信、廉洁自律、客观公正、坚持准则、提高技能、参与管理和强化服务等。这是会计职业道德教育的核心内容，应贯穿于会计职业道德教育的始终。

3. 会计职业道德警示教育

会计职业道德警示教育就是指通过开展对违反会计职业道德行为和对违法会计行为典型案例的讨论和剖析，给会计人员以启发和警示，从而提高会计人员的法律意识和会计职业道德观念，提高会计人员辨别是非的能力。

4. 其他与会计职业道德相关的教育

其他与会计职业道德相关的教育包括形势教育、思想品德教育、法制教育等其他方面的配套教育。

形势教育就是按照贯彻“以德治国”的重要思想和“诚信为本、操守为重、坚持准则、不做假账”的指示精神来培养会计人员，提高广大会计人员的政治水平和思想道德意识。思想品德教育就是引导会计人员自觉地用会计职业道德规范指导和约束自身的行为，提高广大会计人员的职业道德自律能力，从而形成良好的、稳定的道德品行。法制教育就是引导会计人员熟悉并了解不同历史时期的会计法律法规政策，学会运用法律的手段处理会计事务。

四、会计职业道德教育的途径

目前，我国会计职业道德教育的途径主要有：

1. 参加县级以上地方人民政府财政部门、人力资源社会保障部门，新疆生产建设兵团财务局、人力资源和社会保障局（以下简称继续教育管理部门）组织的会计脱产培训、远程网络化会计培训。

2. 参加继续教育管理部门公布的会计专业技术人员继续教育机构（以下简称继续教育机构）组织的会计脱产培训、远程网络化会计培训。

3. 参加继续教育管理部门公布的会计人员所在单位组织的会计脱产培训、远程网络化会计培训。

4. 参加财政部组织的全国会计领军人才培训。

5. 参加财政部组织的大中型企事业单位总会计师素质提升工程培训。

6. 参加各省、自治区、直辖市财政厅（局）及新疆生产建设兵团财务局（以下简称省级财政部门）、国家机关事务管理局、中共中央直属机关事务管理局组织的高端会计人才培训。

7. 参加中国注册会计师继续教育培训。

8. 参加继续教育管理部门组织的其他形式培训。

小提示

榜样的力量是无穷的。优秀的榜样和高尚的行为，能给人以巨大的感染力和推动力，对人的思想行为起着潜移默化的指引作用。虚心向先进人物学习是提升会计职业道德修养的一个重要手段。

虚心向先进人物学习，要学习他们立足本职、爱岗敬业、执着奉献的高尚品德；学习他们坚持原则、任劳任怨、勇挑重担的责任意识；学习他们不怕困难、勇于创新、奋发有为的进取精神。把他们的先进事迹作为一面镜子、一把尺子，对照衡量，找出差距，明确方向，用先进事迹鞭策自己并落实到自己的实际行动中。总之，在会

计职业道德修养中，要认真学习先进人物的先进事迹，大力弘扬他们的奉献精神，学先进、赶先进，树立正确的世界观、人生观和价值观，做一名具有高尚情操的、称职的会计人员。

第四节 会计职业道德建设的组织实施

一、财政部门组织和推动会计职业道德建设，依法探索会计职业道德建设的有效途径和实践形式

会计职业道德建设是会计管理工作的重要组成部分，作为管理会计工作的各级财政部门，应当将会计职业道德建设纳入重要议事日程，负起组织和推动本地区会计职业道德建设的责任，要深入实际，调查研究，了解新情况，分析新问题，及时发现、总结和推广会计职业道德建设的新经验，在内容、形式、方法、手段、机制等方面积极创新，与时俱进，探索新的有效途径和实践形式。

会计管理工作者要以高度的责任感和事业心，适应新时期要求，努力学习会计法律知识，不断提高自身的政策理论水平和服务质量，在工作中应求真务实，依法办事，廉洁奉公，勤政为民，率先垂范，以身作则，树立良好的会计职业道德风尚。

各级财政部门要把会计职业道德建设与会计法制建设紧密结合起来。在认真宣传贯彻《会计法》和国家统一的会计制度的同时，加大执法力度，严厉打击违法会计行为，维护国家利益和社会公众利益，维护正常经济秩序，为会计职业道德建设提供强有力的法律支持和政策保障。

现行《会计法》第五章第三十九条明确规定，会计人员应当遵守职业道德，提高业务素质。对会计人员的教育和培训工作应当加强。各级财政部门应当根据最新会计法律制度，积极探索将会计职业道德建设与会计从业人员管理相结合的机制，逐步完善会计从业人员的资格准入、考核、奖惩、培训、退出等制度，建立会计从业人员诚信档案，使会计人员了解和掌握会计职业道德的主要内容。

二、会计行业组织建立行业自律机制和会计职业道德惩戒制度

会计行业组织起着联系会员与政府的桥梁作用，应充分发挥协会等会计行业组织的作用，改革和完善会计行业组织自律机制，有效发挥自律机制在会计职业道德建设中的促进作用。

我国可以借鉴国外通过会计行业组织实施职业道德约束的做法和经验，在注册会计师协

会、会计学会、总会计师协会等行业组织中设立职业道德委员会，专司职业道德规范的制定、解释、修订和实施之职，对涉及会计行业道德的案件由会计行业组织进行奖惩。

三、企事业单位任用合格的会计人员，开展会计人员职业道德教育，建立和完善内部控制制度，形成内部约束机制，防范舞弊和经营风险，支持并督促会计人员遵循会计职业道德，依法开展会计工作

各企事业单位必须任用具备会计专业技术资格的人员从事会计工作，在任用重要会计岗位的人员时，应审查其职业记录和诚信档案，选择业务素质高、职业道德好的会计人员；在日常工作中，应注意开展对会计人员的道德和纪律教育，并加强检查，督促会计人员坚持准则、诚实守信；在制度建设上要加强单位内部控制制度的建立和完善，形成内部约束机制，依法开展会计工作，为会计人员遵守职业道德提供良好的执业环境，从而有效地防范舞弊和经营风险，规避道德失范。同时，单位负责人要做遵纪守法的表率，支持会计人员依法开展工作。

四、社会各界各尽其责，相互配合，齐抓共管

加强会计职业道德建设，既是提高广大会计人员素质的一项基础性工作，又是一项复杂的社会系统工程，不只是某一个单位、某一个部门的任务，更是各地区、各部门、各单位的共同责任。正如《公民道德建设实施纲要》指出的，推进公民道德建设，需要社会各方面的共同努力。各级宣传、教育、文化、科技、组织人事、纪检监察等党政部门，工会、共青团、妇联等群众团体以及社会各界，都应当在党委的统一领导下，各尽其责，相互配合，把道德建设与业务工作紧密结合起来，纳入目标管理责任制，制定规划，完善措施，扎实推进。要充分发挥各民主党派和工商联在公民道德建设中的作用。因此，加强会计职业道德建设，不仅各级党组织要管，各级机关、群众组织等也要管。只有重视和加强各级组织、广大群众和新闻媒体的监督作用，齐抓共管，形成合力，才能有效地搞好会计职业道德建设，更好地提高广大会计人员的思想道德素质。

五、社会舆论监督，形成良好的社会氛围

良好的会计职业道德风尚的树立，离不开社会舆论的支持和监督。开展社会舆论监督，既是加强社会主义民主法治建设的重要方面，也是强化会计职业道德约束机制的重要手段。强化社会舆论监督，有利于在全社会形成诚实守信的氛围。社会舆论监督要以新闻媒体为阵地，通过广泛开展有关会计职业道德的宣传教育，使社会各界了解会计职业道德规范的内容，促进良好的会计职业道德深入人心。

社会舆论监督体现在会计人员中，就是要在所有会计人员中倡导诚信为荣、失信为耻的职业道德意识，积极引导会计人员提高职业修养、自觉遵守会计职业道德规范，充分发挥社会舆论监督的力量，更好地弘扬正气、打击歪风邪气。

第五节　会计职业道德的检查与奖惩

一、会计职业道德检查与奖惩的意义

在建立会计职业道德规范和加强会计职业道德教育的基础上，强化对会计人员职业道德规范遵循情况的检查，并根据检查结果进行相应的表彰和惩罚，建立起会计职业道德的奖惩机制，是会计职业道德他律机制的重要组成部分。

开展会计职业道德检查与奖惩的意义主要表现在以下方面：

1. 促使会计人员遵守会计职业道德规范

奖惩机制，以利益的给予或剥夺为砝码，对会计人员起着引导或威慑的作用，使会计行为主体不论出于什么样的动机，都必须遵循会计职业道德规范，否则就会遭受利益上的损失。奖惩机制把会计职业道德要求与个人利益结合起来，体现了义利统一的原则。

2. 对会计人员的会计行为进行裁决

作为会计人员，哪些会计行为是对的，哪些会计行为是不对的，均可通过会计职业道德的检查与奖惩作出裁决。在这里，会计职业道德的检查与奖惩起着道德法庭的作用。它通过运用各种会计法规、条例及道德要求等一系列标准，鞭笞违反职业道德的行为，同时褒奖那些符合职业道德要求的行为，并使其发扬光大。因此，通过会计职业道德的检查与奖惩，使广大会计人员生动而直接地感受到道德的价值分量，其教育的作用是不可低估的。

3. 有利于形成抑恶扬善的社会道德环境

会计职业道德是整个社会道德的一个组成部分，因此，会计职业道德的好坏，对社会道德环境的优劣会产生一定的影响；同样，社会道德环境的好坏，也影响着会计人员的职业行为。奖惩机制是抑恶扬善的杠杆。对会计行为而言，判断善恶的标准就是会计职业道德规范。那些遵守职业道德规范的行为，就可称之为善行；那些违背职业道德规范的行为，就可称之为恶行。通过倡导、赞扬、鼓励自觉遵守会计职业道德规范的行为，贬抑、鞭挞、谴责、查处会计造假等不良行为，有助于人们分清是非，形成良好的社会风气，从而进一步促进会计职业道德的发展。

就道德规范自身特点而言，职业道德主要是依靠传统习俗、社会舆论和内心信念来维系的。这种非强制性的特征也决定了它的落实、实施必须同时借助政府部门的行政监管、职业团体的自律性监管和企事业单位的内部纪律等外在的硬性他律机制，只有这样才能有效地发挥道德规范潜在的裁判和激励效力。

二、会计职业道德检查与奖惩机制的建立

会计职业道德检查与奖惩机制的建立是一个复杂的系统工程，需要政府部门、行业

组织、有关单位的积极参与，同时综合运用经济、法律、行政、自律等治理手段。在我国，会计职业道德检查与奖惩机制的建立尚处在探索阶段，需要在理论上深入研究，实践中不断探索。

1. 财政部门对会计职业道德进行监督检查，并采用多种形式开展会计职业道德宣传教育

根据《会计法》规定，国务院财政部门主管全国的会计工作，县级以上财政部门管理本行政区域内的会计工作。根据《注册会计师法》规定，财政部对注册会计师、会计师事务所和注册会计师协会进行监督指导。会计职业道德建设是会计管理工作的重要组成部分，因此，各级财政部门应负起组织和推动本地区会计职业道德建设的责任。财政部门可以利用行政管理上的优势，对会计职业道德情况实施必要的行政监督。

（1）执法检查与会计职业道德检查相结合

财政部门作为《会计法》的执法主体，可以依法对各单位执行会计法律制度的情况及会计信息质量进行不同形式的检查或抽查。通过检查，一方面督促各单位严格执行会计法律法规；另一方面也是对各单位会计人员执行会计职业道德情况的检查和检验。

改革开放以来，我国财政部经常开展全国性的财经大检查。2001 年 1 月，财政部在全国范围内组织开展了《会计法》执行情况的检查，对执法检查过程中查出的违法违规行为，《会计法》等有较详细的处罚规定。违反《会计法》的行为，一定是违反了会计职业道德要求的行为。会计人员若存在这种行为，不仅要承担《会计法》规定的法律责任，受到行政处罚或刑事处罚，同时还必须接受相应的道德制裁，可以采取在会计行业范围内通报批评、指令其参加一定学时的继续教育课程、暂停从业资格、在行业内部的公开刊物上予以曝光等。法律惩罚和道德惩罚两者是并行不悖、不可替代的，应同时并举。

（2）会计专业技术资格考评、聘用与会计职业道德检查相结合

会计专业技术资格考试管理机构在组织报名时，应对参加报名的会计人员的职业道德情况进行检查，对于有不遵守会计职业道德记录的报名者，应取消其报名资格。

小提示

由于高级会计师资格的取得实行考试与评审相结合的制度，因此有必要在考试和评审两个方面对申报人的会计职业道德进行检查、考核。具体做法如下：一是在考试方面，增加职业道德方面的考核内容，从理论上加深申报人对会计职业道德的理解和认识。二是在评审方面，对申报人的会计职业道德进行严格审查。三是规定有关职业道德的否定条款。比如，若申报人曾因违法犯罪行为而受过刑事处罚，则不能参加高级会计师资格的评审。

2. 会计行业组织对会计职业道德进行自律管理与约束

对会计人员会计职业道德情况的检查，除了依靠政府监管外，行业自律也是一种重要手段。会计行业自律是一个群体概念，是会计行业组织对整个会计行业的会计行为进行自我约束、自我控制的过程。在会计职业较发达的国家，会计职业道德准则一般由会计职业组织制定、颁布与督导实施，有些做法和经验值得我们借鉴。

在日常会计工作中，经常发生这样的情况，一些会计人员缺乏必要的专业胜任能力，业务素质低下，专业知识贫乏，对新颁布的会计准则、会计制度知之甚少，从而导致记账不符合规范，账簿混乱，账账、账表不符，报表凑数现象时有发生；还有一些会计人员按照领导的意志，放弃了客观性原则，钻准则、制度的空子，通过改变会计核算方法，调节利润或亏损，从而达到隐瞒、拖欠或逃避应交税利的目的。

这些做法有的虽然没有触犯法律，但却违反了会计职业道德的要求。在会计行业自律组织比较健全的情况下，可以由职业团体通过自律性监管，对发现的违反会计职业道德规范的行为进行相应的惩罚，根据情节轻重程度采取通报批评、罚款、支付费用、取消会员资格、警告、退回向客户收取的费用、参加后续教育等方式。

近年来，我国行业自律建设不断加强，通过会计行业组织强化自律管理和行业惩戒已取得一定成效。中国注册会计师协会作为注册会计师行业自律组织，为提高我国注册会计师职业道德水平做出了积极努力，先后发布了《中国注册会计师职业道德基本准则》《中国注册会计师职业道德规范指导意见》及《注册会计师、注册资产评估师行业诚信建设实施纲要》等，研究建立调查委员会、技术鉴定委员会、惩戒委员会等行业自律性决策组织。但是，由于我国会计行业组织建立比较晚，自律性监管总体上还比较薄弱，对违反会计职业道德的会计人员和会计师事务所惩处力度不够。这就要求会计行业组织从行业整体利益和社会责任出发，更好地改进管理和服务，把行业建设好。

3. 依据《会计法》等法律法规，对会计人员遵守职业道德的情况进行考核和奖惩

会计职业道德激励机制应当继承和发扬会计人员表彰制度，以起到弘扬正气、激励先进、鞭策后进的作用。对自觉遵守会计职业道德的优秀会计工作者进行表彰、宣传，可以使受奖者感受到遵守道德规范的社会肯定，从而促使其强化道德行为；还可以树立本行业的道德楷模形象，使会计职业道德原则和规范具体化、人格化，使广大会计工作者从这些富有感染性、示范性的道德榜样中获得启示，赢得动力，在潜移默化中逐渐提高自身的职业道德素质。

奖励具有积极正向的作用，是对一个人的肯定。它利用人本能的上进心，调动人的荣誉感，使其遵纪守法，尽职尽责，并发挥内在的潜能。它带给人的是满足、自尊、自豪感。而惩罚则是消极的负向作用，它利用人的恐惧心理，使人循规蹈矩。当然，过分

的惩罚会使人产生挫折感，损伤自尊心和自信心。

实践中的大量事实证明，奖励和惩罚相结合的方法优于只奖不罚或只罚不奖，赏罚结合可以带来双重的激励效果。因此，在对违反会计职业道德的行为进行惩戒的同时，还应对自觉遵守会计职业道德的先进人物进行表彰。

知识链接

1963 年 1 月，国务院发布了《会计人员职权试行条例》，确立了会计人员奖惩制度；1985 年 1 月，全国人大常委会通过的《会计法》规定，对认真执行本法、忠于职守、坚持原则、做出显著成绩的会计人员，给予精神的或者物质的奖励。1988 年 6 月，财政部印发了《颁发会计人员荣誉证书试行规定》，为在全民所有制企业、事业单位、国家机关、军队、社会团体、县以上集体所有制企业、事业单位以及中外合资、合作和外资经营企业从事财务会计工作满 30 年的会计人员颁发“会计人员荣誉证书”。财政部先后于 1990 年、1995 年组织了两次全国先进财会工作集体和先进会计工作者表彰大会，共评选出全国先进会计工作者 900 名；对先进集体授予“全国先进财会工作集体”荣誉称号，颁发奖牌；对先进个人授予“全国先进会计工作者”荣誉称号，颁发奖章和证书。这些表彰活动，调动了广大会计人员的工作积极性，激发了会计人员的开拓创新精神，增强了会计人员的职业荣誉感，树立了可信、可学的楷模，推动了会计职业道德建设活动。

目前我国对于会计人员的奖励机制如图 5-2 所示。

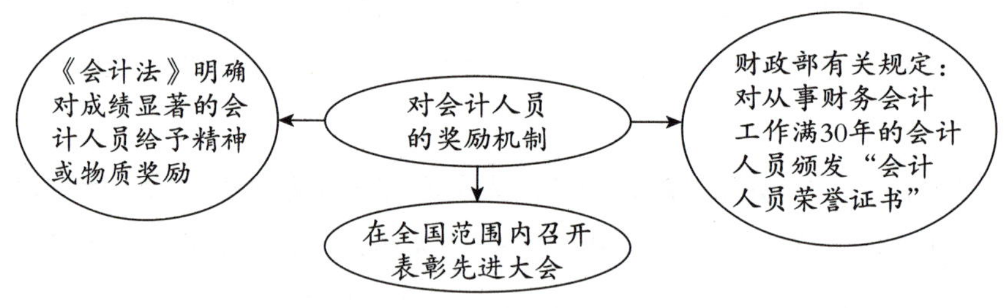

图 5-2　对会计人员的奖励机制

动动脑

有人说："会计职业道德的检查工作由财政部门负责，奖惩工作则由各单位组织实施。"你认为这种说法对吗？为什么？

思考与练习

1. 会计职业道德有哪些特征与功能？会计职业道德与会计法律之间有什么联系与区别？

2. 我国会计职业道德规范的主要内容包含了哪些？"执业谨慎、信誉至上"体现的是哪一项内容的要求？"实事求是、不偏不倚"体现的又是哪一项内容的要求？

3. 我国会计职业道德教育包括哪些内容？实施会计职业道德教育的途径有哪些？

4. 我国会计职业道德建设是怎样组织与实施的？

5. 会计职业道德检查与奖惩机制包括哪些内容？开展会计职业道德检查与奖惩的意义有哪些？

6. 案例分析：2018 年，A 公司由于经营管理和市场方面的原因，经营业绩滑坡。为了获得配股资格，A 公司负责人黄浩要求公司财务总监张文对该年度财务资料进行调整，以保证公司的净资产收益率符合配股条件。张文组织公司会计人员林琳以夸大营业额、隐瞒费用和成本开支等方法调整了公司财务资料。A 公司根据调整后的财务资料，于 2018 年 10 月申请配股并获批准发行。请问该案例中哪些当事人存在何种违法行为？这些当事人违反了哪些会计职业道德要求？